Klaus Thiele-Dohrmann
Europäische Kaffeehauskultur

Klaus Thiele-Dohrmann

Europäische Kaffeehauskultur

Artemis & Winkler

Die Deutsche Bibliothek – CIP-Einheitsaufnahme

Thiele-Dohrmann, Klaus:
Europäische Kaffeehauskultur / Klaus Thiele-Dohrmann. –
Düsseldorf; Zürich: Artemis & Winkler, 1997
ISBN 3-538-07044-X

Satz: Fotosatz Moers, Mönchengladbach
Druck und Bindung: Lengericher Handelsdruckerei, Lengerich
Printed in Germany
ISBN 3-538-07044-X

Inhalt

»Es ist keine Schande, dort einzutreten«

EUROPA IM KAFFEEHAUS

Wenn man einer amüsanten Legende folgt, die durchaus glaubwürdig klingt, dann ist der Kaffee eigentlich keine menschliche, sondern eine tierische Entdeckung. Vor etwa fünfhundert Jahren nämlich sollen äthiopische Hirten beobachtet haben, daß ihre Ziegen, die zwischen Sträuchern weideten und deren rote Beeren fraßen, plötzlich übermütige Sprünge machten. Neugierig kosteten nun die Hirten selbst die kirschenähnlichen Früchte und verspürten eine ähnlich anregende Wirkung – der Siegeszug der Kaffeebohne begann.

Im 15. Jahrhundert war der Anbau von Kaffee eine arabische Spezialität und blieb es mehr als zweihundert Jahre lang. Die arabische Hafenstadt Mokka entwickelte sich zum Zentrum des Kaffeehandels, und ihr Name bürgt bis heute für stimulierenden Genuß.

Dieser Genuß des *Qahwa,* wie das heiße Getränk aus den gerösteten Samen der Kaffeepflanze genannt wurde, beschränkte sich zunächst auf religiöse Gruppen. Muslimische Mystiker hatten den Kaffee als ein Elixier entdeckt, das ihnen zu geistiger Konzentration verhalf, um Allah noch besser dienen zu können. Auch Perser und Türken lernten die anregende Wirkung des Getränks kennen, und allmählich wurden im Orient immer mehr Kaffeetavernen eingerichtet, die sich zur gesellschaftlichen Attraktion entwickelten. Der heiße *Qahwa,* der in kleinen Schüsseln gereicht wurde, befähigte nicht nur zu geistiger Spannkraft und zu konzentrierter Andacht, sondern animierte auch zu lebhaften Gesprächen, zu Spiel und Musik. Manchen arabischen und türkischen Herrschern wurden die Kaffeehäuser zeitweise unheimlich, weil sie befürchteten, daß von diesen gutbesuchten Treffpunkten politische Unruhen ausgehen könnten. Aber dieser potentielle Gefahrenherd ließ sich nicht mehr eindämmen. Immer mehr breitete sich die Gepflogenheit aus, in angeregter Gesprächsrunde »schwarzes Wasser« zu trinken. Und im 16. und 17. Jahrhundert erfaßte diese orientalische Genußsucht ganz Europa.

Der früheste in Europa gedruckte Bericht über den Kaffee stammt von dem Augsburger Arzt Leonhard Rauwolf, der in den Jahren 1573–76 eine Reise nach Jerusalem und dem Vorderen Orient unternahm. Rauwolf lobt in seiner 1582 in Lauingen erschienenen Beschreibung den morgenländischen »Chaube« als ein »guet Getränk«. Dabei bezog er sich allerdings nur auf die medizinische Heilwirkung des Kaffees: Er sei fast so schwarz wie Tinte und vor allem bei Magenleiden sehr nützlich. Die Morgenländer pflegten ihn morgens früh aus kleinen Ton- oder Porzellanschälchen zu trinken. Andere Reisende brachten gelegentlich kleine Portionen Rohkaffee mit in ihre Heimatländer und machten das exotische Getränk einem begrenzten Kreis von Privilegierten bekannt. In größeren Mengen wurde Kaffee aber erst seit etwa 1660, über die Mittelmeerhäfen Marseille und Venedig, nach Europa eingeführt. In England scheint er zu diesem Zeitpunkt allerdings schon verbreitet gewesen zu sein, da dort bereits von einer Kaffeesteuer die Rede ist.

Ungefähr um diese Zeit veröffentlichte ein französischer Gelehrter, Jean de Thévenot, ein Buch über seine Reisen im Orient und machte seinen Landsleuten das »schwarze Wasser« schmackhaft. Er beschrieb die Zubereitung des Getränks und lobte die demokratische Art und Weise, wie der Kaffee in der Türkei genossen wurde: »Es gibt öffentliche Kaffeehäuser, wo man den Trank in großen Kesseln für alle Gäste kochen läßt«, erklärte Thévenot. »An diesen Orten können sich, ohne Unterschied des Standes oder des Glaubensbekenntnisses, alle Menschen als Gäste treffen; es ist keine Schande, dort einzutreten, man geht hinein, um sich zu unterhalten. Draußen vor den Kaffeehäusern stehen Bänke mit Strohmatten, wo diejenigen Platz nehmen, die an der frischen Luft sein möchten und die Passanten betrachten wollen. Zuweilen hat der Schenkenbesitzer Flöten- und Violinspieler für seine Gäste aufgenommen, auch Sänger, um Leute anzulocken.«

Den Lesern seines Berichts und künftigen Kaffeetrinkern empfahl Thévenot, den Kaffee in kleinen Schlucken zu sich zu nehmen. An den bitteren Geschmack gewöhne man sich schnell, schon beim zweiten Schluck empfinde man ihn nicht mehr als unangenehm. »Der Kaffee wird Ihnen sogar unentbehrlich werden«, prophezeite der Orientkenner, »denn er verhindert, daß die gewöhnlichen Dämpfe der Sattheit vom Magen zum Kopf steigen und schläfrig machen. Wenn unsere Kaufleute viele Briefe zu schreiben haben und die ganze Nacht arbeiten wollen, so werden sie künftig gut daran tun, nach der zehnten Abendstunde eine oder zwei Tassen Kaffee zu trinken. Die Türken glauben außerdem, daß er eine Menge Leiden heilt und die Lebensdauer verlängert.«

Ob dem Kaffee tatsächlich eine heilende Wirkung zuzuschreiben sei, darüber wurde unter Fachleuten und Laien jahrhundertelang gestritten. Chemische Untersuchungen zu Anfang unseres Jahrhunderts belegten aber immerhin, daß berühmte Kaffeetrinker wie Casanova und Goldoni, Balzac und Swift und all die anderen europäischen Künstler und Literaten gut beraten waren, sich in Maßen von den belebenden Einflüssen des türkischen Tranks auf das Zentralnervensystem bei ihrer schöpferischen Arbeit anregen zu lassen. Denn Kaffee, soviel sei gesichert, verhelfe dazu, vage Vorstellungen deutlicher ins Bewußtsein zu heben und sinnvolle Denkkombinationen zu fördern. Was die moderne Wissenschaft beweisen kann, formulierte ohne medizinische Absicherung schon im 19. Jahrhundert der französische Historiker Jules Michelet: »Der Kaffee, dieses nüchterne Getränk, wirkt machtvoll auf das Denken ein und erhöht, im Gegensatz zu Spirituosen, die Klarheit und Prägnanz des Geistes; der Kaffee vertreibt die schwanke und schwere Poesie der wolkenhaften Einbildungskraft und läßt Funken und Blitze der Wahrheit aufzucken.«

Im *Florian* in Venedig, im *Odeon* in Zürich, im *Romanischen Café* in Berlin und in zahllosen anderen europäischen Kaffeehäusern zuckten diese Funken auf. Aus kleinen finsteren Kaffeehöhlen mit rauchgeschwärzten Decken und Wänden entwickelte sich eine weitverzweigte Kaffeehauskultur mit Künstlercafés und gutbürgerlichen Konditoreien, politischen Kaffeehäusern und Konzertcafés, Lese-, Schach- und Billardcafés und Kristallpalästen mit Kaffeeausschank. Kaffeehäuser wurden Diskussionssäle und Spielhöllen, Poststationen und Notunterkünfte, Spielplätze der Phantasie in einer Atmosphäre der Vertrautheit und, ab 1933, lebenswichtige Zufluchtsorte für Emigranten. Und obwohl überall nur Kaffee ausgeschenkt wurde und Leute zusammensaßen, hatte jedes Kaffeehaus seine unverwechselbar eigene Ausstrahlung.

Diese Ausstrahlung, die mittlerweile nostalgische Aura, verdankten die Kaffeehäuser zwar auch ihrer Einrichtung und ihren jeweiligen Inhabern, vor allem aber ihren Besuchern, die, gewollt oder ungewollt, den Stoff für charakteristische Anekdoten und Legenden lieferten und nachfolgende Generationen zu individueller Spurensuche anregten. Das frühe Künstlerpublikum des *Caffè Florian* im kunstumrahmten Venedig ist ebenso unvergessen wie die übermütig kreativen Dadaisten und die verzweifelt wartenden Emigranten im Zürcher *Odeon,* der Charme des Budapester *New York* liegt weniger in seinem prunkvollen Äußeren als in der erwartungsvollen Aufmerksamkeit seiner ersten Künstlergäste, die vom Land kamen und die Stadt mit Phantasie erobern wollten, und der Ruhm des *Slavia* in der »Dreiseelenstadt« Prag beruht auf der schöpferischen Begeisterung, der sprühenden Heiterkeit und der tiefen Melancholie seiner sensitiven Besucher, von denen viele – wie Kafkas Freundin Milena Jesenská – das Dritte Reich nicht überlebten.

Der unterschiedlichen Aura entsprechend ist die Auswahl der hier beschriebenen Kaffeehäuser getroffen worden. Zu Beginn dieses Jahrhunderts gab es allein in Wien etwa sechshundert Cafés; andere europäische Städte wiesen ähnlich viele auf. Von dieser großen Zahl konnte begreiflicherweise nur ein kleiner Teil, ungefähr 130, erwähnt und ein noch kleinerer Teil, nämlich 26, genauer beschrieben werden. Es sind solche, deren Ruf überlebt hat, und die Stimmen derer, die damals Augen- und Ohrenzeugen waren, werden in Berichten, Erzählungen und Anekdoten hörbar.

»Um fünf Uhr unter dem Chinesen«

DAS »CAFFÈ FLORIAN« IN VENEDIG

»Das *Florian* ist zugleich eine Börse, ein Theaterfoyer, ein Leseraum, ein Club, ein Beichtstuhl, und es eignet sich so gut für alle alltäglichen Angelegenheiten, daß einige venezianische Ehefrauen nichts über die Art der Betätigung ihrer Männer wissen, denn diese gehen sogar in dies Café, wenn sie Briefe schreiben wollen.«

Seit Balzac im vergangenen Jahrhundert seine Zuneigung zum *Caffè Florian* in Worte faßte, hat sich an der Anziehungskraft des ältesten noch bestehenden europäischen Kaffeehauses nichts geändert. Zwar werden von Jahr zu Jahr die ausländischen Gäste zahlreicher und oft auch gleich die Preise höher; aber die Aura des *Florian* können die Besuchermengen genausowenig schmälern wie die sonstigen Reize der Lagunenstadt.

»Mein Gott, wer soll hier nicht schon alles gesessen und Schokolade geschlürft haben«, sinniert, gut hundert Jahre nach Balzac, der Schriftsteller Gabriel Barylli in seinem Roman *Butterbrot.* »›Who's Who in Man's History‹ würde nicht ausreichen, um den Odem der Tradition zu übermitteln, der um diesen Kaffeeausschank liegt wie eine Federboa um Marylin Monroes zartweiche Schultern.« Und Barylli gibt auch gleich eine plastische Schilderung der kleinen Säle des Cafés, wie sie sich heute dem Besucher präsentieren: »Raum

schließt sich an Raum – verbunden durch offene Türen, die
dem staunenden Gast jede Wand mit einer anderen Bepin-
selung vorhalten – maurische Prinzen und Kalifen – schöne
Frauen und Blumengirlanden, die immer noch zu duften
scheinen – alles das in warmen Pastellfarben, die Altertum
atmen und Zeitlosigkeit. Ovale und rechteckige Marmor-
plattentischchen ziehen eine Verbindung nach draußen unter die Arkaden, an deren Wänden und unter deren Wöl-
bungen und Säulen das Geschäft mit der Muße weiter
perfektioniert wird. Ein großes, offenes Zimmer ist dieser
Ort, in der linken Herzkammer dieses Platzes gelegen,
durch den das Blut der Schönheit pulst, die für alle Zeiten
uns Sterbliche zum Innehalten und zur Einkehr mahnt. Der
Mohrentrank selbst ist so hemmungslos überteuert, daß man
geradezu gezwungen wird, ihn andächtig zu trinken, und
nach einer Weile stellt sich dann auch wirklich und wahrhaftig das Gefühl ein, weswegen dieser Weltpunkt eine so
magische Anziehung entwickelt hat. ›Gelassenes Darüber-
sitzen über allem, was kreucht und fleucht …‹«

Seit mehr als zweihundertfünfundsiebzig Jahren kennt
man in Venedig dieses Gefühl. Gegründet wurde das *Florian*
am 29. Dezember 1720 vom venezianischen Gastwirt Floriano Francesconi. Zwar gab es damals in Venedig schon an die
zweihundert Lokalitäten, in denen das begehrte arabische
Getränk genossen werden konnte, aber kein Kaffeeausschank hielt sich auch nur annähernd so lange wie das kleine Lokal von Francesconi, der seinen damals noch winzigen,
durch zwei Ölfunzeln erhellten Laden mit dem optimisti-
schen Namen »Alla Venezia Trionfante« schmückte.

Der stolze Besitzer des »Triumphierenden Venedig« war
entweder ein ungewöhnlich pfiffiger Geschäftsmann oder
ein außerordentlich sympathischer Zeitgenosse, vielleicht

1 Im *»Caffè Florian«* zu Venedig.
Gemälde von Friedrich Nerly (1807–1878)

sogar beides. Jedenfalls überlebte sein kleines Lokal die gesamte Konkurrenz und hatte das angesehenste Stammpublikum. Auch mit den Behörden, die bisweilen verbotene Glücksspiele oder unsittliche Handlungen in den Cafés witterten, scheint er nie Schwierigkeiten gehabt zu haben. Nicht einmal die französischen und die österreichischen Besatzungstruppen des 18. und 19. Jahrhunderts machten dem von italienischen Patrioten besuchten Café irgendwelche Auflagen.

Bei *Florian,* wie das Lokal bald nur noch genannt wurde, trafen sich vor allem der venezianische Adel und die Intellektuellen. Hier wurden politische Debatten geführt, literarische Streitigkeiten ausgefochten und die ersten italienischen Zeitungen entworfen.

Das *Florian* wurde zu einem Zentrum des venezianischen Lebens. »Hier wurden Geschäfte gemacht und die Wirtschaftslage diskutiert, ebenso Recht und Gesetz, weil viele Anwälte hier ihre Klienten empfingen und Ratschläge gaben«, notierte der italienische Schriftsteller Cesare Musatti. Der Tageszeit entsprechend änderte sich die Kundschaft. Morgens konnte man Kaufleute mit Kunden verhandeln sehen. Handwerker sammelten um diese Zeit ihre Aufträge. Um die Mittagszeit kamen die Adeligen; sie blieben bis spät in die Nacht hinein, und das nicht nur im Sommer. Gerade im Winter war das Gedränge im *Florian* und in anderen Kaffeehäusern groß, denn viele Leute hatten zu Hause keine Heizmöglichkeit und kamen ins Café, um sich aufzuwärmen. Schließlich am späten Abend, nach dem Theaterbesuch oder dem Spiel in Privatclubs, wurde das Geschiebe im Café immer größer. Aber man genoß es offenbar. »Zu dieser Zeit sind die Cafés besonders voll«, schrieb Musatti. »Kein Stuhl oder Sofa ist zu bekommen, aber es ist trotzdem ganz himmlisch, denn die Menge, das Gedränge und der Lärm entschädigen einen.«

Zum Genuß des Gedränges kam noch etwas Wesentliches hinzu: der Genuß des fremdländischen »schwarzen Getränks«. Kaffee war damals noch etwas Geheimnisumwobenes. Man wußte weder genau, wer den Kaffee eigentlich entdeckt, noch wer ihn aus arabischen in christliche Länder gebracht hatte. Man wußte nur, daß das bittere Getränk sich sehr schnell über ganz Europa verbreitet hatte. Von manchen wurde es für pures Gift gehalten, das Schüttellähmung, Paralyse und Impotenz hervorriefe; anderen galt Kaffee als Allheilmittel gegen körperliche wie seelische Beschwerden. Als Kronzeuge für die stimulierende und gesunderhaltende Wirkung des Kaffees wurde oft Napoleon angeführt, der angeblich zehn Tassen täglich trank.

Daß manche Kaffeeliebhaber auch mit unlauteren Mitteln in den Genuß der anregenden Wirkung kommen wollten, war in einer der ersten Ausgaben der *Gazzetta Veneta* zu lesen: Ein Mann ging in ein Kaffeehaus und bestellte sehr eilig vier Tassen Kaffee, die an eine bestimmte Adresse geliefert werden sollten. Der Kunde wartete vor der Tür des Cafés und trieb den Kaffeesieder immer wieder zur Eile an. Als schließlich ein Ladenjunge mit einem Tablett herauskam, auf dem die gefüllten Kaffeetassen standen, fragte der Kunde ungeduldig: »Wo bleibt denn nun der Tee?« – »Von einer Teebestellung weiß ich nichts«, entgegnete der überraschte Junge. »Habe ich es denn mit völlig tauben Leuten zu tun?« schrie der Kunde aufgebracht. »Ich warte hier, habe es furchtbar eilig, und du verschwendest meine Zeit! Los, mach mir Tee, und gib mir inzwischen das schon mit, was fertig ist. Ich gehe vor, und du kommst dann gleich mit dem Tee nach!« Mit diesen Worten ergriff er das Tablett mit den

Kaffeetassen, das der Junge in der Hand hielt, und ging damit weg. Der Junge bereitete Tee und folgte dem Mann etwas später zu der angegebenen Adresse. Aber dort hatte niemand Kaffee oder Tee bestellt. Der eilige Kunde hatte offensichtlich nur den Kaffee für sich selber haben wollen, und dazu noch kostenlos.

Kaffeehäuser wurden nicht nur von Männern besucht, auch Damen hatten hier grundsätzlich Zutritt, vorausgesetzt, sie wollten wirklich nur Kaffee trinken. Einige Cafés gerieten nämlich bald in den Ruf, Hurenhäuser zu sein, und wurden im venezianischen Slang »Maronenläden« genannt, weil Straßenmädchen als »Maronenesserinnen« bekannt waren. In Goldonis Komödie *Das ehrbare Mädchen* wird dieser Ruf mancher Kaffeehäuser untermauert: Als Pasqualin von seinem Plan erzählt, ein Kaffeehaus eröffnen zu wollen, rät ihm die lebenserfahrene Catte, man täte gut daran, sich für ein solches Vorhaben ein leichtes Mädchen als dienstbaren Geist zu verschaffen, dann würden Kaffee und andere Getränke bald nicht das einzige sein, was dort verkauft würde. Im Nu würde sich das Kaffeehaus in einen »Maronenladen« verwandeln.

Doch die venezianische Regierung schritt gegen Prostitution in Cafés unnachsichtig ein, wenn sie durch Denunzianten davon in Kenntnis gesetzt wurde. Der frivole Dichter Giorgio Baffo, der aus solchen von Liebesdamen besuchten Häusern oft seine Inspirationen bezog, klagte in einem Gedicht: »O Gott, wo ist die Freiheit geblieben, die diese Stadt so berühmt gemacht hat? Jedes Kaffeehaus ist leer, verlassen von denen, die einen so angenehmen Anblick boten! Wie schön war es doch, in den Cafés die Versammlungen der Damen zu beobachten, die aufgezäumt waren wie für eine Parade! – Gott, wie traurig und eintönig ist es geworden!

Aber so sehr man auch versuchen wird, das Gesetz zu ver-
schärfen, das Frauen von Kaffeehäusern fernhalten soll – damit wird man keinen Erfolg haben, da könnt ihr sicher sein!«
Baffo sollte auf die Dauer recht behalten, denn zu viele
männliche und weibliche Kaffeehausgäste teilten seine Auffassung. Nach verschiedenen Fehlversuchen sah sich die
Zensurbehörde dazu gezwungen, sich mit den Dirnen zu ar-
rangieren. Das strikte Verbot wurde abgemildert durch die
Vorschrift, daß Damen der Zugang zu den Cafés gestattet
sei, wenn sie eine Maske trügen.

Da der venezianische Karneval damals von Ende Dezember bis in den Sommer hinein dauerte, konnten auch
Männer unter dem Schutz der Maske manches tun, bei dem
sie sich ungern erkennen ließen. Dazu gehörte beispielsweise das Glücksspiel, das zwar stillschweigend geduldet war,
aber in den Kaffeehäusern oft exzessiv betrieben wurde. Um
die Mitte des 18. Jahrhunderts wurden deshalb mehrere
Cafés in Venedig geschlossen, weil sie, wie es in der amtlichen Verlautbarung hieß, »skandalöse Orte waren, wo Mili-
tärpersonen und sogar Geistliche« diesem Laster frönten.

Das *Florian* blieb auch hier von den Zensurbehörden ungeschoren, obwohl im Café emsig gespielt wurde. Von manchen Spielern wußte man, daß sie im Verlauf weniger Nächte im *Florian* ein ganzes Vermögen verloren hatten. Vielleicht hatte der schlaue Francesconi eine gute Verbindung
zum nahen Dogenpalast, jedenfalls kam er wegen verbote-
ner Glücksspiele nie in Schwierigkeiten und sorgte immer
dafür, daß sein guter Ruf aufrechterhalten blieb. »Ein gewisser Gaetano Zanni, ein notorischer Dieb, der in die besten
Cafés von Venedig ging, um Leute zu betrügen«, hieß es in
einer amtlichen Notiz, »wurde aus dem *Florian* hinausge-
worfen, weil er in flagranti beim Betrug ertappt worden war.«

Francesconis Beruf wurde übrigens nicht mit »Kaffeehausbesitzer«, sondern mit »Wasserladenbesitzer« angegeben, denn Kaffeehäuser hießen in Venedig anfangs »Wasserläden«, weil das Kaffeehausgeschäft zunächst unter der Bezeichnung Aquavithandel amtlich registriert wurde.

Das *Florian* florierte so gut, daß es erweitert werden konnte. Es hatte bald vier Räume, die für das Publikum geöffnet waren, und der ursprüngliche Name »Zum triumphierenden Venedig« war fast vergessen, obwohl er gerade jetzt für das Café gut gepaßt hätte. Man sagte einfach »Laß uns zu Florian gehen«, und diese Redewendung hat sich bis heute erhalten.

Mit der Zeit kamen auch immer mehr ausländische Gäste ins *Florian*. Einer der ersten war Jean-Jacques Rousseau, der ab 1743 als Sekretär bei der französischen Gesandtschaft in Venedig arbeitete.

Der vielseitig begabte junge Rousseau war von einer Gönnerin dem französischen Botschafter in Venedig, dem Comte de Montaigu, als Sekretär empfohlen worden. Venedig hatte damals seine glanzvolle Zeit bereits hinter sich und war völlig abhängig von den europäischen Großmächten, die seine Geschicke bestimmten. Aus der adriatischen Republik war deshalb kaum Wesentliches zu berichten. Allerdings war die Lagunenstadt inzwischen zum Umschlagplatz für Nachrichten aus dem Balkan und dem Nahen Osten geworden, und solche Informationen sollten an den Außenminister nach Paris weitergeleitet werden.

Zum Besuch der venezianischen Kaffeehäuser, vor allem des beliebten *Florian* hatte Rousseau anscheinend reichlich Zeit. Denn allzuviel Arbeit schien in seinem diplomatischen Amt in Venedig nicht auf ihn zu warten. Der Comte zumindest war kein besonders fleißiger Mann, sondern gab sich vorwiegend den zahlreichen Genüssen hin, die Venedig immer noch bot.

In den Aufzeichnungen Rousseaus heißt es über die Einstellung und Kompetenz seines Vorgesetzten recht kritisch: »Hatte der Botschafter in Venedig schon an sich wenig zu tun, so kam noch hinzu, daß niemand Lust hatte, diesem guten Mann auch nur die geringste Unterhandlung anzuvertrauen. Bis zu meiner Ankunft hatte er sich in großer Verlegenheit befunden, weil er nicht zu diktieren und leserlich zu schreiben verstand. Ich war ihm sehr nützlich.«

Während der achtzehn Monate, die Rousseau zwischen 1743 und 1744 in Venedig verbrachte, schrieb er etwa 130 Berichte für das französische Außen- und Marineministerium. In seiner freien Zeit hörte der musikalische junge Mann besonders gern den Liedern der Gondolieri zu. Als Angehöriger der französischen Botschaft galt Rousseau als Geheimnisträger und durfte mit den Familien der Stadt nicht verkehren. Um so wichtiger war deshalb für den alleinstehenden Diplomaten eine anregende Einrichtung wie das *Florian*, wo er zwanglose Gespräche führen und ein wenig Gesellschaft um sich haben konnte. Nur zweimal ließ sich der im streng calvinistischen Genf großgewordene Rousseau zu noch weitergehenden Genüssen hinreißen. »Ich habe immer Widerwillen gegen die öffentlichen Dirnen gehabt«, schrieb er in seinen *Bekenntnissen*. »Aber in Venedig hatte ich keine andere Wahl, weil mir der Eintritt in die meisten Familien wegen meiner Stellung verboten war.« Doch nachdem er mit einer Liebesdienerin zusammen gewesen war, die unter dem Namen »die Paduanerin« bekannt war, verlebte er bange Wochen, weil er fürchtete, sich bei ihr infiziert zu haben. Und als er einige Zeit später die Bekanntschaft einer stadtbekannten Schönheit namens Giulietta machte, erging es ihm noch übler: »Kaum hatte ich in unseren ersten Vertraulichkeiten das Maß ihrer Reize und ihrer Liebkosungen erkannt, so wollte ich aus Furcht, deren Frucht schon vorher zu verlieren, mich beeilen sie zu pflücken. Aber anstatt der Flammen, die mich verzehrten, fühlte ich mit einem Schlage eine tödliche Kälte durch meine Adern rinnen, meine Beine zittern, und nahe daran, unwohl zu werden, setze ich mich nieder und weine wie ein Kind«, erinnerte sich Rousseau überaus genau. Als müsse er sich wieder als »richtiger Mann« zeigen, begann er plötzlich an Giuliettas Figur herumzumäkeln. Die Reaktion der routinierten Liebesdame war denkbar entmutigend. »Hänschen«, sagte sie kühl, »laß lieber die Finger von den Frauen und studiere Mathematik.«

Für bekümmerte wie für heitere Gemütslagen war das *Florian* mit seiner lebhaften Atmosphäre genau der richtige Ort. Während Rousseau sich hier von den Strapazen seines nicht immer befriedigenden Liebeslebens ablenken konnte, stärkte sich Giacomo Casanova im *Florian* mit Kaffee für sein nächstes Abenteuer.

Aber das kleine Café fungierte nicht nur als Treffpunkt für passionierte Kaffeetrinker, sondern diente oftmals auch als eine Art Agentur für Kreative. So ging beispielsweise der Maler Francesco Guardi als junger Mann im *Florian* zwischen den Tischen herum und bot den Gästen für wenig Geld seine Bilder an, die später ein Vermögen kosteten. Und Graf Gasparo Gozzi, Bruder des Dichters Carlo Gozzi, entwarf im *Florian* die erste italienische Zeitung und brachte sie dort auch gleich unter die Leute. In seiner *Gazzetta Veneta* vom 6. Februar 1760 wies er ausdrücklich darauf hin, daß diese Zeitung im »Caffè Florian« am Markusplatz für 5 Soldi zu erhalten sei und daß auch Nachrichten, die man - mitzuteilen wünsche, dort entgegengenommen würden.

Zunächst hatte man das Blatt an fünf verschiedenen Plätzen in Venedig kaufen können, aber bereits in der dritten Ausgabe stand zu lesen, daß die Zeitung jetzt nur noch an zwei prominenten Stellen zu haben sei, weil man festgestellt habe, daß die meisten Kunden, die die Zeitung haben wollen,»vor allem an zwei Orte gehen: in Paolo Colombanis Buchladen und zu *Florian* unter den Neuen Prokuratien«. Man habe sich deshalb entschieden, die Zeitung nicht mehr an weiteren Orten zu verkaufen,»um dem Interesse des Publikums besser zu dienen«.

Zu den »Nachrichten«, die die *Gazzetta Veneta* ihren Lesern bot, zählte zum Beispiel die folgende:

»Seltene Dinge zu verkaufen. Eine Sammlung von Gemälden berühmter Künstler: wer sie kaufen möchte, sollte mit Floriano unter den Neuen Prokuratien sprechen. Dieser wird dem Interessenten sagen, wo die Bilder sich befinden und mit wem man sich zwecks Kauf in Verbindung setzen kann.«

Eine andere Nachricht lautete:

»Zusätzlich zur gewohnten Zeitung und um das Blatt nicht zu überfrachten, wird jeden Monat eine Liste von Waren und ihren Preisen veröffentlicht. Wer Weiteres vorschlagen möchte, was mit Preisangabe in die Zeitung kommen soll, hinterlasse bitte eine Nachricht entweder bei Colombani oder bei Florian, an den gewohnten Orten.«

Auch Verlustanzeigen wurden schon in der *Gazzetta* aufgegeben. Vertrauensvoll hieß es in der Ausgabe vom 27. März 1760: »Eine grüne seidene Handtasche mit fünf Goldzechinen und einigen Silbermünzen ist verlorengegangen. Wer sie findet, möge sie bitte bei Herrn Florian abgeben, der sie aufbewahren und dem Finder eine Belohnung von einer Zechine geben wird.«

Ob die Verliererin ihre Tasche je zurückbekommen hat, ist nicht bekannt. Ebensowenig weiß man, ob »eine grauweiße Windhündin namens Stella« jemals wieder zu ihrem rechtmäßigen Besitzer zurückgekehrt ist. Jedenfalls war dem ehrlichen Finder, der sie zu Florian unter die Neuen Prokuratien bringen würde, eine reichliche Belohnung versprochen worden.

Als Floriano Francesconi, der erfolgreiche und beliebte Inhaber des »Triumphierenden Venedig«, im Jahre 1773 starb, übernahm sein Neffe Valentino Francesconi den vielbesuchten »Wasserladen«. Auch ihm gelang es in kürzester Zeit, sich die respektvolle Anerkennung seiner Gäste zu sichern, und in den Versen eines Dichters wurde er bald als »der hochberühmte Signor Valentin« gefeiert.

Immerhin hatte der neue *Florian*-Inhaber die nicht ganz einfache Aufgabe zu meistern, sein Café durch politisch schwierige Zeiten zu steuern. Venedig hatte in erfolglosen Kriegen und schmachvollen Friedensverträgen seinen ehemals großen europäischen Einfluß verloren und den größten Teil seiner auswärtigen Besitzungen eingebüßt. Im Jahre 1797 wurde die Stadt von Napoleons Truppen besetzt, ein Jahr später lösten österreichische Soldaten die französischen ab, zwischen 1806 und 1814 herrschte Napoleon wieder über die Lagunenstadt, und 1815, während sich der Wiener Kongreß um die Neuordnung Europas bemühte, waren es noch einmal die ungeliebten Österreicher, die Venedig kontrollierten.

Valentino Francesconi hatte schon vor dem Tod seines Onkels die Leitung des Lokals, das nun endgültig als *Florian* in aller Munde war, übernommen. Er war also mit den meisten seiner Gäste gut vertraut und anscheinend ähnlich geschickt im Umgang mit Behörden wie der verstorbene Floriano. Jedenfalls wurde im *Florian* auch weiterhin unter dem Schutz der Masken dem Glücksspiel gefrönt, und auch die Prostitution schien ihm keine Probleme zu bereiten. Obwohl es gelegentlich ganz offen hieß, Valentino dulde nicht nur Huren in seinem Lokal, sondern sei selbst ein Zuhälter, wurde er 1774 anstandslos zum Vorsitzenden der Gesellschaft »Aquavit-, Eis- und Kaffee-Kunst« in Venedig gewählt.

Da die venezianische Regierung aber allmählich der Moral in den Kaffeehäusern wieder Geltung verschaffen wollte, versuchte sie es nochmals mit einem strengen Erlaß: Allen Frauen jeder Gesellschaftsschicht wurde bei Strafe verboten, sich zu irgendeiner Tages- oder Nachtzeit in einem Kaffeehaus oder in angrenzenden Räumen aufzuhalten, auch nicht in verborgenen Räumen, die zum Kaffeehaus gehörten. Dieser Beschluß brachte die Kaffeehausbesitzer in ernste Schwierigkeiten, denn sie mußten sogar dann mit Bestrafung rechnen, wenn sie Damen von Adel bedienten, die wirklich nur Kaffee trinken wollten. Gleichzeitig verloren sie auch viele männliche Gäste, denn diese sahen sich schleunigst nach Cafés um, in denen der Regierungserlaß nicht strikt eingehalten wurde.

Da auch Valentino von der Vorschrift betroffen war, sich aber keinesfalls ihr unterwerfen wollte, schrieb er einen demütigen Brief an die Behörde, in dem er darum bat, man möge ihm und seinen anständigen Gästen, die einerseits bedeutende Persönlichkeiten und andererseits für seinen Lebensunterhalt wichtig seien, doch wenigstens erlauben, einen einzigen kleinen Raum mitzubenutzen, der zwar vom Café abgetrennt sei, aber zu diesem gehöre.

Dies wurde ihm erlaubt, und Valentino zeigte sich dafür erkenntlich, indem er den Zensurbehörden wenig später einen – allerdings reichlich vagen – Verdacht mitteilte. Er schrieb an die »erlauchten Staats-Inquisitoren«, daß »am 11. und 12. des Monats« einige fremde Gäste in sein Lokal gekommen seien und ihn um Spielkarten gebeten hätten. Ihm sei aufgefallen, daß jeder der Gäste nur mit drei Karten spielte, und da er vermutete, es könne sich um ein verbotenes Glücksspiel handeln, habe er sie danach gefragt. Die Gäste hätten das verneint und ihm versichert, es handle sich um ein englisches Spiel. Dies mitzuteilen, schloß Valentino seinen Brief, halte er für seine staatsbürgerliche Pflicht.

Unter der französischen Besetzung wurde die Lage für das *Florian* gelegentlich ein wenig brenzlig. Spione berichteten nämlich, daß sich im Café häufig Gäste träfen, die heimlich oder sogar offen gegen Frankreich opponierten. Das Café wurde deshalb von da an strenger überwacht, besonders als durchsickerte, daß ein französischer Minister sich demnächst in Begleitung von Soldaten in das *Florian* begeben und jeden, der sich abfällig über Frankreich äußere, persönlich zur Rechenschaft ziehen werde. Dem Inhaber des Kaffeehauses wurde dringend empfohlen, das Lokal zeitweise zu schließen, um etwaige Zwischenfälle zu vermeiden.

Francesconi fand zwar schnell Mittel und Wege, das Café wieder zu öffnen, aber er wußte, daß er nun besonders auf der Hut sein mußte. Vorsichtshalber entfernte er in aller Heimlichkeit das Schild mit der Aufschrift »Alla Venezia Trionfante«, das immer noch vor seinem Café hing; der Name konnte unter Umständen die französische Besatzungsmacht verärgern oder ihren Argwohn weiter schüren. Obwohl manche Gäste aus Furcht vor politischen Auseinandersetzungen das *Florian* mieden, blieb dem Kaffeehaus ein treuer Stamm von Künstlern und Intellektuellen erhalten. Er erweiterte sich sogar im Laufe der folgenden Zeit, so daß Francesconi im Jahre 1806 vier Räume im hinteren Teil des

Gebäudes dazumietete und sein Café vergrößerte. Der Dichter Lamberti schrieb damals, das *Florian* sei inzwischen wie ein Jahrmarkt geworden, wo sich alle Welt treffe; viele Gäste blieben die ganze Nacht dort und träten erst im Morgengrauen den Heimweg an.

Valentino Francesconi starb, betrauert von seinen zahlreichen Gästen, im Mai 1814. Antonio Selva, der Architekt des Theaters La Fenice, teilte die Todesnachricht seinem Freund, dem Bildhauer Canova, in einem Brief mit und schrieb dazu, ihr gemeinsamer Freund Valentino sei so krank gewesen, daß man ihn kaum habe wiedererkennen können. Nun werde Valentinos Sohn Antonio das Café übernehmen. Der sei zwar allem Anschein nach ein netter Kerl, habe aber zweifellos nicht das geschäftliche Talent seines Vaters.

Unter der österreichischen Administration im Jahre 1815 mußte nun Antonio Francesconi sich davor hüten, daß in seinem Café allzu laut über die Besatzung geschimpft wurde. Im »Raum der Senatoren«, wo sich vor allem Politiker und Intellektuelle versammelten, machte man sich täglich über die fremden Soldaten lustig. In der ganzen Stadt galt das *Florian* als Hauptquartier für revolutionäre Umtriebe italienischer Patrioten. Ein Zeitgenosse berichtete, daß sich im *Florian* eine kleine Gruppe junger Männer zusammengefunden habe, die politische Aktionen anrege und bei vielen Leuten auch Gehör finde. So werde beispielsweise an manchen Abenden das Theater La Fenice überhaupt nicht besucht, an anderen Abenden wiederum sei es überfüllt von Frauen und Männern in dunkler Kleidung, als Zeichen der Trauer über die Gefangennahme patriotisch eingestellter Venezianer. Und wenn die österreichische Militärkapelle auf dem Markusplatz zu spielen anfing, wandten sich die Einheimischen ab oder gingen weg, und nur die österreichischen Offiziere und Soldaten blieben zurück.

Trotz der Spannungen blieb in Venedig aber alles friedlich, und Venezianer wie ausländische Kaffeeliebhaber bevölkerten Tag für Tag das *Florian.*

Gast bei *Florian* war oft auch Arthur Schopenhauer während seines Venedig-Aufenthalts ab Anfang November 1818. Er wolle sich nun in das Land begeben,»wo die Citronen blühen«, hatte er an Goethe geschrieben, dessen *Italienische Reise* ein Jahr zuvor erschienen war. Der junge Philosoph erbat sich von dem verehrten Dichter Ratschläge für die geplante Italienfahrt. Goethe gab Schopenhauer zwar keinen Rat mit auf den Weg, wohl aber ein Empfehlungsschreiben, und zwar ausgerechnet an Lord Byron, den skandalumwitterten englischen Dichter, der sich gerade in Venedig aufhielt.

Obwohl der erotisch äußerst lebhafte Byron damals in eine Liebesaffäre mit der Gräfin Guiccioli verwickelt war, hätte er vermutlich noch Zeit gefunden, mit dem deutschen Philosophen, der ebenfalls eine Freundin in Venedig hatte, einmal ins Gespräch zu kommen. Doch ein Treffen der beiden Männer wurde unversehens vereitelt – durch Eifersucht. »Immer wollte ich mit Goethes Brief zu ihm, als ich es eines Tages aufgab«, erzählte Schopenhauer später einem Freund. »Mit meiner Geliebten ging ich auf dem Lido spazieren, als meine Dulcinea in der größten Aufregung aufschrie: ›Ecco il poeta inglese!‹ Byron sauste zu Pferde an mir vorüber, und die Donna konnte den ganzen Tag den Eindruck nicht loswerden. Da beschloß ich, Goethes Brief nicht abzugeben. Ich fürchtete mich vor Hörnern. Was hat mich das schon gereut!«

Im *Florian,* wo sich sonst alle Welt traf, hatte Schopenhauer auch keine Gelegenheit, den frauen- und pferdebesessenen Lord anzusprechen: Byron, so hieß es, ließ sich nie auf dem belebten Markusplatz sehen, weil er sich schämte, daß er einen Klumpfuß hatte. So mußte der deutsche Philosoph auf die Begegnung mit dem englischen Dichter verzichten. Verärgert gab er »den Weibern« die Schuld, die ihn wieder einmal von etwas Wichtigem abgehalten hätten.

Ein Jahr nach Schopenhauers privatem Mißerfolg erlebte Venedig ein ganz ungewöhnliches Ereignis, das nicht nur im *Florian* lange Zeit für Redestoff sorgte.

Im Jahre 1819 entwich ein Elefant aus einem Zoo an der Riva degli Schiavoni. Nachdem das Tier ziellos durch die Stadt gewandert war, brach es aus ungeklärten Gründen die Tür der Antoniuskirche ein und geriet mit den Vorderbeinen in das Grab eines unbekannten Adeligen. Dort steckte der Elefant fest, und da man nicht in der Lage war, den unglücklichen Dickhäuter aus seiner mißlichen Lage in der Kirche zu befreien, mußte zunächst der Patriarch gefragt werden, ob das Tier dort getötet werden dürfe. Schließlich wurde vom Arsenal eine Muskete herbeigebracht, und nach zahlreichen Schießversuchen hauchte der Elefant sein Leben aus. Kaum war das hilflose Tier erlegt, rannte ein gewisser Marchese Maruzzi ins *Caffè Florian* und brüstete sich, noch ganz außer Atem, er habe mit seinem Todesschuß die Stadt Venedig gerettet. Die Heldentat des Marchese wurde allerdings von venezianischen Tierfreunden durchaus nicht als solche gefeiert, und ein Dichter verspottete den Schützen, er habe sich unter den zahlreichen erlauchten Besuchern und Maulhelden des weltbekannten *Florian* als wahrer Held erwiesen, indem er sein Leben für sein Vaterland riskierte.

Außer den Besuchern, die sich über Politik die Köpfe heißredeten, und denen, die den Politikern literarisch zu

Leibe rückten, gab es im *Florian* noch eine weitere wichtige, wenn auch in ihrer Zusammensetzung wechselnde Gruppe: die Liebespaare, die sich in den schummrigen Räumen des Lokals immer wie zu Hause fühlten und seit mehr als zweihundertfünfsiebzig Jahren das »romantische« Flair des *Florian* in die internationale Kaffeehauswelt tragen.

Zu den auffälligsten Gästen des *Florian* gehörte im Winter 1833/34 ein junges Paar, das aus Paris geflohen war, um für eine Weile dem dortigen Klatsch zu entgehen: George Sand und Alfred de Musset. George Sand, verheiratete Baronin Dudevant, lebte getrennt von ihrem Mann in Paris und verkehrte als erfolgreiche Romanautorin im Kreis prominenter Künstler, von denen der eine oder andere als ihr Liebhaber galt. Sie pflegte, in Männerkleidung aufzutreten und Pfeife oder eine Menge Zigaretten zu rauchen. Aber nicht nur ihr Zigarettenkonsum, sondern auch ihre Arbeitsenergie waren legendär.

Musset, der romantische Dichter des Weltschmerzes, lebte als frauenverwöhnter junger Dandy lustvoll in den Tag hinein. Als er George Sand, deren Roman *Lélia* er kannte, in einem Brief seine Zuneigung gestand und sie von seinem Ton gerührt war, begann zwischen beiden eine leidenschaftliche Liebesbeziehung, die allerdings wenig später als das »Liebesdrama von Venedig« bekannt wurde.

Musset, mit seinen 22 Jahren sechs Jahre jünger als George Sand, hatte schon in Paris festgestellt, wie intensiv seine Geliebte sich trotz aller Ablenkung noch auf das Schreiben konzentrieren konnte. »Ich habe den ganzen Tag gearbeitet«, berichtete er einem Freund. »Am Abend hatte ich zehn Verse gemacht und eine Flasche Schnaps getrunken; sie hatte einen Liter Milch getrunken und ein halbes Buch geschrieben.«

Ganz ähnliche Erfahrungen machte Musset mit seiner Geliebten in Venedig. Das Paar hatte sich im Hotel Danieli eingemietet und saß auch oft im *Caffè Florian*. Doch lange hielt es George Sand nicht ohne das Schreiben aus. Selbst als sie an der Ruhr erkrankte, zwang sie sich ein tägliches Arbeitspensum ab.

Der verliebte Dichter war enttäuscht, warf ihr vor, gefühlskalt zu sein, und während sie beharrlich weiterschrieb, tröstete er sich mit Alkohol und Prostituierten. Schließlich wurde er sehr krank, bekam hohes Fieber und delirierte. »Er ist ernsthaft in Gefahr«, schrieb George Sand sorgenvoll an einen Freund nach Frankreich. »Die Nerven des Gehirns sind derart angegriffen, daß er sich ununterbrochen in einem schrecklichen Delirium befindet. Allerdings gab es heute eine außergewöhnliche Besserung. Der Verstand ist ihm wiedergekehrt, und er ist völlig ruhig. Doch die letzte Nacht war entsetzlich. Sechs Stunden lang raste er in einer Weise, daß er trotz zweier starker Männer nackt im Zimmer umherlief. Schreien, Singen, Heulen, Krämpfe, o mein Gott, mein Gott, welch ein Schauspiel! … Glücklicherweise habe ich endlich einen jungen und ausgezeichneten Arzt gefunden, der Tag und Nacht bei ihm ist.«

Doch der junge Doktor Pagello kümmerte sich bald nicht nur um den kranken Dichter, sondern mehr noch um dessen Geliebte, so daß sich Mussets Zustand zeitweise verschlimmerte. Als er schließlich wieder Herr seiner Sinne war, reiste er enttäuscht und wütend nach Paris zurück, während George Sand zu ihrem neuen Geliebten zog und innerhalb von zwei Monaten ihren Roman *Jacques* zu Papier brachte. Doch bald wurde sie von Reue erfaßt, schrieb ergreifende Briefe an den verlassenen Freund, schnitt sich als Zeichen ihrer bußfertigen Gesinnung das lange Haar ab und schickte es

31

an Musset. »Ich lebe beinahe völlig einsam«, versicherte sie ihm. »Ich rauche ellenlange Pfeifen und trinke für 25 000 frs. Kaffee am Tag.« Aber nach kurzer Versöhnung in Paris löste die Schriftstellerin die turbulente Beziehung zu dem eifersüchtigen Musset auf und begann, einen neuen Roman zu schreiben.

»Wie ein Stück Zucker im Tee, so schnell schmilzt Venedig dahin«, hatte der englische Kunstkritiker John Ruskin bei einem Besuch der Lagunenstadt im Jahre 1846 geklagt. Ruskins verzweifelter Zorn bezog sich auf die Abriß- und Neubauwut, die die venezianische Regierung befallen hatte. Damals wurde allen Ernstes erwogen, die Eisenbahn bis mitten in das historische Zentrum fahren zu lassen.

Während der italienischen Befreiungskämpfe in den Jahren 1848 und 1849 war Ruskin wieder in Venedig, diesmal zusammen mit seiner jungen Frau Effie, die die Stadt eher von der heiteren Seite sah, während der ernsthafte Kunstwissenschaftler (aus nicht unberechtigter Furcht, Venedig könne in absehbarer Zukunft aus Nachlässigkeit seiner Bewohner zugrunde gehen) Kirchen und Paläste fotografierte, vermaß und akribisch abzeichnete, um sie der Menschheit wenigstens auf dem Papier zu erhalten.

»John erregt lebhaftestes Erstaunen bei Groß und Klein«, schrieb die 21jährige Effie an ihre Mutter nach England, »und ich glaube, die Venezianer haben noch nicht ausgemacht, ob er total verrückt oder ein großer Weiser ist. Nichts vermag ihn zu unterbrechen – der Platz mag voll oder leer sein, John steckt entweder unter dem schwarzen Tuch und macht Daguerreotypien, oder er klettert zwischen Kapitellen herum, die so mit Staub und Spinnweben bedeckt sind, daß er wie nach einem Ritt mit einer Hexe zurückkehrt.«

Abends konnte aber die junge Frau ihren Mann dann

doch zu entspannten Spaziergängen überreden, und beide wurden Gäste des *Florian* und anderer Cafés am Markusplatz. »Der Platz ist (abends) wie ein großes Wohnzimmer, von den Gaslaternen der ringsumlaufenden Arkaden ausreichend beleuchtet«, berichtete Effie ihrer Mutter. »Dort sitzen die Damen und Herren bei Kaffee, Eiswasser und Zigarren, während eine dichte Menge von Männern, Frauen, Kindern, Soldaten, Türken und phantastischen Gestalten in griechischer Tracht in der Mitte auf und ab geht, das Ganze unter einem Nachthimmel voller unzähliger funkelnder Sterne. Ich bin dort gestern abend mit John zusammen bis nach acht Uhr ohne Haube, aber mit aufgesteckten Haaren umhergewandelt – und wir haben uns enorm amüsiert, wie wir uns wie die anderen unter die Menge gemischt und unseren Kaffee unter den Arkaden genommen haben ...«

Während der österreichischen Besatzung trat eines Abends im Theater La Fenice eine bekannte Tänzerin auf, die demonstrativ in die drei Farben der italienischen Nationalflagge gekleidet war und einen feierlichen Tanz aufführte. Die Polizei, die davon Kenntnis erhielt, vermutete, daß diese Aufführung von der patriotischen Gruppe im *Florian* angestiftet worden war. Sie verbot etwa sechzig Bürgern, die im Verdacht standen, aufsässige Republikaner zu sein, den weiteren Besuch des Theaters und forderte Antonio Francesconi auf, den Raum, in dem die patriotischen jungen Männer gewöhnlich zusammenkamen, zu schließen. Francesconi folgte dieser Aufforderung, aber natürlich kamen die jungen Männer daraufhin anderswo zusammen.

Antonio hatte also, ähnlich wie sein Vater Valentino, gelegentlich einige Mühe mit den venezianischen Behörden, aber nach kurzer Zeit war alles wieder beim alten. Während der Revolutionszeit, in den Jahren 1848/49, wurde das *Caffè*

Florian zeitweise in ein kleines Feldlazarett verwandelt, in dem verwundete italienische Aufständische und österreichische Soldaten gelagert und behandelt wurden. Aber dieses blutige Zwischenspiel war nur von kurzer Dauer, und im Mai 1849 schrieb ein Chronist:»Man geht hier weiterhin spazieren und in die Cafés wie immer, und selbst um Mitternacht sind die Weinhäuser gut besucht, und überall wird gesungen.«

In einer kleinen Chronik des *Florian* berichtet der venezianische Autor Danilo Reato von einer Episode, die für die aufgeladene Atmosphäre jener Zeit typisch gewesen sein mag: An einem heißen Julitag des Jahres 1849 hatte vor dem Markusplatz das französische Schiff »Panama« geankert. Obwohl in Venedig Hunger herrschte, wollten die Seeleute nicht auf ihre gewohnten kulinarischen Genüsse verzichten: Einige Offiziere brachten dem Eisverkäufer im *Florian* Eis mit, damit er ihnen Sorbets mache. Als venezianische Gäste des Cafés davon erfuhren, entschlossen sich mehrere von ihnen, den Franzosen das Eis, falls nötig, mit Gewalt wegzunehmen, um es für die Verwundeten zu verwenden, von denen viele aus Mangel an Eis, vor allem bei Amputationen, im Sterben lagen. Aber schließlich ließ man von diesem Plan doch ab, um nicht in Streit zu geraten mit den Franzosen, von denen man als einzige medizinische Hilfe erwarten konnte.

Nach den fehlgeschlagenen italienischen Aufständen mußte Venedig widerstrebend dem österreichischen Sieger, Feldmarschall Radetzky, seine Tore öffnen. 1849 bot die Stadt ein tristes Bild: Die Industrie war ruiniert, viele Häuser waren verlassen und viele Geschäfte geschlossen. Die Österreicher versuchten zwar, Venedigs Wirtschaft wieder in Schwung zu bringen, indem sie die Stadt zum Freihafen machten, aber die allgemeine Stimmung blieb niedergedrückt.

Wieder waren es Kaffeehausbesitzer, die für neues Leben sorgten. 1854 wurde unter den Neuen Prokuratien das *Caffè degli Specchi* eröffnet, und da es erstaunlich schnell Gewinn abwarf, übernahmen die Eigentümer vier Jahre später auch die Leitung des *Florian* von dessen Inhaber Antonio Francesconi, der anscheinend vom Kaffeehausbetrieb genug hatte und sich zur Ruhe setzen wollte.

Die drei neuen *Florian*-Besitzer, Vincenzo Porta, Giovanni Pardelli und Pietro Baccanello, ließen das alte *Florian* neu herrichten. Den Auftrag zur Neudekoration des Cafés erhielt Ludovico Cadorin, der damals Kunstprofessor an der Accademia di Belle Arti war. Das *Florian* wurde nun von Grund auf erneuert, der Eingang verbreitert, die Anordnung der Räume verändert, die Decken wurden höhergezogen, die Wände mit Gemälden im Stil der Zeit geschmückt. Es wurde soviel Geld ausgegeben, daß Eingeweihte meinten, man hätte damit auch einen Palast bauen können. Der inzwischen berühmt gewordene »Raum der Senatoren« wurde mit Wandbildern bemalt, die »Naturwissenschaft und Fortschritt« symbolisieren sollten, und die beiden mittleren Räume hießen nun, entsprechend ihren Wandmalereien, der »griechische« und der »persische« Saal.

Bei aller Kunstfertigkeit stieß aber die neue Dekoration nicht überall auf ungeteilten Beifall. Manchen Stammgästen des *Florian* war das Café nun zu künstlich, sie beklagten den Verlust des gewohnten, originellen Stils und fürchteten, in den kultivierten neuen Räumen werde die bisherige Atmosphäre der Spontaneität verlorengehen. »Die mitternächtlichen Zusammenkünfte haben nicht mehr ihr altes, natürliches Zentrum, das ein bißchen Zufällige, wie man es nennen könnte, das aber wirklich schön war«, bedauerte die *Gazzetta Ufficiale di Venezia* im Juli 1858. »Vielleicht werden die Gäste nun anderswohin gehen. Das *Florian* mag an Kunst und Glanz gewonnen haben, hat dies aber mit dem Verlust der genialischen und freien Unterhaltung bezahlt, die jetzt ihrer eigentlichen Geburtsstätte beraubt ist.«

Doch allen Befürchtungen zum Trotz blieben die meisten Stammgäste dem *Florian* treu, und immer neue Gäste kamen hinzu – so zum Beispiel Richard Wagner, der unter den Arkaden der Militärkapelle zuhörte, die für den berühmten Komponisten Musik aus seinen Opern *Rienzi* und *Tannhäuser* intonierte.

Der amerikanische Schriftsteller William Dean Howells hatte das Glück, vier Jahre lang amerikanischer Konsul in Venedig sein zu können. Im Dezember 1861 traf er in der Lagunenstadt ein, und da er nicht sonderlich viel zu tun hatte, verbrachte er viel Zeit in den Cafés am Markusplatz. Die Müßiggänger im *Caffè Florian* wirkten auf Howells am interessantesten, weil sie am verschiedenartigsten waren: »Leute aller politischen Schattierungen trafen sich in den eleganten kleinen Salons, obwohl es selbst dort gewisse Gruppen gab, die sich unter keinen Umständen vermischten«, beobachtete der amerikanische Diplomat. Die Italiener achteten sorgfältig darauf, sich in einem mit grünem Samt ausgestatteten Raum zusammenzufinden, während die Österreicher häufig ein Zimmer mit Möbeln aus rotem Samt aufsuchten. Für die »stillen, trägen italienischen Bummler« empfand Howells eine starke Sympathie. »Die Älteren unter ihnen saßen, die Hände sorgfältig über dem Knauf ihres Stocks gefaltet, und starrten auf den Boden oder vertieften sich in die französischen Zeitschriften, die sie gründlichst durchsahen. Die Jüngeren standen viel an den Türeingängen herum, und dann und wann scherzten sie auf recht harmlose Art mit den eleganten Kellnern in schwarzen Jacken und mit weißen Krawatten, die mit Aufträgen hin und her eilten und sie in scharfem Ton dem Rechnungsführer an seinem kleinen Tisch zuriefen. Manchmal wanderten die jungen Müßiggänger zu dem Zimmer, das den Damen vorbehalten und für Raucher verboten war, genossen lange und bedächtig den schönen Anblick und kehrten dann wieder in den Kreis ihrer schweigsamen Gefährten zurück. Zufällig traf ich sie wohl einmal beim Schachspiel an, aber sehr selten. Es waren alles gutgekleidete, hübsch aussehende Männer mit sorgfältig gestutzten Bärten, glänzenden Hüten und Schuhen und auffallend sauberer Wäsche. Ich fragte mich immer wieder, wer sie eigentlich waren, was für einer Gesellschaftsschicht sie angehörten und ob sie wie meine Wenigkeit niemals etwas anderes zu tun hatten, als im *Caffè Florian* herumzulungern, aber ich weiß wirklich bis auf den heutigen Tag nichts darüber. Manche Leute in Venedig verbringen eben ihr vornehmes, nützliches Leben auf diese Weise, und die stolze Antwort eines venezianischen Vaters, den man nach dem Beruf seines Sohnes gefragt hatte, lautete: ›È in Piazza!‹ Das bedeutete, er trug einen Spazierstock, dazu helle Handschuhe und starrte im *Florian* aus den Fenstern auf die vorübergehenden Damen.«

Im *Caffè Quadri,* auf der gegenüberliegenden Seite, beobachtete Howells den Müßiggang der österreichischen Soldaten, die allerdings wesentlich geräuschvoller waren als die stillen Italiener im *Florian.* »Unruhig kamen und gingen sie, setzten sich und schlugen dabei mit ihren Degenscheiden aus Stahl gegen die Tische, oder sie sprangen auf, und die langen Säbel stießen an ihre gespreizten Beine.« In ihren Uniformen seien sie die elegantesten Soldaten der Welt, meinte Howells, und man könne sich nicht vorstellen, wie schlecht sie sich anzögen, wenn sie sich selbst überlassen seien, bis man einmal einen in Zivikleidung gesehen habe.

Auch das *Caffè Specchi,* in dem vorwiegend junge Italiener verkehrten, das Café *Kaiser von Österreich,* in dem sich vor allem Unteroffiziere und Zivilangestellte trafen, und das *Caffè Suttil,* mit einem Publikum, das hauptsächlich aus »grauen alten Knaben« bestand, lernte Howells schon in den ersten Wochen seines Venedig-Aufenthalts kennen und stellte erstaunt fest, wie schnell die Zeit auch beim »dolce far niente« verfliegt. »Während ich im *Caffè Florian* sitze, an der allgemeinen Nutzlosigkeit um mich her teilhabe und sie andererseits studiere, geht inzwischen der kurze Winter vorüber, und der Frühling des Südens bricht über Stadt und See herein.«

Den Frühling des Südens genoß auch Henry James, der 1879 nach Venedig kam und sich im *Florian* unter anderem zu seinem Roman *Die Flügel der Taube* anregen ließ. Zunächst arbeitete James allerdings noch an dem Roman *Porträt einer Dame,* der im Oktober 1880 erschien.

»Ich wohnte auf der Riva, 4161, *quarto piano*«, notierte James in seinem Tagebuch. »Der Blick aus meinen Fenstern war *una bellezza;* die weitschimmernde Lagune, die blaßroten Mauern von San Giorgio, der sinkende Bogen der Riva, die fernen Inseln, das Leben auf dem Kai, die Gondeln im Profil. Hier schrieb ich täglich fleißig und beendete, jedenfalls im wesentlichen, meinen Roman. Wie gesagt, es war ein herrliches Leben; es schien mir manchmal zu unwahrscheinlich, zu festlich. Ich ging morgens aus – zuerst zu *Florian* zum Frühstück; dann Baden am Stabilimento Chitarin; dann lief ich herum, sah Bilder an, Straßenleben etc., bis zum Mittag, wenn ich mein zweites Frühstück im *Caffè Qua-*

dri einnahm. Danach ging ich heim und arbeitete bis sechs Uhr – oder manchmal nur bis fünf. In letzterem Fall hatte ich Zeit für ein bis zwei Stunden *en gondole* vor dem Abendessen. Abends bummelte ich umher, ging zu *Florian,* hörte die Musik auf der Piazza ...«

Seit der Jahrhundertwende präsentiert sich das umschwärmte *Caffè Florian* unverändert. Die fünf durchgehenden kleinen Räume – der »Saal der Jahreszeiten«, der »Saal der Freiheit«, der »Saal des Senats«, der »Saal der Berühmtheiten«, der »chinesische« Saal und die Bar – sind Tag für Tag Treffpunkt eines ständig wechselnden internationalen Publikums. Die Nächte sind allerdings im *Florian* nicht mehr so lang wie früher. Um Mitternacht schließt das Café seine Türen, sehr zum Bedauern mancher Besucher, die an die Schilderungen von Literaten vergangener Zeiten denken, an ganze Nächte »unter dem Chinesen«. »Der Chinese ist eine entzückende Figur«, schrieb der französische Schriftsteller Henri de Regnier, der zwischen September 1899 und Dezember 1924 nicht weniger als zwölfmal in Venedig war und sehr oft im *Caffè Florian,* unter dem Bild des Chinesen, saß. »Auf der Wand, auf die er gemalt ist, steht er liebenswürdig, lächelnd und stolz. Er ist mit einem kurzen Gewand aus blauer Seide bekleidet, das Korallenknöpfe schließen, und an den Füßen trägt er zierlich geformte Schuhe. Er hat die Gesichtszüge seiner Rasse und eine angenehm gelbe Hautfarbe. Sein langer feiner Mandarinbart hängt herab, wie es sich schickt und ganz nach der Mode seiner Artgenossen auf chinesischen Vasen. Die Ärmel seines Gewandes sind natürlich ›pagodenförmig‹. Unter der Kappe, die seinen Kopf bedeckt, quillt ein schöngeflochtener Zopf hervor. Seine Schlitzaugen betrachten einen mit freundlichem Lächeln, das nicht ohne Ironie ist. Er ist stolz, und er hat Grund, es zu sein, er ist nämlich nicht nur ein Chinese, sondern *der* Chinese, er ist sogar *der* Asiate, denn er verkörpert Asien in der Schar der kostümierten Figuren, die auf den anderen Paneelen die Erdteile symbolisieren und die die Dekoration in einem der Säle des *Caffè Florian* bilden. Oft suchen wir unseren Platz in der Ecke, die er besetzt und die er uns freizuhalten scheint. Er ist zu einer Art Treffpunkt geworden, und der Satz: ›Um fünf Uhr unter dem Chinesen‹ besagt, daß man sich zu dieser Tageszeit im *Florian,* auf der roten Samtbank an dem Marmortischchen, treffen wird, wo uns der Punsch aus Kermes-Likör oder ein Gläschen Maraschino serviert werden, denn zu einem Café comme il faut gehört in Venedig immer ein Grappa … Dieses Jahr sind wir noch im Oktober nach Venedig gekommen, um uns ›unter dem Chinesen‹ zu treffen. Er ist so entzückend, er empfängt uns in seinem Reich, er ist stets gastfreundlich gegenüber dem Besucher, denn das *Florian* ist Tag und Nacht geöffnet. Hat man keine Lust zu schlafen, so kann man hier bis zur Dämmerung ausharren, und hat man seinen Schlüssel verloren, kann man auch auf den Morgen warten …«

Am *Florian,* dieser venezianischen Institution, kommt niemand vorbei, weder der Einheimische noch der ausländische Reisende. Mindestens einmal pro Tag geht man dort hin, setzt sich an ein Marmortischchen, nippt sein schwarzes Getränk, ißt ein Croissant, etwas Gebäck oder eine Quiche Florian, plaudert mit Nachbarn oder nimmt sich eine der internationalen Zeitungen, die neben dem Eingang an Haken hängen. Zwischendurch betrachtet man mit nostalgischer Andacht oder touristischer Neugier die altertümelnden Wandmalereien und, mit gebotener Zurückhaltung, die anderen Gäste, die in den kleinen Kaffee-Kabinetten zusammensitzen oder sich draußen vor der Tür dem Anblick des

»schönsten Salons der Welt«, wie Napoleon den Markusplatz nannte, mit seinem Tauben- und Menschengewimmel
hingeben.

Zwischen Mai und Oktober sitzen die meisten Gäste
tagsüber im Freien, auf lederbezogenen Stühlen unter den
Arkaden oder auf Metallstühlchen bis weit in den Markusplatz hinein. Während die Kellner routiniert die Bestellung
aufnehmen, bedienen und kassieren, hört der Gast mit mehr
oder weniger Enthusiasmus dem kleinen Kaffeehaus-Orche-
ster zu, das von Strauß-Walzern über argentinische Tangos
bis zu »Strangers in the Night« die gesamte Palette internationaler Unterhaltungsmusik beherrscht und mit dem Orchester auf der gegenüberliegenden Seite des Platzes in ed-
lem Wettstreit liegt. Schon nach wenigen Augenblicken stellt
sich inmitten der kaffeetrinkenden Menschenmenge ein
Gefühl irritierender Heimeligkeit ein.

Wie selbstverständlich *Florian*-Besucher aus aller Herren
Länder über Jahrhunderte hinweg das kleine Kaffeehaus am
Markusplatz als »ihr« Café empfanden, zeigen Tagebuchauf-
zeichnungen des Schriftstellers Wladimir von Hartlieb aus
dem Jahre 1927: »Ich sitze wieder in meinem geliebten *Caffè Florian,* das heißt, um die Wahrheit zu sagen, in dem Café,
das ich für das schönste und reizendste der Welt halte, und
zwar auch im Winter, wenn es nicht möglich ist, draußen im
Freien zu sitzen. Jedermann kennt die kleinen, zierlichen
Räume, aus denen es besteht, diese Miniatursalons, die wie
glänzend emaillierte Schachteln aussehen; sie erinnern mehr
an *Tausendundeine Nacht* als an Boccaccio, aber Figuren wie
Goldoni und Casanova passen ausgezeichnet hierher. Auf
den Rechnungszetteln der Kellner ist der Abdruck eines
Gemäldes zu sehen, das eine reizende Szene aus dem 18.
Jahrhundert darstellt: den Maler Guardi, unter den Gästen

des Cafés seine Bilder verkaufend. Ist es nicht wunderbar? Man empfindet die großen Renaissancepaläste auf dem Canal Grande als nicht ganz zu Venedig gehörend...Venedig ist ein Stück Orient, nur durchgeistigt durch das kraftvoll heiße italienische Blut, in das es eingetaucht ist. So entstand die Markuskirche, der Dogenpalast. Das *Caffè Florian* wurde im Jahre des Heils 1720 eröffnet. Es führte den Namen *Venezia Trionfante* – aber die Kraft der Dogenrepublik war schon lange gebrochen. Venedig war damals nur noch die liebenswürdigste, lustigste Stadt; es begann arm zu werden... Niemand nannte das Café nach seinem offiziellen Titel. ›*Andemo da Florian*‹ (gehen wir zu Florian), sagte man einfach, wenn man sich hier zusammenfinden wollte. Der Begründer, Florian Francesconi, hat sich mit seinem Einfall ohne viel Kopfzerbrechen unsterblich gemacht. Man weiß, was für Gäste hier verkehrt haben: Ugo Foscolo, Goethe, die Madame de Staël, Lord Byron, Stendhal, Musset. Im Winter, wenn man nur unter Venezianern sitzt, stört nichts die köstlichsten Illusionen.«

Seit einem Vierteljahrhundert führt nun Daniela Gaddo Vedaldi, Nachfahrin der weitverzweigten Francesconi-Sippe, das legendäre Café. Signora Vedaldi sieht im *Florian* nicht bloß ein weiteres Museumsstück im ohnehin üppig ausgestatteten Venedig, sondern sie möchte dort auch wieder die anregenden Impulse wecken, die für die frühen Jahre des »Triumphierenden Venedig« charakteristisch waren. Deshalb lädt sie regelmäßig Maler, Architekten und Designer ins *Florian* ein, um in den altmodischen kleinen Kabinetten auch aktuelle Kunst zu zeigen.

Auch wenn das *Florian* nicht teurer ist als vieles andere in der Lagunenstadt, muß der Gast hier einigermaßen tief in die Tasche greifen. Doch die meisten Touristen scheinen sich inzwischen daran gewöhnt zu haben, daß die hohen Preise eine Art Eintrittsgebühr für den Zugang in die Stadt darstellen. Man zahlt meist ohne Murren und hält sich durch schauendes Genießen schadlos – sei es die Kunst eines Tizian, Tintoretto oder Carpaccio in Kirchen und Museen oder sei es die stets präsente Kunst- und Medien-Prominenz, die das *Caffè Florian* mit ihrem Besuch um mögliche Anekdoten bereichert. Statt Balzac, Proust oder Gabriele d'Annunzio kann ein fernseherprobter deutscher Tourist jetzt Loriot im *Florian* Kaffee trinken oder Alfred Biolek unter den Arkaden Geburtstag feiern sehen und John Lennons Witwe Yoko Ono mit riesiger Sonnenbrille beim Autogrammschreiben beobachten.

»Wie ein Stück Zucker im Tee, so schnell schmilzt Venedig dahin« – John Ruskins pessimistische Voraussage hat sich zum Glück nicht erfüllt. Die »Steine von Venedig«, die er so sorgfältig registrierte, stehen immer noch, wenn auch in verwitterter Pracht, und das *Caffè Florian* am Markusplatz zehrt weiter von seinen kostbaren Erinnerungen.

»Jetzt kündigt sich die Dämmerung an, die Stunde des ›Chinesen‹ nähert sich«, schrieb, als sei es heute, vor siebzig Jahren Henri de Regnier. »Schon sitzen wir zu seinen Füßen. Unter seinem spöttischen Blick verliert die Unterhaltung ihren ernsten Ton und wird vertraulicher. Man plaudert über dieses und jenes und bedauert die Abwesenden, daß sie nicht hier sein können, auf der gastlichen Bank des Florian. Wie kann man nur anderswo sein als an diesem Ort, wo es sich so gut leben läßt!«

»Eine internationale Insel«

DAS »GRAND CAFÉ ODEON« IN ZÜRICH

Am 1. Juli 1911 meldete eine Anzeige im *Tagblatt der Stadt Zürich*, daß am selben Abend um 18 Uhr am Bellevueplatz das Café *Odeon* eröffnet werde. Als besondere Attraktionen wurden eine »eigene Konditorei, zehn Neuhusen-Billards und 2 Match-Billards« angekündigt. Ausgeschenkt werde »Münchner Löwenbräu« und »Pilsner Kaiserquell«. Gastwirt des neuen Cafés sei Josef Schottenhaml aus München.

Zürich hatte damals schon mehrere Kaffeehäuser, aber das *Odeon* lag besonders günstig – nicht zu nahe an der damals schon einigermaßen belebten Bahnhofstraße, durch die bereits ein paar Autos fuhren, allerdings in greifbarer Nähe zur Straßenbahn, die den Bellevueplatz überquerte, vor allem aber in Sichtweite des Zürichsees und der rasch fließenden, glasklaren Limmat. Es herrschten noch friedliche Zeiten, als der Kaufmann Julius Uster, Oberst in der schweizerischen Armee, den Entschluß faßte, den Usterhof an der Ecke Sonnenquai und Rämistraße zu bauen. Für die etwa neuntausend Quadratmeter Boden hatte er 150 000 Franken zu zahlen. Bevor der Neubau mit seiner Tuffsteinfassade ausgeführt werden konnte, mußten noch einige alte Häuser und Läden abgerissen werden. Das neue Gebäude sollte 400 000 Franken kosten. Aber anscheinend hatte Oberst Uster seine finanziellen Möglichkeiten überschätzt,

44

oder der Bau wurde teurer als geplant. Jedenfalls mußten im Sommer des Jahres 1910 die Bauarbeiten jäh abgebrochen werden. Halbfertig blieb das Teilstück samt Baugerüst stehen, ohne Aussicht auf Vollendung.

Doch dann geschah etwas kaum Glaubliches: Oberst Uster gewann in der Spanischen Lotterie das Große Los. So jedenfalls lautete ein unbestätigtes Gerücht. Die Bauarbeiten konnten fortgesetzt werden.

Am 1. Juli 1911 wurde das Café *Odeon* eröffnet. Ein prächtiger Saal im Jugendstil, mit großen Kronleuchtern und marmorverkleideten Wänden empfing die ersten Gäste. Zwar waren nicht alle sofort von dem rötlichen Marmor angetan – einige nannten das neue Kaffeehaus wegen dieser Innenausstattung »Café Schwartenmagen« –, aber die Produkte der hauseigenen Konditorei, die im Keller untergebracht war, erregten sofort höchstes Interesse.

Zu den frühen *Odeon*-Besuchern gehörte der junge Dirigent Wilhelm Furtwängler, der im Sommer 1911 auf der Durchreise nach Italien in Zürich Station machte. Einige Jahre vorher war er, mit zwanzig Jahren, als Chordirigent an das Zürcher Stadttheater verpflichtet worden, um hier *Die Lustige Witwe* zu dirigieren. Er nahm seine erste größere Aufgabe an einem Theater mit Hingabe in Angriff, aber allzu lange hielt seine Begeisterung offenbar nicht vor. Denn nach etlichen Aufführungen fiel dem Publikum auf, daß der Versöhnungsdialog des Liebespaares sehr viel länger dauerte als gewöhnlich und daß die Liebenden ihre Worte anscheinend mehrmals wiederholten. Als schließlich der Tenor wütend an die Rampe lief und den jungen Dirigenten anbrüllte: »Dann eben nicht!«, war klar, daß Furtwängler seinen Einsatz verpaßt hatte. Für die Operette war er wohl doch nicht so geeignet, meinte der Direktor zum Abschied.

Im November des Jahres gab es in Zürich mehr Anlaß zur
Unruhe: Gegen halb elf Uhr abends erschütterte ein kurzes,
aber kräftiges Erdbeben die Stadt. In einigen Theatern und
Cafés, die gut besucht waren, kam es zu panikartigen Reak-
tionen, was ein paar Tage später zu der folgenden polizeili-
chen Anordnung im *Städtischen Amtsblatt* führte: »Die langen, über die Hutränder oder die Hutköpfe der Damen
herausragenden Hutnadeln bilden überall da, wo die Träge-
rinnen ins Gedränge oder überhaupt mit anderen Personen
in Berührung kommen, im Tramwagen, im Theater und
Konzert, selbst auf stark begangenen Straßen, eine Gefahr
für Dritte. In Anwendung des § 94 lit.a des Gemeindegeset-
zes wird die Verwendung solcher Nadeln in ungeschütztem
Zustande anmit unter Androhung polizeilicher Konfiskation
derselben und Bestrafung der Fehlbaren mit Polizeibusse bis
zu Fr. 15.– verboten. Die Sicherung der Nadeln mittelst
Schutzhüllen ist obligatorisch.«

Eine Dame ohne Hutnadel, die gelegentlich mit einem
Fahrrad zum *Odeon* kam, war die lebenslustige Gräfin Re-
ventlow, die »Königin der Münchner Bohème«, wie man sie
nannte. Als junges Mädchen war sie, aus Abneigung gegen
die adligen Konventionen, von zu Hause durchgebrannt,
und ihre Familie hatte sich von ihr losgesagt. Nun lebte sie,
meist ohne genügend Geld, zwischen München, Zürich und
Ascona, schrieb Novellen, übersetzte französische Romane,
wurde damit aber nie wohlhabend, weil ihr fast jedes Hono-
rar sofort gepfändet wurde.

Eine ganz andere Art von Mühe mit dem Geld hatte der
Odeon-Gast Albert Einstein. Bevor er als Dozent an der Universität Bern zugelassen wurde, hatte er am »Eidgenössischen Amt für geistiges Eigentum« als technischer Experte
dritter und danach zweiter Klasse gearbeitet. Sein jährliches

2 Das *Café Odeon* in Zürich am Bellevue

Einkommen von 4 500 Franken schien ihm viel zu hoch, und zu Kollegen äußerte er ratlos: »Ja, was soll ich denn mit dem vielen Geld anfangen?«

Im Frühjahr 1913 besuchte auch ein junger italienischer Sozialist das *Odeon* und nahm letzte Korrekturen an einer Rede vor, die er am 1. Mai vor italienischen Arbeitern in Zürich halten wollte, gegen Militarismus und für mehr Einfluß des Proletariats: Benito Mussolini.

Im *Odeon,* in dem bisher das köstliche Backwerk die Hauptrolle gespielt hatte, begann man sich allmählich notgedrungen mit Außenpolitik zu beschäftigen. Wichtigster Anlaß dafür war, im Juni 1914, die Ermordung des österreichischen Erzherzogs Franz Ferdinand und seiner Gattin in Sarajewo. Aus Wien, London, Paris, Berlin und Sankt Petersburg trafen besorgte Korrespondentenberichte in Zürich ein, die auch im *Odeon* gelesen und diskutiert wurden. Standen kriegerische Aktionen bevor? Würde die österreichisch-ungarische Armee nach Serbien einmarschieren? Und wenn ja, was würde das für das übrige Europa bedeuten?

Das *Odeon,* das ohnehin meist erst morgens um vier oder fünf Uhr seine Türen schloß, blieb jetzt Tag und Nacht geöffnet. Korrespondenten ausländischer Zeitungen, Zürcher Redakteure und Konsulatsbeamte trafen sich im Café zu Information und Meinungsaustausch. Und bei Josef Schottenhaml, dem Kaffeehausbesitzer, klingelte die Kasse.

Aber das blieb nicht mehr lange so. In Österreich-Ungarn, in Frankreich, in Deutschland wurde mobilgemacht. In der *Neuen Zürcher Zeitung* hieß es am 28. Juli 1914 beschwichtigend:

»Alle Zeitungsmeldungen über eine allfällige schweizerische Mobilisation sind selbstverständlich verfrüht. Man darf dem Bundesrat das Vertrauen entgegenbringen, daß er gegebenenfalls sofort das Nötige zur Wahrung unserer Neutralität vorkehren wird.«

Doch die Kriegsgerüchte beunruhigten die Schweiz mehr als erwartet. Banken und Lebensmittelgeschäfte konnten den Kundenansturm kaum bewältigen. Einige Geschäfte mußten »zur Füllung ihrer Lager« sogar kurzfristig schließen. Am 31. Juli stellte die *Neue Zürcher Zeitung* warnend fest: »Obschon vom österreichisch-serbischen Konflikt in keiner Weise unmittelbar berührt, hat sich doch der schweizerischen Bevölkerung zu Stadt und Land eine fieberhafte Erregung bemächtigt, wie wir es in diesem Maße nie für möglich gehalten haben. Wenn aber in unserer Bevölkerung mehr Beherrschung an die Stelle der ungewöhnlichen Nervosität treten soll, dann muß vor allem die Presse sich ängstlich hüten, allzuviel in Sensation und grusliger Berichterstattung zu machen, soweit diese durch Tatsachen nicht gerechtfertigt erscheint. Vor allem wird sie es unterlassen müssen, mit Brandüberschriften wie ›Ist es der Weltkrieg?‹ ›Der Friede Europas ist gefährdet!‹ ›Ein Völkerkrieg?‹ ›Allgemeine Mobilisierung‹ usw. die Köpfe unnötig zu erhitzen und die Herzen zu beängstigen.«

Doch schon einen Tag später, am 1. August 1914, stellte sich heraus, daß gewisse Zeitungsüberschriften keineswegs übertrieben gewesen waren. Deutschland erklärte Rußland den Krieg, richtete ein Ultimatum an Belgien und schickte am 3. August eine Kriegserklärung nach Paris. Das Café *Odeon* verlor zahlreiche Gäste, denn die meisten Fremden reisten schleunigst aus Zürich ab.

»Ein neues Zeitalter ist angebrochen«, schrieb Curt Riess, Zeitzeuge und Autor, in seinen Erinnerungen. »Die Angestellten des *Odeon* begreifen es erst jetzt, daß sie eine Art internationale Insel bildeten, einen Freihafen, in dem jeder landen konnte. Natürlich kamen auch Schweizer in das Café, man darf wohl sagen, daß die Mehrzahl der Besucher immer Schweizer und insbesondere Zürcher waren, Stammgäste oder Passanten, und sie kommen auch jetzt noch, soweit ihre Stimmung es zuläßt oder auch ihre neuen Pflichten es erlauben, die der Krieg mit sich gebracht hat. Aber die Ausländer … Wer kümmerte sich schon darum, ob der Kollege Deutscher, Franzose, Österreicher oder Italiener war? Jetzt muß man sich darum kümmern. Denn die Angehörigen der kriegführenden Nationen nehmen Abschied. Ein französischer Kellner, der im ersten Stock bei den Billardtischen beschäftigt war, legt sein schwarzes Jackett ab. Ein österreichischer Kellner ist schon gestern ausgetreten. Er kommt noch einmal zurück, um Adieu zu sagen. Die beiden schütteln einander die Hand. Schließlich war man Kollege, gehörte zu der großen internationalen Armee der Kellner. In ein paar Wochen wird man vielleicht schon an irgendeiner Front stehen – vielleicht wird man aufeinander schießen – wer weiß?«

Die Atmosphäre im Café hatte sich durch die Ereignisse schlagartig verändert. Mit der Gemütlichkeit war es vorbei. Sogar das Telefonieren in der Kabine des *Odeon* war tagelang verboten – man wollte Spionage verhindern. Und das Ausrufen von Zeitungsschlagzeilen war ebenfalls streng untersagt. Denn den Sieg der einen oder der anderen Seite laut bekanntzugeben, verstieß gegen das Gebot der Neutralität.

Dem *Odeon*-Besitzer Joseph Schottenhaml wurde es in seinem Zürcher Café zusehends unbehaglicher. Mit einem ebenfalls aus Bayern stammenden Interessenten, Fritz Thalhauser, verhandelte er über einen Pachtvertrag für das *Odeon*. Thalhauser war bereit, das Café zu übernehmen, auch wenn seit dem 11. August 1914 alle Lokale im Gebiet des Kantons Zürich bis auf weiteres schon um 23 Uhr schließen mußten. Als Begründung hieß es in der *Zürcher Post* vom 7. August, daß sich »seit der Mobilisierung ein lichtscheues Gesindel« in Zürich herumtreibe, das »für die Zeit, da die Truppen uns verlassen haben werden, wenig Gutes« verspreche.

Da sich die meisten Fremden inzwischen in ihre jeweiligen Heimatorte oder in andere Länder begeben hatten, war das Interesse an neuen Gesichtern im *Odeon* nun besonders groß. Unter anderem galt es einem fremden Gast, der französische, polnische und deutsche Zeitungen las. Es war ein sehr gepflegt aussehender, schlanker Mann, der mit seiner Frau und zwei Söhnen nach Zürich gekommen war und gelegentlich im *Odeon* gesehen wurde. Er hieß Trotzki, wie sich im Café schnell herumsprach, und er hatte Rußland, seine Heimat, verlassen müssen, weil er gegen die Herrschaft des Zaren gekämpft hatte. Nun war er auch aus seinem vorläufigen Exil Wien geflohen, weil er befürchten mußte, als Ausländer interniert zu werden.

Die wenigen Gespräche, die Trotzki im *Odeon* mit Einheimischen führte, hatten meistens Schweizer Politik zum Thema. Trotzki war skeptisch gegenüber der schweizerischen Neutralität, die er für unpraktikabel hielt. Er selbst arbeitete in Zürich an einer Schrift, *Der Krieg und die Internationale,* die als Grundlage für die Antikriegslinie der russischen Sozialisten dienen sollte.

Im Frühjahr 1915 übernahm Fritz Thalhauser die Leitung des *Odeon.* Joseph Schottenhaml verließ Zürich und ging nach München zurück. Thalhauser konnte mit der Klientel, die ihm sein Vorgänger hinterlassen hatte, sehr zufrieden sein. Zwar hatten wegen des Krieges viele ausländische Gäste Zürich verlassen, aber ein Stamm von einheimischen

Kaffeehausbesuchern war dem *Odeon* geblieben, und auch neue Gäste ließen sich sehen.

Ein langjähriger Stammgast, der seit 1910 Direktor der Chirurgischen Klinik des Zürcher Kantonsspitals war und an der Universität Vorlesungen hielt, war Thalhauser bis dahin noch unbekannt gewesen. Um so besser aber kannte ihn der altgediente spanische Kellner Mateo, und er wußte, was er seinem hochangesehenen Gast zu bringen hatte: eine Kaffeekanne und eine große Tasse. Was aus der Kanne in die Tasse gegossen wurde, war aber nicht Kaffee, sondern Champagner der Marke Veuve Cliquot. Und der Gast, der sich aus dieser Tasse bediente, war Ferdinand Sauerbruch.

Die Tarnung des koffeinfreien Getränks hatte eine Vorgeschichte: Als der deutsche Mediziner im Jahre 1910 von Marburg nach Zürich kam, saß er jeden Abend in der Halle des Hotels Baur au Lac und trank mindestens eine Flasche Champagner. Diese Gewohnheit des Arztes sprach sich in Zürich schnell herum, und einige künftige Kollegen mokierten sich so sehr darüber, daß Sauerbruchs Berufung an die Klinik dadurch in Gefahr geriet. Doch seine medizinische Kompetenz gab letztlich den Ausschlag, und er erhielt die Stellung.

Schwierigkeiten bekam Sauerbruch erst wieder, als seine Assistenzärzte eines Tages nicht zum Dienst erschienen. Sie streikten aus Protest gegen das Verhalten ihres Chefs, der, wie man ihm vorwarf, »preußische Befehls- und Unterordnungsverhältnisse in die Schweiz importieren« wolle. Dieser Vorwurf war, wie Zeitzeugen versicherten, nicht ganz von der Hand zu weisen. Der deutsche Mediziner, der davon überzeugt war, daß Deutschland den Krieg innerhalb kurzer Zeit gewinnen würde, machte sich durch einen herrischen Ton unter Kollegen recht unbeliebt.

Im *Odeon* machte eine Geschichte die Runde, die dem zwar fachlich respektierten, aber persönlich nicht sehr beliebten Arzt eine höfliche Rüge des Zürcher Regierungsrats eintrug: Sauerbruch hatte eines Tages sechs Medizinstudenten zu prüfen, konnte das Examen aber wegen einer dringenden Operation nicht zur festgesetzten Zeit durchführen. Die Operation verlief nicht nach Wunsch, und die Stimmung des Professors war entsprechend schlecht. Ob es an der Laune des Prüfers oder an dem mangelnden Wissen der Kandidaten lag, ist schwer zu beurteilen – die sechs Studenten fielen jedenfalls durch. Eine kleine Chance schien sich aber für sie noch zu eröffnen, als jemand ihnen den Hinweis gab, sie sollten den Professor nachmittags zu Hause aufsuchen, dann trinke er Kaffee, rauche seine Zigarre und sei gut gelaunt. Die Studenten folgten diesem Rat, ließen sich bei Sauerbruch anmelden, und der Professor erklärte sich bereit, sie noch einmal zu prüfen. Als die sechs die Wohnung betraten, lief ihnen Sauerbruchs Hund schwanzwedelnd entgegen. »Wissen Sie, warum der Hund mit dem Schwanz wedelt?« fragte der Mediziner die Prüfungskandidaten. Alle waren anscheinend so verblüfft über diese Frage, daß keinem eine Antwort einfiel. Mit Sauerbruchs guter Laune war es offensichtlich vorbei. »Der Hund wedelt mit dem Schwanz, weil er sich freut, Sie zu sehen«, sagte er verärgert, »und ich werde mich freuen, Sie nicht mehr zu sehen.« Damit war die zweite »Prüfung« beendet, und die Kandidaten mußten abziehen.

Zu ihrem Glück fanden sie Unterstützung von anderen Ärzten der Klinik, die den ungeliebten deutschen Chef loswerden wollten. Die sechs klagten gegen Sauerbruch, und der Fall machte Schlagzeilen in der Presse. Aber die Behörden weigerten sich, Sauerbruch seines Postens zu entheben, und so kam es schließlich zu dem mehrtägigen Streik der Assistenzärzte. Doch mit Hilfe junger, unerfahrener Ärzte, die er kurzfristig einstellte, setzte sich Sauerbruch schließlich durch und trank weiter im *Odeon* Champagner aus einer Kaffeekanne.

Ein Arzt, der nicht als Mediziner, sondern als Schriftsteller berühmt wurde, war während des Krieges ebenfalls Gast im *Odeon:* William Somerset Maugham. Der Autor zahlreicher Theaterstücke, Kurzgeschichten und Romane hatte zunächst Medizin studiert und war als Arzt in London tätig gewesen, bevor er sich mit großem Erfolg der Literatur zuwandte. Als der Erste Weltkrieg ausbrach, war Maugham bereits ein wohlhabender Schriftsteller.

Dabei hatte das Leben des kleingewachsenen Mannes alles andere als erfolgreich begonnen. Mit acht Jahren verlor er seine Mutter, mit zehn Jahren den Vater, und ein Onkel, bei dem er aufwuchs, wußte nichts Rechtes mit ihm anzufangen. Außerdem stotterte Maugham schon seit seiner Kindheit und litt unter dieser Sprachbehinderung sein ganzes Leben lang. Aber Neugier, Begabung und Energie waren bei ihm offensichtlich groß genug, um aus dem schüchternen Jungen einen weltbekannten Schriftsteller zu machen. Zu Beginn des Krieges hatte er mit seinen Büchern und Theaterstücken schon eine halbe Million Pfund Sterling verdient – mehr als zehn Millionen Mark.

Daß der reiselustige Autor zeitweise auch im Café *Odeon* Station machte, hing mit einem weiteren Beruf zusammen, den Maugham allerdings nur etwa ein Jahr lang ausübte: Geheimagent. Bei Ausbruch des Krieges hatte Maugham den Drang verspürt, irgend etwas für sein Land zu tun. Eine Gelegenheit bot sich, als bei einer Party ein älterer Herr dem jungen Autor, der außer Englisch auch Französisch und etwas Deutsch sprach, eine Tätigkeit im britischen Geheimdienst anbot. Maugham akzeptierte und wurde in die Abteilung für Spionage und Gegenspionage übernommen. »Die Arbeit in dieser Abteilung entsprach zwei Gefühlsrichtungen in mir«, schrieb der Autor später in einem Rückblick auf sein Leben, »meinem Sinn für das Romantische und meinem Sinn für das Komische. Die Methoden, die mir beigebracht wurden, um Leute irrezuführen, die mich verfolgten; die geheimnisvollen Besprechungen mit Agenten an unwahrscheinlichen Orten; das Weiterleiten von Nachrichten in mysteriöser Art und Weise; Berichte, die über eine Grenze geschmuggelt werden mußten: Das alles war zweifellos sehr wichtig und notwendig, erinnerte aber so sehr an Groschenromane, daß es mir viel von der Realität des Krieges nahm und ich alles zusammen nur als Material ansehen konnte, das mir vielleicht eines Tages nutzen könnte.«

Ob Maugham im *Odeon* auch spionierte oder nur den Kaffee genoß, blieb unbekannt, wie auch seine geheimdienstliche Tätigkeit überhaupt erst nach Jahrzehnten an die Öffentlichkeit kam.

Außer zahllosen Geheimagenten, die die friedliche Schweiz für ihre Tätigkeit nutzten, kamen auch immer mehr Kriegsgegner aus allen Teilen Europas in das neutrale Land. Französischsprachige Autoren, wie Romain Rolland und Henri Barbusse, gingen in die Westschweiz, vor allem nach Genf. Deutschsprachige Schriftsteller ließen sich vorwiegend in Zürich nieder, und viele von ihnen trafen sich regelmäßig im *Odeon*.

Einer der Emigranten, die mehrmals am Tag im Café auftauchten, war Leonhard Frank, Verfasser des erfolgreichen Romans *Die Räuberbande,* der 1914 erschienen war. Frank war entschiedener Pazifist, der nicht begreifen konnte, daß

55

viele Deutsche bei Beginn des Weltkriegs in Begeisterung ausbrachen. In Zürich begann er, Novellen zu schreiben, die von der Sinnlosigkeit des Krieges handelten; sie erschienen zuerst einzeln in der Zeitschrift *Die weißen Blätter,* die der Verleger Max Rascher in Zürich herausgab und die, trotz Verbotes, auch in Deutschland heimlich gelesen wurden.

Die letzte dieser kleinen Erzählungen war im Sommer 1917 fertig, und Frank suchte nun nach einem Titel. Eines Abends, so erinnern sich ehemalige *Odeon*-Gäste, fiel er dem Autor im Café ein. Frank saß mit dem spanischen Sozialisten Julio Alvarez del Vayo, der später Außenminister der spanischen Republik werden sollte, im *Odeon* an einem Tisch und sprach mit ihm über den Krieg und einen möglichen Frieden. Del Vayo war der Überzeugung, daß nur in einer sozialistisch regierten Welt ein dauerhafter Friede möglich sei. In einer solchen Welt würde das Gute im Menschen die Oberhand behalten. Da rief Leonhard Frank plötzlich begeistert aus: »Jetzt habe ich den Titel für mein Buch – *Der Mensch ist gut!*«

Unter diesem Titel wurde das Buch dann gedruckt. Es fand großes Interesse und wurde in mehrere Sprachen übersetzt. In Deutschland wurde es allerdings umgehend verboten – und gerade für Deutschland war es eigentlich gedacht. Irgendein findiger Kopf kam auf die Idee, das Buch in einem falschen Umschlag zu verstecken. Bei einem Buchbinder im Zürcher Niederdorf trieb man übriggebliebene Einbanddeckel des Schweizer Zivilgesetzbuchs auf. In diese Hüllen ließ Frank sein Buch binden und verschickte die auf diese Weise getarnten Exemplare nach Deutschland.

Ein anderer Gast, der sich, wenn auch nur selten, ein Glas Tee für 40 Rappen im *Odeon* leistete und dabei seine Ideen zu Papier brachte, war Wladimir Iljitsch Uljanow, genannt

Lenin. Mit seiner Frau bewohnte er ein winziges Zimmer in der Spiegelgasse 14, in der Wohnung eines Schuhmachers. Im *Odeon* traf er sich mit sozialistischen Gesinnungsgenossen, die mit ihm auf die russische Revolution hofften und Lenins »Thesen« gegen den Krieg an die bolschewistischen Gruppen anderer Länder verschickten.

Zürich war zwar nicht direkt von Kriegshandlungen betroffen, aber die Begleiterscheinungen des Krieges, wie zum Beispiel »Schieberei« und Wucher, machten sich auch hier unliebsam bemerkbar. Ein Gedicht gegen rücksichtslose Geschäftemacher, die die wirtschaftlichen Engpässe für sich ausnutzten, entstand an einem Tischchen des *Odeon* und wurde im *Volksrecht* abgedruckt:

Kriegswucher

Ich saß im Café
Am Nebentisch sagte Herr P
Zum Herrn X:
Den Reis verkauf ich jetzt nix,
Ich hab' ihn gekauft vor zwei Jahr
Wie er noch fabelhaft billig war:
Vierzig Rappen pro Kilo. A Preis!
In sechs Monat zahlt man den Reis
Zwei Franken achtzig pro Kilo im Großverkauf!
Ich stand auf
Und gab ihm eine hinter die Ohren –
Den Prozeß hab' ich verloren.

Wieder saß ich im Café
Am Nebentisch kritzelte Herr G
Mit seiner Goldfüllfeder
Ziffern und sagte immerfort: Leder!

Dann rieb er sich lange die Hände
Und grunzte: Hundertachtzig Dividende!
Ich gab ihm einen Tritt in den Bauch –
Diesen Prozeß verlor ich auch.

Wieder saß ich im Café
Am Nebentisch saß Herr D
Erdäpfel und Rübli hinein in die Stadt
Mit'n Höchstpreis verkaufen, dos fehlt ma grad!
I fuader schon längst meine Säu damit
Dö ham wie die Stadtleut dadrauf Appetit!
Mit'm Butter schmier i mein Leiterwagen!
Ich nahm den Lumpen natürlich beim Kragen.
Rund fünf Minuten war er von Sinnen –
Auch den Prozeß konnt' ich nicht gewinnen.

Weniger konkret, aber phantasievoll-ironisch, reagierte eine Gruppe junger Künstler auf die beunruhigende Zeit. Es waren vorwiegend Emigranten, im Alter zwischen Zwanzig und Dreißig, die im *Odeon* ihr Stammquartier aufschlugen und dem Café zu dem langanhaltenden Ruf verhalfen, die Wiege des »Dadaismus« geworden zu sein.

Zu der Gruppe gehörten der aus Straßburg stammende Bildhauer und Dichter Hans Arp und seine Freundin, die Kunstgewerbelehrerin und Tänzerin Sophie Taeuber (sie war übrigens die einzige Schweizerin in diesem Kreis), der rumänische Schriftsteller Tristan Tzara, der deutsche Autor, Schauspieler und Dramaturg Hugo Ball und seine Freundin Emmie Hennings, der Berliner Dichter und Maler Richard Hülsenbeck und der rumänische Bildhauer Marcel Janco, der sich auf Masken spezialisiert hatte. Die jungen Leute, die sich als »Dadaisten« bezeichneten, protestierten auf die ihnen eigentümliche, ungewöhnliche Weise nicht nur gegen den Krieg, sondern auch gegen alle gesicherten bürgerlichen Überzeugungen. Das äußerte sich zum Teil in schwer nachvollziehbaren Assoziationen, Gedankensprüngen und anscheinend logischen Schlüssen aus unsinnigen Satzkonstruktionen, zum Teil in pamphletartigen Programmtexten mit dem Anhauch des Revolutionären. Fast immer aber spürte man den Spaß, den die Gruppe an diesen sprachlichen Spielen hatte, mit denen sie Festgefügtes in Frage stellte. »Sein eigenes ABC aufzuzwingen ist eine ganz natürliche, also bedauerliche Angelegenheit«, schrieb Hugo Ball. »Das tut jedermann in Gestalt von Kristallbluffmadonnen, Münzsystemen, pharmazeutischen Produkten und nackten, den heißen, unfruchtbaren Frühling verheißenden Beinen. Die Liebe zum Neuen ist sympathisches Kreuz, Beweis einer naiven Wurstigkeit, grundloses, vorübergehendes, positives Zeichen. Aber dieses Bedürfnis ist bereits veraltet.«

Anders als solche assoziativen Texte, die manchmal den Eindruck erweckten, als seien sie nicht nur unter dem Genuß von Kaffee entstanden, klang Hans Arps Definition von »Dada« ziemlich einleuchtend: »Dada ist die Revolte der Ungläubigen gegen den Unglauben. Dada ist die Sehnsucht nach Glauben. Dada ist der Ekel vor der albernen verstandesmäßigen Erklärung der Welt.«

Was im Café *Odeon* von den Dadaisten erdacht und lebhaft diskutiert worden war, ergab bald, nach dem Motto: »Mut zum vollkommenen Blödsinn«, ein Programm für ein Cabaret, das die kleine Gruppe gründete. Anfang Februar 1916 eröffnete das Cabaret Voltaire in der Spiegelgasse 1, nicht weit von Lenins ärmlicher Behausung. Im Gegensatz zu dem späteren Revolutionsführer hatten die Dadaisten keine politische Ideologie, sondern sahen sich als Streiter im »Kampf gegen alles« und für »Freiheit in allem«. Aber wer in dem allabendlich gut besuchten neuen Cabaret nur heiteren Unsinn erwartete, wurde durch Antikriegs-Texte wie »So morden wir, so morden wir, so morden wir alle Tage« darüber aufgeklärt, daß die dadaistische *Odeon*-Gruppe aus ernsthaft pazifistisch gesonnenen jungen Leuten bestand.

Im selben Jahr gab es im *Odeon* wieder einen Führungswechsel. Fritz Thalhauser war durch die unruhigen Zeiten, in denen es wegen der immer drohenden Rationierung manchmal sehr schwierig war, genügend Ware zu bekommen, wohl ein wenig zermürbt worden und hatte sich entschlossen, die Leitung des Cafés abzugeben. Im Dezember 1916 übernahm Bertha May-Pfister das *Odeon,* unterstützt von ihrem Sohn Werner und seiner Frau.

Für die neue Besitzerin wurden die Zeiten nicht leichter. Der Winter war kalt, die Kohle knapp, und die Schweizer mußten sich auf weitere Rationierungen einstellen. Zwei fleischlose Tage pro Woche waren jetzt vorgeschrieben, und die Regierung in Bern betonte, daß auch der Genuß des Fleisches von Haustieren verboten sei. »In Gasthäusern, Wirtschaften und Kaffeehäusern sowie Konditoreien dürfen außerdem mit Kaffee, Tee und anderen Getränken für eine Portion nicht mehr als 15 Gramm Zucker abgegeben werden«, hieß es in der Vorschrift weiter. »Butter soll nur noch zum ersten Frühstück oder zu Zwischenmahlzeiten verbraucht werden. Die gleichzeitige Abgabe von Butter und Käse ist untersagt. Die Herstellung von Eierteigwaren zum Zwecke des Verkaufes ist verboten.« Der Beschluß trat am 5. März 1917 in Kraft.

Im gleichen Monat wurden in Zürich Rationierungskarten für Reis und Zucker ausgegeben. Am 1. Oktober 1917 wurden weitere Rationierungsmaßnahmen beschlossen, die auch Cafés und Konditoreien empfindlich trafen. So meldete an diesem Tag die *Neue Zürcher Zeitung:* »Der Samstag und Sonntag hat den zürcherischen Konditoreien und Wiener Cafés einen Run eingetragen. Das Publikum wollte sich für den letzten Sonntag, zu dem es noch ohne Brotkarten nach Herzenslust Süßigkeiten einkaufen konnte, ausgiebig mit dem Backwerk versehen. Schon am Samstagabend waren in den Konditoreien die Zehnerstücklein und kleinen Törtchen vollkommen ausverkauft, und die neue Auflage vom Sonntagmorgen war im Handumdrehen vergriffen. Die Gespräche, die man in den Läden und Cafés zu hören bekam, drehten sich fast ausschließlich um das Faktum, daß man diese ›letzte Gelegenheit‹ nicht verpassen dürfe ... Von heute, Montag, an wird man nun eben alles mit Mehl erstellte Backwerk gegen Abgabe der eidgenössischen Brotkarte erstehen müssen, und jene Leute, deren Herz nun einmal zu Süßigkeiten hinneigt, werden bei lebhaftem Backwerkkonsum mit gemischten Gefühlen das Zusammenschrumpfen ihrer Brotkarte feststellen, die einen vollen Monat bis zum 31. Oktober herhalten muß.«

Im Café *Odeon* herrschte an diesem Wochenende ein derartiger Andrang, daß viele Gäste keinen Sitzplatz fanden und das begehrte Gebäck im Stehen verzehren mußten. Der Umsatz an diesen beiden Tagen übertraf, wie Frau May später sagte, alles bisher Dagewesene.

Allerdings bekam die *Odeon*-Inhaberin nun ungewohnte Sorgen. Es war schon unangenehm genug, daß die Polizeistunde auf dreiundzwanzig Uhr festgelegt worden war, und noch heikler war, daß es immer schwieriger wurde, die für die Kuchenherstellung nötigen Zutaten zu bekommen. Schlimmer aber war, daß sich im Café *Odeon* immer mehr Gäste versammelten, die kokain- oder morphiumsüchtig waren. Stundenlang saßen sie da und warteten darauf, von ir-

61

gend jemandem das begehrte Rauschmittel zu bekommen. Jedesmal, wenn ein bekannter Arzt ins *Odeon* kam, wurde er sofort bestürmt, Rezepte auszuschreiben. Die Ärzte weigerten sich zwar, aber einige Kellner, die sich gern einen Nebenverdienst sichern wollten, besorgten Kokain und Morphium auf heimlichen Wegen und gaben kleine Portionen davon für fünf Franken ab.

Die sogenannte »Lustseuche« ergriff nicht nur Erwachsene. Auch Schüler verschafften sich Rauschgift, und einige mußten zeitweise in der Klinik Burghölzli behandelt werden. Die Sucht nach künstlichen Lust-Momenten wirkte wie eine Flucht aus der bedrohlichen Realität. Das alles beherrschende Thema der Gespräche auch im *Odeon* waren der Weltkrieg und seine Folgen für Europa.

Zu den neuen Stammgästen des Cafés zählte seit Ende 1917 auch die Schauspielerin Tilla Durieux. Sie war ihrem Mann, dem Kunsthändler und Verleger Paul Cassirer nachgereist, der in Deutschland schikaniert worden war, unter anderem deshalb, weil er die großen französischen und deutschen Impressionisten gefördert hatte oder, in den Worten Kaiser Wilhelms II., »weil er die französische Dreckkunst zu uns gebracht hat«.

Doch das Ehepaar Cassirer fand in Zürich nicht lange Ruhe. Die deutschen Behörden verlangten Cassirers Rückkehr, andernfalls würde er sich der Kriegsdienstverweigerung schuldig machen. Man würde sein Vermögen einziehen, und er könnte nie wieder nach Deutschland zurück.

Tilla Durieux wandte sich um Hilfe an einen anderen häufigen Gast des *Odeon*, Professor Sauerbruch, den sie seit langem kannte. Der Mediziner nahm Cassirer als Patienten in seine Privatklinik auf – als kranker Mann konnte der Kunsthändler schließlich nicht nach Deutschland reisen und blieb nun eine Weile ungeschoren. Cassirer war allerdings nicht krank genug, um nicht weiterhin kosmopolitische und pazifistische Pläne zu schmieden. Gemeinsam mit dem Verleger Max Rascher, der 1915 Carl Spittelers Neutralitätsrede gedruckt herausgebracht hatte, bereitete er die Publikation pazifistischer europäischer Literatur vor. Cassirers Geld, das dafür nötig war, wurde von einem befreundeten Musiker aus Deutschland über die Grenze geschmuggelt.

Ein anderer Pazifist, der das *Odeon* eine Zeitlang regelmäßig besuchte, war Franz Werfel. Sein Stück *Die Troerinnen,* nach der Tragödie des Euripides, war im Januar 1918 im Zürcher Stadttheater aufgeführt worden und hatte zu nie vorher erlebten Friedensdemonstrationen geführt. Werfel war zur Aufführung nach Zürich gekommen und wohnte, wie Tilla Durieux und ihr Mann, im Hotel Schwert. Im Unterschied zu anderen Intellektuellen, die im *Odeon* den ersten Stock belegten, wählte Werfel für sich das Parterre, das etwas geringschätzig als »Familienabteilung« bezeichnet wurde. Aber es dauerte nicht lange, da war der Schriftsteller von begeisterten Verehrern umlagert, und damit hatte das Parterre des Café *Odeon* den Ruch des Bieder-Bürgerlichen für eine Weile verloren.

Nicht nur die Zutaten für süßes Backwerk waren knapp geworden, sondern auch die Kohle. Sie wurde buchstäblich, wie Curt Riess in seiner Chronik des *Odeon* festhielt, schwarz gehandelt. Die Zeitung *Volksrecht* wandelte ein bekanntes Volkslied zu diesem Anlaß um:

> »Kein Feuer, keine Liebe
> kann brennen so heiß
> wie heimliche Kohle,
> von der niemand nichts weiß.«

Durch den kalten Winter und den Kohlemangel verursacht, wütete in Zürich eine Grippe-Epidemie. Innerhalb weniger Wochen erkrankten Tausende von Zürchern zum Teil lebensgefährlich. In der Nacht vom 9. auf den 10. Oktober 1918 starben, wie die Zeitungen bekanntgaben, allein in Zürich in den Krankenhäusern sechzehn Menschen. Um weiteren Ansteckungen vorzubeugen, untersagten die Behörden größere Ansammlungen von Personen, eine Maßnahme, von der natürlich auch die Kaffeehäuser betroffen waren. Straßenbahnen konnten ihre Fahrpläne nicht mehr einhalten, weil ein Teil des Personals krank war, und der Telefonbetrieb in Zürich wurde wegen der vielen Krankheitsfälle erheblich eingeschränkt. Auch das *Odeon* hatte in diesen Wochen kaum noch Gäste, allerdings auch kaum noch arbeitsfähige Kellner.

In diese Zeit fiel der Höhepunkt einer großen Streikwelle, die im März 1918 begonnen hatte und allmählich immer weitere Kreise zog. Handwerksbetriebe begannen, es folgten die Straßenbahn-Angestellten, das Bedienungspersonal einiger Restaurants und schließlich die Banken und verschiedene städtische Behörden. Um mögliche Zusammenstöße zwischen Streikenden und Streikunwilligen zu unterbinden und einen angedrohten »Linksputsch« im Keim zu ersticken, rückten am 5. November zwei Infanterieregimenter, zwei Kavalleriebrigaden und Spezialtruppen in Zürich ein. Im *Odeon* munkelte man morgens, daß nun möglicherweise eine Sowjetrepublik Schweiz ausgerufen würde; abends behauptete jemand, aus gutinformierter Quelle zu wissen, daß bereits standrechtliche Erschießungen stattgefunden hätten. Aus Protest gegen den Truppeneinmarsch rief ein sozialdemokratisches Aktionskomitee zu einem vierundzwanzigstündigen Generalstreik auf.

Frau May, die Pächterin, schloß das *Odeon* notgedrungen für ein paar Tage, weil ihre Kellner nicht zur Arbeit erschienen. Aber am 9. November wollte sich eine größere Gruppe von Demonstranten davon überzeugen, daß im Café tatsächlich nicht heimlich gearbeitet würde. Sie klopften heftig an die Fenster und Türen, bis der Sohn der Pächterin schließlich, aus Sorge um die Fensterscheiben, das Café öffnete und die ungebetenen Gäste hereinließ. Nachdem die Besucher sich durch Augenschein davon überzeugt hatten, daß sich im Café wirklich nur die Besitzer befanden, wurden sie von Mutter und Sohn mit Kaffee und Tee bewirtet und zogen friedlich wieder ab. Das *Odeon* war noch einmal glimpflich davongekommen.

Am 12. November öffneten die Banken wieder, und drei Tage später erklärte das Aktionskomitee den Streik für beendet.

»Ich bin nicht in die Schweiz gekommen wie andere Österreicher, um mich sattzuessen«, erklärte ein Wiener Kaffeehausbesucher, der bald häufiger Gast im Zürcher *Odeon* werden sollte: Karl Kraus war ein recht wohlhabender Mann und hätte auch in Wien, wo es fast nur noch über den schwarzen Markt etwas zu kaufen gab, genügend zu essen haben können.

Als Kraus 1917 nach Zürich kam – zum zweiten Mal, denn ein Jahr vorher hatte er im Zürcher Schwurgerichtssaal einen vielbeachteten Vortrag über die deutsche Sprache gehalten –, wollte er in Ruhe sein monumentales Antikriegsdrama *Die letzten Tage der Menschheit* zu Ende schreiben.

In Zürich hielt Karl Kraus, wie Beobachter vermerkten, den Rhythmus ein, nach dem er auch im heimischen Wien lebte: Am späten Nachmittag stand er auf, aß etwas, ging gegen Abend ins Café, um zu diskutieren oder seine Ideen auszubreiten, kam morgens zwischen eins und zwei nach Hause zurück und arbeitete dann am Schreibtisch bis in den Vormittag hinein. Anschließend nahm er Schlafmittel, um zur Ruhe zu kommen.

Die letzten Tage der Menschheit schienen in der Tat angebrochen zu sein, als Hitler in Deutschland die ihm leichtfertig überlassene Macht mörderisch mißbrauchte. Die Schweiz und andere Länder wurden wieder Zuflucht für Emigranten. Anders als vor dem Ersten Weltkrieg, der viele Fremde nach Zürich brachte, die einfach nur friedlich leben wollten, kamen nun Flüchtlinge, die um ihr Leben fürchteten.

Einer von ihnen war Erich Maria Remarque. Der erfolgreiche Autor des Antikriegsromans *Im Westen nichts Neues* hatte sich von den Honoraren des Buches ein Haus am Lago Maggiore gekauft. Das war sein Glück, denn als die Situation in Deutschland für ihn als pazifistisch eingestellten Schriftsteller bedrohlich wurde, konnte er in die Schweiz fliehen. Von Porto Ronco bei Ascona kam Remarque oft in das Zürcher *Odeon,* das inzwischen wieder zu einem Emigranten-Café geworden war. Im Gespräch mit Bekannten sagte der Autor, dessen Schwester vom Volksgerichtshof zum Tod durch Enthaupten verurteilt worden war und dessen Bücher öffentlich verbrannt wurden, später resigniert: »Als ich damals im *Odeon* saß, kam mir der Gedanke, so lange sei es noch gar nicht her, seit die Türken Wien belagert hatten und nach ihrem Rückzug die ersten Säcke Kaffee zurückließen. Jetzt heißen die Türken eben anders ...«

Im Emigranten-Café *Odeon* trafen sich nun Kurt Tucholsky und Ernst Rowohlt, Klaus Mann und Ignazio Silone, Theodor Wolff und Alfred Kerr und viele deutsche Schauspielerinnen und Schauspieler, die aus politischen oder »rassischen« Gründen geflohen waren. Etliche von ihnen versuchten an einem Theater in Wien ihr Glück, etliche aber hofften in Zürich auf eine Anstellung am Schauspielhaus. In Wien wie in Zürich saßen die arbeitslosen Künstler Tag für Tag im Kaffeehaus und warteten auf ein neues Engagement. Ins *Odeon* kamen Gustav Hartung, der vor kurzem noch Intendant des Darmstädter Theaters gewesen war, und Kurt Hirschfeld, sein Dramaturg, Leopold Lindtberg, der aus Paris kam, und Therese Giehse aus München, Leonhard Steckel, Teo Otto und viele andere, die mühsam eine winzige Wohnung oder auch nur ein billiges Zimmer in Zürich bekommen hatten, in der ungewissen Erwartung, wieder in ihrem Beruf beschäftigt zu werden.

Allzu behaglich fühlten sich die Emigranten im *Odeon* also nicht, zumal ihnen im Café vor Augen geführt wurde, daß es auch in Zürich Sympathisanten für Hitlers Nazi-Diktatur gab, die »Frontisten«, benannt nach ihrer Zeitung *Die Front.* Curt Riess schreibt darüber in seinen Erinnerungen an das damalige Leben im *Odeon,* unmittelbar vor dem Zweiten Weltkrieg: »Während des Ersten Weltkriegs hatten hier Franzosen, Belgier, Engländer, Deutsche, die Schweizer nicht zu vergessen, friedlich nebeneinander gesessen. Sie alle waren gegen den Krieg, sie alle hofften auf sein baldiges Ende. Jetzt herrschte zwar kein Krieg, aber alle waren gegeneinander für oder gegen Hitler, und beides mit einer Leidenschaft, die kaum der Atmosphäre eines Cafés entsprach. Man versteht, daß die Emigranten, die jetzt zu den ständigen Besuchern des Cafés gehörten, nicht gerade entzückt davon waren, daß mehr und mehr Frontisten hereinströmten. Zu denken, daß auch hier die Diktatur ... Daß vielleicht die Schweiz sich mit Deutschland vereinigen, daß Hitler eines Tages hier einziehen könnte! Später würden die Frontisten treuherzig versichern, daß niemand im Ernst an diese Möglichkeit gedacht habe. Aber dem ist nicht so. Die Frontisten verwandten die gleichen Worte wie die Nazis in Deutschland.«

Wer sich in Deutschland allzu deutlich gegen die Nazis äußerte, mußte schon 1933 damit rechnen, der nazistischen »Hexenjagd« zum Opfer zu fallen. Zu diesen besonders Gefährdeten gehörte unter anderen das kleine politische Cabaret »Pfeffermühle«, das am 1. Januar 1933 in München eröffnet worden war und in seinem Spott gegen die Nazis kein Blatt vor den Mund nahm. Viele Texte stammten von Klaus Mann, zu den Mitwirkenden gehörten seine Schwester Erika und Therese Giehse.

Sehr bald aber mußten die drei erkennen, daß es in Deutschland für sie lebensgefährlich werden könnte. In Zürich wollten sie ihr Programm weiterführen, um zu zeigen, daß nicht alle Deutschen Nationalsozialisten seien. Aber sie hatten nicht damit gerechnet, daß sich in der neutralen Schweiz Widerstand gegen sie regen würde. Nicht nur Zürcher Frontisten störten, mit Stinkbomben und Trillerpfeifen, bei der Eröffnung am 4. Oktober 1933 das Programm. Auch Zürcher Zeitungen fanden, daß die Schweiz, gerade weil sie neutral sei, keine solche Spottkritik wie in der »Pfeffermühle« gegen den Kanzler des Deutschen Reiches erlauben dürfe. Der Stadtrat verbot die nächsten Aufführungen zwar nicht, verlängerte aber die Spielerlaubnis nicht.

Doch im *Odeon* und in der Konditorei von Emil »Hegi« Hegetschweiler wurde schon eine schweizerische Nachfolgerin für die »Pfeffermühle« geboren – das »Cornichon«, das sich, mit einem etwas weniger aggressiven Stil, den ganzen Krieg hindurch halten konnte.

Mittlerweile hatte Therese Giehse auch im *Odeon* ihre persönlichen Erfahrungen mit einigen nazifreundlichen Zürchern gemacht. Nicht nur, daß sie sich oft anhören mußte, wie zum Schauspielertisch hinüber »Dreckige Juden!« gezischt wurde. Eines Tages, so berichtete ein *Odeon*-Kellner, sei ein Stammgast des Cafés, ein ehemaliger Lehrer, an ihren Tisch gekommen und habe gesagt: »Sie sind doch keine Jüdin. Warum sind Sie denn hier?« Die Schauspielerin soll geantwortet haben, daß auch viele nichtjüdische Deutsche emigriert seien, weil sie mit dem Naziregime nicht einverstanden waren. »Aber man hat mir doch erzählt, Sie seien die Lieblingsschauspielerin Hitlers gewesen«, beharrte der Mann. So etwas habe sie auch gehört, sagte die Giehse kühl, aber als sie sich nach dem Reichstagsbrand die Bemerkung erlaubt habe, die Nazis hätten den Brand wohl selbst gelegt, sei das vermutlich in Vergessenheit geraten. Im übrigen solle man sich nicht täuschen – sie sei zwar blond, aber Jüdin. Damit, so erzählte der Kellner, sei das Gespräch beendet gewesen.

Ein Vertrauensmann zahlreicher Emigranten in Zürich war der Verleger und Buchhändler Dr. Emil Oprecht. Für ihn war im *Odeon* ein Platz an der Rämistraßenseite reserviert, nur ein paar Schritte von seinem Verlag entfernt. Meist kam er nach dem Mittagessen ins *Odeon,* häufig in Begleitung seiner Frau, und trank dort einen schwarzen Kaffee. Oprecht war ein ebenso hilfsbereiter wie mutiger Mann, der zahlreiche deutschsprachige Autoren, deren Werke in Deutschland nicht erscheinen durften, bei der Publikation ihrer Bücher unterstützte.

Die deutsche Gesandtschaft in Bern versuchte mehrere Male, die Veröffentlichung bestimmter Bücher zu verhindern, und die Berner Regierung ließ bei Oprecht durchblicken, daß es wünschenswert sei, auf solche Publikationen zu verzichten. Aber Oprecht ließ sich nicht beirren, und falls es tatsächlich einmal zu einem Verbot kam, ließ der Verleger das betreffende Buch im Elsaß drucken und verkaufte es unter dem Ladentisch.

Oprecht war der festen Überzeugung, daß jeder Mensch für das Unrecht in der Welt mitverantwortlich sei, wenn er davon wisse. Oprechts persönliche Konsequenz war, daß er auf geistigem Gebiet gegen das Unrecht kämpfte, von dem er erfuhr, und das war unter anderem das Unrecht, das vielen Schriftstellern in Nazideutschland widerfuhr. Also half der Verleger Nazigegnern wie Heinrich Mann, Norbert Mühlen, Arthur Koestler und vielen anderen, indem er ihre Bücher herausbrachte. Als Emil Oprecht Anfang der fünfziger Jahre starb, sprach auch Thomas Mann eine Dankesrede an seinem Grab und nannte ihn, nach einem Goethe-Wort, »lebenswürdig«.

Inzwischen hatte das *Odeon* mehrfach den Pächter gewechselt. Auf Frau May, die 1925 das Café aufgab, folgten Emil Dold und seine Frau, und im europäischen Schicksalsjahr 1939 übernahm Gustav Adolf Döbeli die Leitung des traditionsreichen Kaffeehauses, das turbulenten Zeiten entgegenging.

Das Café hatte damals viel Personal und galt als Goldgrube. Für 220 Plätze, davon 140 im Parterre und 80 in der Bar und im ersten Stock, mußte gesorgt werden. Das taten acht Kellner, ein Chef de service, drei Buffetdamen, drei Kaffeeköchinnen und zwei Officeburschen unten im Café, während in der Bar im ersten Stock fünf Kellner, ein Chef de service und eine Garderobiere tätig waren. Hinzu kamen Putzfrauen und Aushilfen nach Bedarf.

Im Dezember 1940 kam James Joyce mit seiner Familie

wieder einmal nach Zürich. Der Autor des *Ulysses* war schon oft in der Limmatstadt gewesen, unter anderem, weil er sich von dem bekannten Augenarzt Professor Alfred Vogt am grünen Star operieren lassen wollte. Früher hatte Joyce oft im *Odeon* gesessen, auch wenn sein Lieblingscafé der *Pfauen* am Schauspielhaus war und die *Kronenhalle,* gegenüber dem *Odeon,* sein Stammrestaurant. Joyce schätzte den spröden Charme der Stadt Zürich, auch wenn er gelegentlich mit der dortigen Fremdenpolizei Schwierigkeiten wegen seiner Aufenthaltsgenehmigung hatte. Man befürchtete, er könne eine zu große Konkurrenz für die einheimischen Schriftsteller sein.

Am liebsten spazierte Joyce zum sogenannten Platzspitz, hinter dem Hauptbahnhof, wo die Flüsse Limmat und Sihl zusammenfließen. Dort ließ er sich auch fotografieren. In seinem Werk tauchen immer wieder, vor allem in *Finnegans Wake,* in mehr oder weniger verschlüsselter Form die Namen von Straßen, Plätzen, Lokalen oder Personen auf, mit denen er sich in Zürich beschäftigt hatte. Insgesamt hatte der irische Autor etwa fünf Jahre in Zürich verbracht und über das heimatliche Dublin geschrieben, über einen nicht besonders auffälligen Mann in einer nicht besonders ungewöhnlichen Stadt an einem ganz normalen Tag – dem 16. Juni 1904, der als »Bloomsday« in die Literaturgeschichte eingegangen ist.

Bei seinem letzten Besuch in Zürich war Joyce ein schwerkranker Mann. Zunehmende Augenbeschwerden und ein Zwölffingerdarmgeschwür, das in Zürich behandelt werden sollte, machten ihm das Leben schwer. Im Schwesternhaus des Roten Kreuzes spendeten zwei Soldaten aus Neuchâtel für ihn Blut. Joyce hielt das für ein gutes Omen, weil er den Wein aus Neuchâtel immer sehr genossen hatte. Doch es half nichts mehr. Er starb am 13. Januar 1941 und wurde auf dem Friedhof Fluntern, neben dem Zoologischen Garten, begraben. Nur eine kleine Gruppe von Verwandten, Freunden und Emigranten folgte dem Sarg. In diesen Kriegsjahren galt Joyce noch nicht als literarische Größe.

Am 19. April desselben Jahres war Bert Brechts *Mutter Courage* in Zürich uraufgeführt worden, das Antikriegsstück par excellence. Der Autor selbst kam erst 1948 in die Schweiz, nachdem er aus Amerika zurückgekehrt war, wo man ihn, zur McCarthy-Zeit, als mutmaßlichen Kommunisten nicht gern gesehen hatte. Auch Brecht wurde *Odeon*-Gast, aber er wartete darauf, wieder nach Deutschland zurückkehren zu können, um vielleicht in Westberlin für das Theater zu arbeiten. Aber auch in Westberlin sah man in ihm einen politisch gefährlichen Mann, und so ging Brecht schließlich in den Osten der Stadt.

»Im Grunde genommen bin ich überhaupt kein Caféhausgeher«, erklärte ein Schweizer Kollege Bert Brechts, Max Frisch, einem Journalisten in den Nachkriegsjahren. »Was mich das *Odeon* besuchen ließ, war weniger dessen Atmosphäre oder dessen Ruhm, ein Zentrum des Zürcher Kulturlebens und der Zürcher Anrüchigkeit zu sein, als der Umstand, daß ich auf meinem Wege von meinem Architekturbüro in der City in meine Wohnung am Bellevue auf alle Fälle umsteigen mußte. Ich ging seit dem Jahre 1940 in das Caféhaus und suchte dort nichts anderes als Entspannung bei einer Pfeife und der Lektüre der Zeitungen ...«

Entspannte Lektüre oder lebhafte Streitgespräche, davon hatte das Café *Odeon* jahrzehntelang gelebt; die Lesenden und Streitenden hatten seinen Ruf begründet. Aber allmählich schien diese Art Kaffeehausleben dem Ende zuzugehen, ohne daß jemand genau zu sagen gewußt hätte, warum. Als Erich Maria Remarque Anfang der fünfziger Jahre im *Odeon* einmal gefragt wurde, was er dort nach all den literarisch-politischen Wortgefechten jetzt empfinde, antwortete er: »Eigentlich nichts. Oder man kann auch sagen, ich sehe mir einen Friedhof an. Das Café von früher ist tot. Der Mensch von heute hat keine Zeit mehr, im Café zu sitzen. Wo gibt es heute noch ›l'heure bleue‹, die Stunde des Flirts oder der Konversation? Das ist alles vorüber.«

Die Atmosphäre des *Odeon* hatte sich anscheinend wirklich verändert. Aber tot war das Café nicht. Das zeigte sich, als in Zürcher Zeitungen zu lesen war, daß das *Odeon* abgerissen werden und einem Warenhaus weichen sollte. Das Gebäude gehörte damals zur einen Hälfte der Tochter des Erbauers, Pauline Uster, einer taubstummen alten Dame, zur anderen Hälfte einem Konsortium, das von Rechtsanwalt Dr. Henrik Kaestlin geleitet wurde. Pauline Uster stand wegen ihrer Sprachbehinderung unter der Vormundschaft der Rechtsanwältin Dr. Dora Edlin, die an dem Verkauf des traditionsreichen Cafés interessiert war. Dies aber wollte Miteigentümer Dr. Kaestlin verhindern. Der folgende Rechtsstreit zwischen beiden Parteien rief eine heftige Reaktion in der Zürcher Öffentlichkeit hervor. Man entsann sich der großen Zeiten des *Odeon* und protestierte gegen einen Verkauf dieses Wahrzeichens der Stadt. »Unser *Odeon* ist in Gefahr!« rief die *Neue Zürcher Zeitung* und beschwor die Erinnerung an die Vergangenheit. »Das *Odeon* hat Tradition, an seinen Marmortischen ist alles seßhaft gewesen, was Kunst hervorgebracht und Kunst interpretiert hat ...« Und die *Tat* ergänzte: »Regelmäßig sah man dort beim Kaffee Frank Wedekind, Albert Einstein, Erich Kästner, Arturo Toscanini ...«

73

Am 6. April 1955 reichte Dr. Kaestlin Beschwerde gegen die Vormundschaftsbehörde ein. Zwei Monate später wies der Bezirksrat die Vormundschaftsbehörde Zürich an, die bereits in die Wege geleitete öffentliche Versteigerung des *Odeon* zu annullieren. Das Café war, zumindest vorläufig, gerettet. Doch das besondere Flair des Wiener Kaffeehauses, das man im *Odeon* gefunden hatte, verlor offenbar an nostalgischem Reiz. Zwar sah man immer noch prominente Besucher an den Marmortischen; Friedrich Dürrenmatt, Rolf Liebermann, Max Frisch blieben gelegentliche Gäste. Aber nun kamen auch sehr viele jüngere Leute, meist Schüler und Studenten, für die das *Odeon* nur ein Café unter vielen war. Der alte Glorienschein verblaßte, und der Umsatz ließ beträchtlich nach, weil die Jungen meist nicht viel Geld ausgeben konnten.

Noch stärker schrumpfte das Geschäft, als Rockergruppen in schwarzer Ledermontur ins *Odeon* kamen und, vor allem in der Bar im ersten Stock, Prügeleien anzettelten und das Mobiliar demolierten. Ältere Gäste wagten sich nun kaum noch in das Café. Dafür saßen bald immer mehr Jugendliche dort, die aus ihren bevorzugten Begegnungsstätten, zum Beispiel dem »Bunker«, von der Polizei vertrieben worden waren, weil in solchen Räumlichkeiten nicht nur getanzt oder geredet, sondern auch mit Drogen gehandelt wurde.

Als Ersatz für den »Bunker« diente jetzt, unter anderem, das *Odeon*. Die prächtigen Lüster und die marmornen Jugendstilwände blieben zwar weitgehend unangetastet, aber die Fensterscheiben, die Vorhänge und die lederbezogenen Sitzmöbel waren in kürzester Zeit renovierungsbedürftig. Außer den einheimischen Jugendlichen, von denen viele nur das Bedürfnis hatten, im Café mit anderen zusammensitzen zu können, machten sich im *Odeon* ausländische Drogenhändler breit. Es kam zu massiven Auseinandersetzungen zwischen türkischen und malaysischen Dealergruppen um das Monopol des Haschisch-Verkaufs im Café. Und da die Verluste des *Odeon* inzwischen enorm gestiegen waren, gab Besitzer Henrik Kaestlin schließlich dem Druck der Stadtbehörden nach, das Café zum 1. Juli 1972 zu schließen.

Aber ganz tot war das *Odeon* damit noch nicht. Es wurde unter Denkmalschutz gestellt. Ein Drittel des Cafés blieb als Café erhalten, die übrigen zwei Drittel wurden zunächst von einer Kleiderboutique angemietet. Am 1. Juli 1991, achtzig Jahre nach seiner Eröffnung, siedelte sich in diesem Teil des Cafés eine Apotheke an. Seitdem gibt es energische Bemühungen, das Café wieder auf der ganzen ursprünglichen Parterre-Fläche als Wiener Café zu führen. Ein besonders engagierter *Odeon*-Freund war der inzwischen verstorbene Zürcher Architekt Werner Müller, der eine Volksinitiative für die Wiederherstellung des »alten« *Odeon* auf den Weg brachte. Als Werbung entwarf Müller eine Armbanduhr, deren Ziffern durch die Köpfe berühmter *Odeon*-Besucher dargestellt waren. Der Zürcher Heimatschutz richtete einen »Pro-Café-Odeon-Fonds« ein, und die Nationale Schweizerische Unesco-Kommission versprach nachdrücklich Unterstützung; sie hoffe, hieß es in einem Brief vom 2. Oktober 1992 an Werner Müller, »daß der Eigentümer ein Einsehen hat, und daß für die Apotheke bald eine geeignete Lösung gefunden wird«.

Für Werner Müller erfüllte sich diese Hoffnung nicht. Er starb im Herbst 1995.

»Eine Schale Gold«

DIE WIENER KAFFEEHAUSTRADITION

»Das Wiener Kaffeehaus steht nicht nur einzig in seiner Art
da, es ist auch das Einzige, was man so wenig nachahmen
kann, wie die ungarischen Husaren«, schrieb der österreichische Schriftsteller Johann Braun von Braunthal im Jahre 1840. »Ja, es gibt englische und preußische Husaren auch,
wie es französische, englische und deutsche Kaffeehäuser
gibt; allein es sind eben keine echten Husaren und keine
wahren Kaffeehäuser, denn der Ungar ist ein geborener Hu-
sar, und der Wiener ist ein geborener *Kaffeehaus-Mensch,* und
der schwächste echte Kaffee ist mir lieber als das stärkste
Surrogat... Die Wiener Kaffeehäuser, in der Stadt wie in
den Vorstädten und nächsten Ortschaften, unterscheiden
sich von den französischen und italienischen dadurch, daß
man selbst in den elegantesten von Wien spielt und raucht,
und von denen Deutschlands, daß man im Wiener Kaffeehaus nicht zugleich speist und weder Wein noch Bier bekommt, sondern nur Kaffee, Thee, Eis, Punsch und ähnliche
Erfrischungen, mit einem Worte, daß hier Spiel und Gespräch die Hauptsache und Zeitung und Journallektüre nur
Nebensache sind. Von Lesekabinetten und ästhetischen
Conditoreien, wie die von Stähely in Berlin, weiß man hier
nichts; das Wiener Kaffeehaus ist laut und, bei allem An-
stande, lustig über alle Begriffe. Es finden sich wohl auch

76

hier alte und junge Männer ein, die nur um zu *lesen* kommen, jedoch stört sie die geräuschvolle Unterhaltung der Spielenden und Promenierenden nicht im mindesten; ja ich glaube, sie würden nicht so behaglich in der Fensterbrüstung lehnen, ihre lange Pfeife schmauchen und ihren starken trefflichen schwarzen Kaffee schlürfen, indem sie die Tagesblätter durchfliegen, wenn dieses Accompagnement der allgemeinen Lustigkeit verstummte; sie lesen fort und fort, blicken von Zeit zu Zeit über das Blatt hinweg nach dem Billard, dessen Kunst hier par excellence getrieben wird, grüßen und sprechen diesen oder jenen und lesen wieder ganz gemächlich weiter.«

Wien und Kaffeehaus – diese beiden Vorstellungen sind so innig miteinander verbunden, daß man meinen könnte, in Wien habe das europäische Kaffeehausleben seinen Anfang genommen. Aber Venedig, Oxford, London, Paris, Marseille und Hamburg hatten nachweisbar früher den arabischen Trank für sich entdeckt. Dennoch hat Wien, wo das erste Kaffeehaus im Jahre 1684 eröffnet worden sein soll, das Vorbild für zahllose Cafés in Europa abgegeben. Wiener Kaffeehäuser hatten »Charme«, und sie haben ihn immer noch.

Was diesen zauberischen Reiz ausmacht, ist nicht leicht zu ergründen. Zu den vielen Ingredienzien, die sich zu dieser attraktiven Ausstrahlung des Wiener Cafés mit dem nostalgischen Flair zusammenfinden, gehören jedenfalls nicht allein ein guter Kaffee in mehreren Varianten, ein vielschichtiges Publikum und ein gekonntes Rollenspiel des Bedienungspersonals. Auch die Innenausstattung eines Wiener Cafés folgt, bei aller persönlichen Handschrift des Kaffeehauswirts, gewissen Gesetzmäßigkeiten. Marmortische und Holzstühle, Wandspiegel und Kronleuchter, Fensterlogen,

Zeitungsständer und Billardtische gehören zur allgemein üblichen Ausstattung. Die Sitzmöbel mit körperfreundlich geschwungenen Formen sind meist aus Rotbuchenholz, das bei der Verarbeitung zuerst gedämpft und dann mit Hilfe von Stahlfedern, nach dem Verfahren des Rheinländers Michael Thonet, gebogen wird. Aus diesem sogenannten Bugholz bestehen oft auch die Garderobenständer, die noch in vielen Wiener Cafés zu sehen sind.

Spiegel sind ebenfalls wichtige Bestandteile des Kaffeehauses. Sie entscheiden nicht nur über den optischen Gesamteindruck des Raumes, sondern sind auch nützlich für das Wohlgefühl des Gastes, der sich verstohlen selbst betrachten, aber auch mit einem Blick erkennen kann, was sich hinter seinem Rücken abspielt. Über das Wiener Café des italienischen Gastwirts Milani schrieb 1789 ein Besucher aus Dresden, es gleiche einem Spiegelkabinett, denn es seien dort nicht weniger als dreißig Spiegel aufgehängt.

Auch der Zeitungsständer oder Zeitungstisch gehört zu den unentbehrlichen Requisiten eines Wiener Cafés. Und einige Wiener Kaffeehäuser, wie etwa das *Café Dommayer* oder das *Café Ritter,* haben immer noch das früher übliche Podest für die Kassiererin beibehalten, die sogenannte Sitzkasse im Art-deco-Stil, deren Rückwand mit Stuck verziert ist. Ein Café-Gast, Otto Friedländer, schrieb über eine dieser imposanten Damen: »Am Buffet aber zwischen den silbernen Aufsätzen mit den Zuckertassen und Rumflascherln waltet reich an Reiz, der nie veraltet, mit wogendem Busen, Brillanten in den Ohren und mit einem hohen blonden Schopf frischer Haare die ›Gnädige‹.« Nicht weniger wichtig ist der Oberkellner, der im Smoking Regie führt und den die Stammgäste zwar mit dem Vornamen, aber mit vorangestelltem »Herr« anreden.

3 Ein Wiener Kaffeehaus. Holzstich um 1875,
nach einer Zeichnung von Ferdinand Wüst

Typisch für viele Kaffeehäuser in Wien ist der »Schanigarten«, ein kleiner Vorgarten am Eingang des Lokals. »Schani«, die österreichische Form für den französischen Namen »Jean«, war in Wien zum Synonym für Dienstboten geworden. Die Bezeichnung »Schanigarten« leitet sich wohl davon ab, daß der »Schani« bei gutem Wetter im Vorgarten Tische und Stühle für die Gäste aufstellte.

Im Wiener Kaffeehaus bestellt man nicht einfach einen Kaffee; man muß schon etwas deutlicher machen, was man trinken will. Zur Auswahl stehen beispielsweise »eine Schale Gold« oder »ein Kapuziner verkehrt, sehr heiß, etwas licht«, »ein Türkischer passiert mit Schlagobers extra« oder »ein doppelter Schwarzer«, »eine Schale Nußbraun« oder »eine Melange mit Haut, aber im Glas«. Dazu gibt es, der arabischen Trinksitte folgend, immer ein Glas Wasser. Für frisches Wasser, die Zeitung und die Garderobe ist der Pikkolo zuständig, der, mit weißem Sakko und schwarzen Hosen, die unterste Stufe in der Kellner-Hierarchie repräsentiert, bevor er die nächste, die des »Zuträgers« erklimmen darf.

In einem Sketch von Rudolf Weys, *Schale Nußgold oder Die Kellnerprüfung,* wird der Prüfling Schurl zum Abschluß gefragt: »Ruft der Gast ›Zahlen!‹ und es hört's, sag ma, der Pikkolo. Was ist dann, Schurl?« – »Hört's der Pikkolo, kümmert er sich net drum«, antwortet Schurl. »Kümmert er sich aber drum, sagt er's dem ersten Zuträger, und der sagt's dem zweiten. Wann der Gast Glück hat, geht das jetzt so weiter bis zum Marqueur, der was bekanntlich der Ober is.« Auf die Frage, was geschehe, wenn der Gast noch einmal »Zahlen!« rufe, gibt Schurl zur Antwort: »Dann derf der Ober nie sofort hingehen. Sofort hingehen ist absolut unfein. Das schauert ja aus, als ob ma in St. Pölten ausg'lernt hätt und net beim ›Sacher‹. Besser Fliegen fangen oder jede andre Arbeit, nur net hingehen!« Ein Kaffeehaus-Gast sollte also auf die »feine Art« von Wiener Oberkellnern vorbereitet sein.

Schon seit 1668 war in Wien nachweislich mit Kaffee gehandelt worden, aber ein Kaffeehaus soll die Stadt erst im Jahre 1684 bekommen haben. Damals wurde das kaiserliche Wien von Türken belagert. Ein gebürtiger Serbe namens Georg Franz Kolschitzky, der gut Türkisch sprach, wurde als Kundschafter für das österreichische Heer eingesetzt. Als Belohnung für seine gefahrvollen Kurierdienste erhielt er, nachdem die türkischen Truppen am 12. September 1683 besiegt worden waren, eine große Menge Säcke voller Kaffeebohnen, die die fliehenden Türken zurückgelassen hatten.

Kolschitzky wußte, was man mit den unansehnlichen graugrünen Bohnen machen konnte. Er röstete und zerrieb die Beute und bot seinen Kaffee in kleinen Tassen zunächst auf offener Straße an. Wenig später erhielt er die Erlaubnis, einen kleinen Laden einzurichten, wo er den Kaffee ausschenken konnte. *Zur blauen Flasche* nannte Kolschitzky sein kleines Lokal; es wurde damit zum ersten Wiener Kaffeehaus.

So jedenfalls will es die Stadtlegende vom heldenhaften Kriegskurier, der durch seine heimlichen Botengänge das christliche Wien vor den Muselmanen gerettet und den Wienern den köstlichen schwarzbraunen Trank beschert habe. Um den bitteren Geschmack ein wenig abzumildern, habe Kolschitzky, als er dem Prinzen Eugen einmal Kaffee servieren durfte, etwas Zucker hineingerührt. Ein anderes Mal habe er Milch in den Kaffee gegeben und damit die Melange erfunden.

Ein anderes Gründungsdatum für Wiener Cafés ist allerdings besser gesichert. Am 17. Januar 1685 erhielt der Armenier Johannes Diodato von Kaiser Leopold I. das Privileg zum Ausschank des türkischen Kaffees. Diodato eröffnete das erste Wiener Kaffeehaus auf dem Haarmarkt, in der heutigen Rotenturmstraße.

Diodato war damit der erste amtlich beglaubigte Wiener »Kaffeesieder«, wie dieser Beruf genannt wurde, der allmählich immer mehr Interessenten gewann. Im Jahre 1700 gab es in Wien vier privilegierte Kaffeesieder, die »Thee, Kaffee, Chokolade und derlei Sorbeten in öffentlichen Gewölben brennen durften«. Sie mußten allerdings streng darauf achten, daß in ihren noch recht primitiv ausgestatteten Räumen Ruhe und Ordnung herrschten. »Die Lokale waren klein und niedrig«, schrieb ein Chronist, aber »die Wiener fühlten sich wohl in der Kaffeehausluft, erfüllt von dem Rauche der Pfeifen und Zigarren.«

1747 hatte Wien bereits elf solcher Kaffeehäuser, die alle gut besucht waren. In einigen dieser Cafés gab es als Extraleistung schon Billardtische, vor allem aber Zeitungen, denn das Publikum war auf Neuigkeiten erpicht. In einem Reisebericht aus dieser Zeit heißt es, im Café treffe man »die ›Nouvellisten‹ oder diejenigen, so sich um Zeitungen bewerben, die Gazetten lesen und sich darüber unterreden. Einige von diesen Häusern sind im besseren Rufe als die andern, weil stets solche Zeitungsdoctores hineinkommen, welche mit ihren Meinungen allezeit in den politischen Überlegungen die andern übertreffen, was ihnen eine so große Hochachtung zuwege bringt, daß viele ihretwegen dahin kommen, um sich mit Märchen und Narrenpossen zu bereichern, welche sie hernach kreuzweise durch die Stadt wiederum an den Mann bringen. Es ist nicht zu glauben, wie groß die Freiheit ist, welche man sich in diesen Wäschereien gibt, wo man nicht allein ohne alle Bescheidenheit die Aufführung der Generale und Minister, sondern auch sogar das Leben des Kaisers selbst durchzieht, welchem ein großer Teil dieser Müßiggänger nicht gar zu geneigt zu sein, offensichtlich an den Tag legt«.

Dieser ablehnende Kommentar zum Publikum der Kaffeehäuser macht deutlich, weshalb solche Lokalitäten, nicht nur in Wien, von behördlicher Seite oft mit argwöhnischen Blicken betrachtet wurden und gelegentlich sogar schließen mußten. In diesen Häusern wurde nicht nur Kaffee getrunken, sondern es wurden auch – und das durch alle Volksschichten hindurch – Informationen ausgetauscht, Nachrichten weitergegeben, Gerüchte ausgestreut und privater Klatsch, »Wäschereien«, über höchste Würdenträger verbreitet. Kein Wunder, daß mancher Regierung diese Orte, wo sich offenbar eine kritische Öffentlichkeit zu artikulieren begann, ein Dorn im Auge waren.

Aber in Wien wie in anderen Städten der österreichischen Monarchie – zum Beispiel in Prag, Brünn und Budapest – breiteten sich die Kaffeehäuser immer mehr aus. Zum Kaffee aß man Semmel, Würschtl, Guglhupf, Torte oder Kipfel. Über die Entstehung dieses halbmondförmigen Gebäcks erzählte Moriz Bermann 1880 in seinem Buch über *Die Geschichte der Kaiserstadt und ihrer Umgebungen,* daß die »zweigehörnten Kipfeln« aus der Türkenzeit stammten. Der Wiener Bäcker Peter Wendler sei mit seiner Frau Eva, geborene Albrechter, auf den ebenso patriotischen wie humorvollen Einfall gekommen, »den türkischen Halbmond in einer besonderen Art von Gebäck zu persiflieren und so den Wienern Gelegenheit zu geben, ihn mit den Zähnen zu vernichten. Da zu gleicher Zeit auf dem Stefansturme an die Stelle des späteren Adlers und Kreuzes ein Kreuz mit einem

Halbmond angebracht war, so erteilte man dem neuartigen Gebäck den Namen Gipfel oder Kipfel«.

Ein Kipfel »von sehr weißem Mehl« und eine Tasse Kaffee kosteten zusammen vier Kreuzer, ein sehr moderater Preis; auch Tee, Schokolade, Eis, Likör und Gebäck waren damals sehr billig, und so war es kein Wunder, daß die Kaffeehäuser ständig gut besucht waren und immer neue eröffnet wurden. Auch die unter dem Regime der Kaiserin Theresia teilweise recht strengen Verordnungen für Kaffeesieder taten dem keinen Abbruch. Ostern, Pfingsten, Weihnachten, am Dreifaltigkeitssonntag und zu Mariä Empfängnis mußten die Kaffeehäuser geschlossen halten. An gewöhnlichen Sonn- und Feiertagen durften die Gasträume erst nach dem Mittagessen geöffnet werden. Die Polizeistunde war auf elf Uhr nachts festgelegt.

Auch für das Billardspielen galten bestimmte Vorschriften. Eine Verordnung vom 7. Mai 1745 besagte, daß Billardtische »nirgends anders wo, als zu ebener Erde auf die Gasse hinaus oder in einem gleich daran anstoßenden Zimmer, wo jedoch die Fenster gleichfalls auf die Gassen gehen«, aufgestellt werden durften. Bei Dunkelheit mußten die Fenster durch dünne Vorhänge und nicht durch undurchsichtige Holzläden abgedichtet werden, damit unerlaubte Spiele oder verbotene Zusammenkünfte mühelos von den draußen patrouillierenden Wachen gesehen werden konnten.

Drinnen walteten beflissen die Pikkolos, Zuträger und Oberkellner. Die letzteren, die man eingedeutscht »Marköre« nannte, waren sofort zweifelsfrei an ihrer Kleidung zu erkennen. Sie trugen einen Zopf, Schnallenschuhe, eine weiße Halsbinde, eine lange rote Weste mit Metallknöpfen, grüne Jacken, schwarze Beinkleider, gestreifte Strümpfe und manchmal eine grüne Schürze. Dieser malerische Aufzug war bis etwa um das Jahr 1800 in Wiens Kaffeehäusern allgemein üblich.

Warum man, außer des Kaffeegenusses wegen, immer wieder ins Café ging, faßte ein französischer Wien-Beobachter gegen Ende des 18. Jahrhunderts folgendermaßen zusammen: »Die Kaffeehäuser zu Wien dienen nicht bloß zu Ruh- und Erholungsplätzen, sondern auch noch außerdem als eine Art von Zuflucht für eine ziemliche Anzahl von Bürgern, die aus Neigung zueinander und zuweilen auch wohl deswegen in diesen Häusern zusammenkommen, weil diese Art von Zusammenkünften am wohlfeilsten für sie ist. Manche suchen da ein Vergnügen mehr, andere finden da eine Beschwerlichkeit weniger. Man bespricht sich wechselweise und oftmals zu gleicher Zeit von öffentlichen und Privatangelegenheiten, vom Finanzwesen und von der schönen Literatur, vom Handel und von Prozessen, von Wissenschaften und von Künsten ...« Wenn dabei alles ordentlich und gesittet verlaufe, schloß der Reisende, dann müsse jede Regierung solche Orte der Zusammenkunft eigentlich billigen, und zwar nicht nur für berufstätige Menschen, sondern auch für Müßiggänger, denn diese würden sich sonst »ihren Verdruß oder die mit der Untätigkeit verknüpfte Langeweile vielleicht auf eine unanständigere Art vertreiben«.

Eines der ersten Kaffeehäuser in Wien, das mehr als andere von sich reden machte, war das *Café Tarone,* das im Jahre 1748 von dem »Wasserbrenner« Johann Jacob Tarone eröffnet worden war. Neben der Konzession zum Schnapsbrennen und Kaffeesieden hatte Tarone auch noch die Genehmigung erwirkt, vor seinem Lokal zwei Reihen mit Tischen und Stühlen aufzustellen und außerdem während der Sommermonate ein Zelt zum Ausschank von Erfrischungen aufzubauen.

Diese Attraktionen zogen sehr schnell viele Gäste an. Allerdings traf sich bei Tarone eine ziemlich gemischte Gesellschaft: Einerseits galt das Café bald als Sammelpunkt von Geldmaklern und Wucherern, andererseits kam dort auch die gehobene Wiener Gesellschaft zusammen. In dem geräumigen Saal, der üppig mit kostbaren Spiegeln und Pendeluhren dekoriert war, wurden auch Billard-Wettbewerbe ausgetragen. Bei feierlichen Anlässen, wie zum Beispiel den Namenstagen der kaiserlichen Familie, wurde das Café prächtig geschmückt und beleuchtet.

Ein anderes vielbesuchtes Kaffeehaus war damals eher berüchtigt als berühmt: das *Café Milani,* das 1771 auf dem Kohlmarkt von einem aus Ferrara stammenden Italiener namens Johann Milani gegründet worden war.

Obgleich auch Milani sein Lokal sorgfältig ausgestattet und mit dreißig goldgerahmten Spiegeln dekoriert hatte, entsprach seine Kundschaft nicht dem äußeren Glanz des Kaffeehauses. Das Publikum sei »ein Potpourri aus Pflastertretern, Luftschnappern, Händlern und Kupplern« gewesen, schrieb ein Zeitgenosse, und lockere Mädchen wie auch junge Männer hätten sich dort mit Liebesdiensten ihr Geld verdient.

Milanis Lokal florierte jedenfalls ungehindert, und der Kaffeehausbesitzer erhielt zusammen mit drei anderen Kaffeesiedern das Privileg, auf der Burgbastei drei sogenannte Limonadenzelte aufzustellen. Diese Zelte waren Ausgangspunkt des später als *Ochsenmühle* bekanntgewordenen Kaffeehauses. Vor den Zelten standen, unter hohen alten Bäumen, mehrere hundert Stühle. Der Andrang war, vor allem an warmen Sommerabenden, so groß, daß manchmal an einem einzigen Tag bis zu sechstausend Eisbecher verkauft wurden. Aber bei Milani wurden nicht nur Kaffee und Eis verkauft, sondern der Erholungsort mit den Zelten wurde auch von Liebespaaren so konsequent besucht, daß ein boshafter Chronist schrieb, ein großer Teil der Wiener Bevölkerung verdanke seine Existenz dem Platz mit den Limonadenzelten. Den Stadtbehörden ging diese Nutzung auf die Dauer offenbar zu weit, denn 1791 wurden die Zelte unter Polizeiaufsicht gestellt.

Bald darauf mußte Milanis eigentliches Café am Kohlmarkt Konkurs anmelden. Offenbar war der Kaffeehausbesitzer ein wenig zu sorglos gewesen und hatte allmählich über die Finanzen wie über seine Klientel die Übersicht verloren. »Die meisten Kunden dieses Lokals«, schrieb der Schauspieler und Theaterdichter Joachim Perinet, »sind Tagediebe, die Kaffeetrinker unnütze Brotfresser, denn da der Eintritt und das Ausdünsten in diesem Backofen … unentgeltlich ist, so gibt es unzählige Gäste, die das Diarium, ein Glas Wasser oder zu Zeiten auch den Abtrittsschlüssel begehren und dafür einen falschen Siebzehner zum Neujahr in die aufgehängte Sparbüchse werfen.« Mit einer Schuldenlast von 60 000 Gulden gab Milani schließlich seinen gesamten Kaffeehausbetrieb auf. Er starb, völlig verarmt, im Jahre 1808.

Berühmter als die genannten Kaffeehäuser wurde das *Kramersche Kaffeehaus* im Schlossergäßchen. Vor allem unter der Leitung von Michael Hertl, der das Lokal im Jahre 1771 für 18 000 Gulden vom Vorbesitzer erwarb, hatte es einen guten Namen. Zeitgenossen beschrieben das Café als eine Höhle, in der höchstens zwanzig Personen einigermaßen bequem miteinander sitzen konnten. Über dem Eingang des Raumes, der zu ebener Erde lag, hing eine Messingkanne, die von einer Mohrenfigur gehalten wurde. Die Wände des Cafés waren mit Eichenholz getäfelt, und auf den sechs Tischen des Lokals brannten auch tagsüber ständig Kerzen. Die Gäste saßen teils auf Bänken, teils auf schwarzbezogenen Ledersesseln. An den Wänden waren vier Spiegelleuchter, einige Bilder, eine Uhr, die man nur alle acht Tage aufzuziehen brauchte, und einige Konsolen mit Porzellan angebracht.

Schon bald nach seiner Gründung wurde das Kramersche Lokal als ein »gelehrtes Kaffeehaus« bezeichnet, in dem zahlreiche Zeitungen auslagen. Die meisten Gäste waren Literaten, Künstler und Professoren, die im Café vor allem lesen wollten. Es gab dort die zweimal wöchentlich erscheinende *Wiener Hofzeitung,* die *Erlanger, Neuwieder* und *Regensburger Zeitung,* das *Journal de France,* Schirachs politisches Journal und die in Leipzig erschienenen *Gespräche im Reich der Toten.* Bei diesem historisch-politischen Journal handelte es sich um eine vielgelesene und oft wieder aufgelegte Zeitschrift, die von dem damals sehr bekannten Journalisten David Faßmann herausgegeben wurde. Sie enthielt Dialoge von kürzlich verstorbenen Politikern über die momentane Weltlage, war aber auch eine mit gehobenem Tratsch angereicherte »Chronique scandaleuse«. Auch eine englische Zeitung fand zeitweise ihre Leser im Kaffeehaus, aber da der Preis sehr hoch war, wurde sie bald nicht mehr ausgelegt.

Obwohl das Café aus nur einem, noch dazu ziemlich düsteren Raum bestand, wurde es auch von fremden Reisenden gern aufgesucht. »Ich besuche häufig das *Kramersche Kaffeehaus*«, schrieb ein deutscher Gast, »weil da kein Billard und die Gesellschaft nicht zahlreich ist. Den Fremden wird es auch deshalb empfohlen, weil da wenig gesprochen wird und er nicht Gefahr läuft, in politische Gespräche und Unternehmungen zu kommen, die ihm Verdruß zuziehen könnten.«

Eine solche Atmosphäre stand natürlich in auffallendem Gegensatz zu sonstigen Kaffeehäusern in Wien mit ihrer lärmenden Heiterkeit und fröhlich-oberflächlichen Tratschfreude. Das Kramersche Lokal war – und das ließ gelegentlich den Argwohn aufkommen, es könne von dort aus eine unbürgerliche Unruhe angestiftet werden – eine kaum durchschaubare inoffizielle Institution, ein gedankenträchtiger Leseraum mit Kaffeeausschank, ein informeller Club von politisch aktiven und literarisch tätigen Gästen. Zu ihnen gehörte Feldmarschall Cornelius von Ayrenhoff, der nicht nur Offizier, sondern auch Dramatiker war und Tragödien und Lustspiele nach französischem Vorbild schrieb; der Dichter Aloys Blumenauer, der Jesuit und Freimaurer gewesen war und eine ziemlich derbe Travestie von Vergils *Äneis* verfaßt hatte, aber als Begründer des Wiener *Musenalmanachs* allgemeine Anerkennung fand; der geistreiche polnische Abenteurer Graf Michael Dziszanowsky und der Ästhetikprofessor Haschka, der die von Haydn vertonte Volkshymne »Gott erhalte Franz den Kaiser« geschrieben hatte.

Im Jahre 1797 starb Café-Besitzer Hertl, und seine Witwe verkaufte den Betrieb an den Gastwirt Anton List, der das Lokal gern vergrößern wollte. Er stellte deshalb bei den zuständigen Behörden ein entsprechendes Gesuch mit der Begründung, daß viele Gäste wegen der Enge im Café keinen Platz fänden und wegen der schlechten Beleuchtung die Zeitungen auf der Gasse lesen müßten und die Treppe zum Billardsaal hinauf kaum benutzen könnten.

List plante eine Verbindung zum angrenzenden Gebäude und hatte dessen Eigentümer bereits vier kleine Räume abgemietet. Aber die Behörden, die »den finsteren politischen Kramerschen Tempel« wegen seiner intellektuellen Kundschaft oft mit mißtrauischen Augen betrachtet hatten, waren inzwischen anderer Ansicht über den Status des renommierten kleinen Traditionscafés. Sie lehnten Lists Gesuch mit dem Hinweis ab, daß »das *Kramersche Kaffeehaus* seit undenklichen Zeiten in seiner noch dermaligen äußeren und inneren Lage und Gestalt bestanden habe, in seiner Art im Ausland und Inland berühmter und häufig besuchter Sammelplatz einer ausgewählten Gesellschaft und der einzig passende Unterhaltungsort höherer Standespersonen sei, ohne daß diese Gattung Leute sich jemals beschwert oder aufgehört hätten, wegen Mangels des Lichtes oder Unbequemlichkeit der Stiege dieses Kaffeehaus zu besuchen«.

Dabei blieb es zunächst, und Lists schummriges Café war weiterhin Treffpunkt der Wiener Dichter und Denker. Sie fühlten sich allem Anschein nach gerade im Dämmerlicht besonders wohl. Denn als Lists Nachfolger, ein Kaffeesieder namens Blasius Tschitschmann, im Jahre 1804 doch noch ein Erweiterungsgesuch durchsetzte und das Café in den ersten Stock des nebenstehenden Hauses verlegte, mit Tageslicht und neuem Mobiliar, verlor das Lokal seinen höhlenhaften Reiz und wurde ein ganz gewöhnliches Kaffeehaus mit gemischtem Publikum, bis es im Jahre 1866 durch Abbruch gänzlich von der Bildfläche verschwand.

Gegen Ende des 18. Jahrhunderts war die Zahl der Wiener Kaffeehäuser auf etwa achtzig angewachsen, und nun waren es die alteingesessenen Kaffeesieder, die sich gegen Erweiterungen in ihrem Gewerbe sträubten, weil ihnen die Konkurrenz zu groß wurde. Die Behörden hielten dagegen, daß »die Bevölkerung in der Stadt mehr und mehr zugenommen hat und der Gebrauch des Coffées immer häufiger und gleichsam zur Gewohnheit geworden ist, mithin derley Gewerbe in den Gegenden, wo noch kein Coffeehauß bestanden, zur Bequemlichkeit des Publikums errichtet werden« müßten, wobei man darauf achten werde, die bereits ansässigen Kaffeesieder in ihrem Wirkungskreis nicht zu sehr einzuschränken.

Zu den ergiebigsten Einnahmequellen der Café-Wirte zählte außer dem Kaffeeausschank vor allem das Billardspiel. Sofern es der Platz erlaubte, wurden entweder im Lokal selbst oder aber in angrenzenden Räumen Billardtische aufgestellt. Die Billardbretter waren anfangs noch länger und schmaler als die heutigen, und der zum Stoßen der Kugeln verwendete Stock war gekrümmt. Erst um die Mitte des 18. Jahrhunderts wurde das gebogene durch das gerade Queue und die stumpfe Bande durch die elastische ersetzt. In den vier Ecken und in der Mitte der beiden langen Banden befand sich je ein Loch mit einem Beutel, an dem ein Glöckchen befestigt war, das beim Einfallen der Kugel läutete. Die größten Wiener Meister des grünen Tuchs versammelten sich lange Zeit im *Café Hugelmann* in der Leopoldstadt, das als die »Universität der Billardspieler« galt.

Über die Café-Gepflogenheiten wohlhabender Wiener Bürger berichtete der Schriftsteller Friedrich Nicolai gegen Ende des 18. Jahrhunderts. Wer nicht täglich für seinen Lebensunterhalt zu sorgen hatte, ging im Sommer gewöhnlich schon frühmorgens in ein Café, trank ein paar Seidel Obers oder Milchrahm und aß eine gehörige Portion Kipfel oder Milchbrötchen dazu. Im Winter tunkte er seine Eierkipfel in Milchkaffee und genoß dazu, ehe er in die Messe ging, etliche »Gebetwürstl«. Noch vor dem Mittag war er wieder im Kaffeehaus oder im Kirschweinkeller anzutreffen. Mittags aß er im allgemeinen vier Gerichte und von jedem nicht wenig. Dann setzte er sich für eine halbe Stunde in einen Schaukelstuhl, um die Verdauung anzuregen. Gegen vier Uhr nachmittags nahm er eine Jause oder ein Vesperbrot zu sich, ging danach zum Kegeln in einen öffentlichen Park und setzte sich anschließend wieder in ein Café oder ein Bierhaus, wo er tüchtig aß und trank, bevor er sich zu einem ausführlichen Abendessen nach Hause begab.

Der Kaffeegenuß war schon zur Regierungszeit Maria Theresias nicht auf die wohlhabenden Schichten begrenzt geblieben. Auch die Bauern, die frühmorgens ihre Lebensmittel auf die Märkte brachten, wärmten sich mit Kaffee auf. Sie taten dies allerdings nicht in Kaffeehäusern, sondern bei den sogenannten Fratschlerweibern, die an den Stadttoren die Schale Kaffee sehr preiswert feilboten. Was dort verkauft wurde, war aber meistens nur ein billiger Kaffee-Ersatz. »In allen Vorstädten«, merkte der Bibliothekar und Schriftsteller Johann Pezzl in seinen Wiener Notizen an, »stehen bis gegen Mittag hölzerne Ständchen, wo man für Liebhaber aus dem Pöbel die Schale samt einem Kipfel für einen Kreuzer ausschänkt. Allein dieses ist nicht wahrer Kaffee, sondern geröstete Gerste mit etwas Sirup versüßt; und das geringe Volk trinkt dieses Dekokt, weil es sich für einen Kreuzer kein anderes so wohlschmeckendes und magenwärmendes Frühstück verschaffen kann. Eine solche Kaffeehütte bringt, wenn sie gut besucht wird, des Tags dreiunddreißig Kreuzer reinen Gewinnst ein.«

Obwohl sich also mit Kaffee sowohl im kleinen Rahmen des Straßenverkaufs als auch im größeren des Kaffeehauses gute Geschäfte machen ließen, gingen viele Cafés überraschend schnell in Konkurs oder wechselten in kürzester Zeit mehrmals den Besitzer. Anscheinend wurden viele Kaffeehausbesitzer von dem modischen Aufschwung derart mitgerissen, daß sie entweder um des lieben Friedens willen viele zahlungsunfähige Gäste oft gratis bedienten oder aber allzu schnell expandieren wollten. Die Kaffeesucht hatte nicht nur die Kaffeehausbesucher, sondern auch viele Gastwirte ergriffen.

Einer von ihnen war Johannes Ducati, der zunächst ein Kaffeehaus an der Schönbrunner Gartenmauer betrieben hatte und nach dem Wegzug des Hofes als Entschädigung eine Konzession für ein Café am Strozzengrund erhielt. Ducati eröffnete dieses Kaffeehaus im Herbst 1777, hatte aber schon nach vier Jahren einen solchen Schuldenberg, daß er bei Nacht und Nebel flüchten mußte. Nachdem er sich schließlich mühsam mit seinen Gläubigern geeinigt hatte, gründete er im Mai 1783 ein Kaffeehaus in der Dorotheengasse. Ducati versuchte alles, um seine Gäste zufriedenzustellen. Außer Kaffee bot er eine große Auswahl an Gefrorenem an, hielt zahlreiche Zeitungen, richtete Rauchern und Billardspielern zwei besondere Räume im ersten Stock seines Cafés ein und legte sogar Tabakspfeifen mit den dazugehörigen Utensilien für seine Gäste aus.

Das Unternehmen ließ sich gut an, aber Ducati wollte anscheinend zuviel auf einmal. Drei Jahre nach Eröffnung seines Kaffeehauses übertrug er seinem Sohn Josef den Betrieb und gründete im sogenannten Schabdenrüsselhaus am roten Turm ein neues Café, wo nicht nur Billard, sondern auch Lotterie gespielt werden konnte. Gleichzeitig eröffnete er ein Kaffeezelt am Burgtor im Stadtgraben. Kurz darauf stellte sich heraus, daß der kaffeebesessene Gastwirt sich schon wieder hoffnungslos verschuldet hatte. Als seine Gläubiger die Verwaltung der Betriebe übernahmen, starb Ducati, aus Scham und Gram, wie es hieß.

Mehr Glück schien sein Nachfolger Ambrosius Augustini zu haben, der zu dem Café am roten Turm noch acht Räume dazumietete und diese prächtig ausstaffieren ließ. Dreimal in der Woche spielte dort zur Unterhaltung der Gäste eine kleine Kapelle. 1811 verlegte Augustini das Kaffeehaus nach mehreren Umbauten an den Hafnersteig. Drei Jahre später errichtete er zusätzlich einen Sommerpavillon am Rotenturmtor, den er 1819 in einer aufsehenerregenden Aktion ebenfalls verlegen ließ: Der Pavillon wurde auf Walzen nach der Biberbastei überführt, und selbst der Kaiser ließ sich dieses Spektakel nicht entgehen. An dem neuen Standort baute Augustini als exotische Attraktion ein sogenanntes »chinesisches Dörfchen« auf, das von den Wienern Tag für Tag besucht und bestaunt wurde. Aber trotz seiner geschäftlichen Initiativen und seines Einfallsreichtums starb Augustini völlig verschuldet im Jahre 1822.

Doch immer wieder versuchten Kaffeesieder mit neuen Cafés ihr Glück. Fast alle Berufsstände hatten ihre angestammten Kaffeehäuser, ob Hofräte oder Fiakerfahrer. Kaufleute trafen sich gewöhnlich im *Seidelschen Kaffeehaus.* Köchinnen besuchten regelmäßig das *Kaffeehaus Müller* im Krautgässel, Musikliebhaber trafen sich bei *Wiegand* nahe am Kärntnertor. *Wiegands Kaffeehaus* hatte nicht nur einen geräumigen Balkon, von dem aus man eine schöne Sicht auf die Basteipromenade genießen konnte. Die meisten Besucher kamen zu ihm wegen der neuartigen Kaffeehaus-Konzerte, die Wiegand zur Begeisterung der Wiener in seinem Café eingeführt hatte. »Eingedenk des Beifalls«, hieß es in einer seiner Ankündigungen im Jahre 1789, »und des zahlreichen Besuchs, womit der edlere Theil des verehrungswürdigen Publikums im verwichenen Jahre die ihm gewidmeten musikalischen Abendergötzungen auf der Bastei, nächst seinem Kaffeehaus, *Belle Vue* genannt, beehrte, macht Unterzeichneter hierdurch bekannt, daß er vom 1. Mai an die gleiche Unternehmung wieder beginnen werde. Jeden

Abend also, an welchem die günstige Witterung es erlauben wird, soll von geschickten Tonkünstlern eine stets gut gewählte Musik zur Unterhaltung seiner Gäste daselbst gegeben und dabei jedermann mit verschiedenen Gefrorenen auch anderen Erfrischungen und warmen Getränken aufs beste bedient werden.« Aber selbst Martin Wiegand, der »Erfinder« der Wiener Kaffeehauskonzerte, konnte sich auf die Dauer nicht schuldenfrei halten und mußte 1792 seine Konzession verkaufen.

Ein besonders berühmter Musiker soll oft im Kaffeehaus von Johann Lang in der Refranogasse gesessen haben; man stellte dort später seine Büste auf und benannte das Café nach ihm: *Kaffee Mozart*. Der junge Mann war, wie man sich erzählte, nicht nur ein musikalisches Genie, sondern auch ein Billardvirtuose. Fast kein Tag verging, an dem er nicht nach dem Mittagessen das Kaffeehaus aufsuchte und sich mit Freunden beim Billardspiel vergnügte.

Von den Kaffeehäusern an der ehemaligen Schlagbrücke in der Leopoldstadt waren vor allem das *Hugelmannsche* und das gegenüberliegende Café von Ignaz Wagner beliebte Treffpunkte. *Hugelmanns Kaffeehaus* war nicht nur für seine Billardkünstler berühmt, sondern auch die Tapeten in den beiden Räumen im ersten Stockwerk waren eine vielbesprochene Attraktion. »Sie sind schon ein Gusto anzusehen«, schrieb ein Wiener Journalist. »Im ersten Zimmer sind schöne Schweizergegenden mit lustigen Schweizerbauern, die in verschiedenen National-Vergnügen und häuslichen Beschäftigungen abgebildet sind, und im zweiten sind schöne Landschaften aus Geßners Idyllen.«

Das *Wagnersche Kaffeehaus,* Hugelmanns Gegenüber, wurde von Ignaz Wagner erfolgreich geführt. »Endlich einmal ein Kaffeehaus einer Residenz würdig«, lobte die Wiener

95

Theaterzeitung. »Bei dem ersten Anblick des Eintrittes meint man in einen Feentempel zu treten, weil die Säulen, deren Hintergrund durchaus mit Spiegeln gedeckt ist, sich vielfach wiedergeben und so eine weite Galerie von solchen Säulen zeigen. Die Farbenwahl, rot der Hauptgrund mit grünen Kolonnen, deren Kapitäler reich vergoldet sind, die Kredenz, der Ofen, der von unten herauf seine Wärme mitteilt, die Türen, Fenster und weitere Einrichtung, alles im neuesten Geschmack; die Billarde, Uhren usw. gewähren eine überaus anziehende Augenweide.«

Wagner gehörte zu den wenigen finanziell erfolgreichen Wiener Kaffeehausbesitzern. Er war auch Eigentümer des sogenannten *Zweiten Kaffeehauses im Prater,* das er aus einem primitiven Holzbau zu einem gutbesuchten Café machte, nicht zuletzt dank der Morgenkonzerte des zweiten Regiments der Stadtmiliz. Im *Ersten Kaffeehaus im Prater,* das sich seit 1805 im Besitz eines Kaffeesieders namens Benko befand, war dagegen eher Musik für gehobene Ansprüche zu hören – hier spielte gelegentlich auch Ludwig van Beethoven, zuletzt nachweisbar im Jahre 1814.

> »Zu Jüngling wollen wir uns nun begeben,
> In sein solides, altes Haus,
> Es hält noch jetzt, trotz seinem längern Leben
> Vergleichungen mit Würde aus.
>
> Erst jüngst ward ihm die niedliche Terrasse,
> Auf Säulen ruhend, angebaut –
> Von der man in die lange Praterstraße
> Und in den Fluß darniederschaut.

Da sitzen Christen, Juden, Macedonen
Im allerfriedlichsten Verein,
Nur dürfte nicht rheumatischen Personen
Der Luftzug convenabel sein.

Wenn kaum des Lenzes erstes leises Wehen
Die Städter in das Freie lockt,
Da muß man hier die bunten Haufen sehen
Und das Gedränge, das da stockt.«

Mit diesen Versen begrüßte der Wiener Humorist Meisl die luxuriöse Erweiterung des *Kaffeehauses von Johann Jüngling* an der Schlagbrücke. Jüngling, ein gebürtiger Bayer, war Freimaurer und gehörte der Loge »Zur neugekrönten Hoffnung« an. Da zahlreiche Wiener Literaten ebenfalls Mitglieder dieser Loge waren, besuchten sie regelmäßig das Lokal ihres Logenbruders.

Jüngling, der früher Oberkellner gewesen war, entfaltete einigen Ehrgeiz, um sein Café, das günstig auf dem Weg zum Prater lag, von allen anderen abzuheben. Aus dem altväterlichen Lokal, das er 1791 übernommen hatte, machte er 1803 einen repräsentativen Kaffeesalon. Über die kostspielig renovierten und komfortablen Räume schrieb ein enthusiastischer Zeitgenosse, daß »jene Hallen, als sie sich zuerst aufgetan, in ganz Europa staunende Bewunderung erregten. Der helle Glanz des schimmernden gelben und grünen Marmors der zwei Gemächer blendete aller Augen; die plastischen Verzierungen, die Arabesken, die vergoldeten Lichterstangen, das geschmackvolle Ameublement fesselten den Blick.«

Aber bei der Ausstattung des Inneren ließ es Jüngling nicht bewenden. Vor seinem Kaffeehaus legte er einen Garten mit Bäumen an und ließ einen großen Balkon bauen,

97

von dem aus man auf die Donau und auf die Praterstraße sehen konnte. Und da er von seinen Café-Konkurrenten gelernt hatte, wie anziehend Musik auf Kaffeehausgäste wirkte, engagierte er italienische Opernsänger, die unter dem verglasten und beleuchteten Balkon Arien aus *Othello,* der *Diebischen Elster* oder dem *Barbier von Sevilla* zum besten gaben. Außerdem verpflichtete er für die Kaffeehaussäle ein Streichterzett, das mit seinen Melodien in ganz Wien von sich reden machte. Der erste Geiger des Terzetts war der später berühmt gewordene Josef Lanner, der gemeinsam mit den Brüdern Drahaneck im Café aufspielte. Aber noch mehr Ruhm erlangte bald darauf ein anderer Musiker in Jünglings Kaffeehaus: er hieß Johann Strauß.

Das Wiener Kaffeehausleben hätte sich gemächlich so weiterentwickeln können, wenn nicht die politischen Umstände der Gemütlichkeit ein vorläufiges Ende bereitet hätten. Die Folgen der Französischen Revolution, die Kriege der österreichischen Monarchie mit Napoleon und die Kontinentalsperre, die Bonaparte im Winter 1806 gegen England verhängt hatte, hinterließen auch im Alltagsleben der Wiener tiefe Spuren.

Da die Kaffeehäuser in Wien vorwiegend von den gebildeteren Schichten besucht wurden, die für neue Ideen offen waren, wurden sie von den Polizeiorganen aufmerksam kontrolliert. Eine Revolution wie in Frankreich wollte man nicht. Was der Kaiser von freien Geistern hielt, hatte er unmißverständlich in einer Rede vor Laibacher Lehrern ausgedrückt: »Wer mir dient, muß lehren, was ich befehle. Wer das nicht kann oder mir mit neuen Ideen kommt, der kann gehen oder ich werde ihn entfernen.«

Nach der kaiserlichen Auffassung waren Schriftsteller und Journalisten berufsmäßige Unruhestifter. In Kaffeehäusern wurden deshalb nur noch Zeitungen geduldet, die als politisch unauffällig galten. Flugblätter und literarische Journale wurden nicht mehr ausgelegt. Damit war ein großer Anreiz, ins Kaffeehaus zu gehen, nicht mehr gegeben, denn die amtlichen Gazetten waren für die Literaten ziemlich uninteressant.

Als der deutsche Dichter Ernst Moritz Arndt sich 1804 in Wien aufhielt, wunderte er sich denn auch darüber, daß es in den Kaffeehäusern zwar Gesellschaft, aber kaum anregende Gespräche gebe, die er dort eigentlich erwartet hätte. »Vergebens sucht man das Leben und die Munterkeit, die man in Berlin und in den freieren Casini und Cafés der Italiener und Franzosen findet«, klagte er. »Denn was gesprochen wird, bleibt in der Furchtsamkeit des Flüsterns.«

Mit der Kontinentalsperre wollte Napoleon das europäische Festland wirschaftlich gegen Großbritannien abschließen. Die Folge war eine allgemeine Teuerung, die auch den Kaffeepreis betraf. Kaffee wurde so knapp und kostspielig, daß an seiner Stelle Ersatzmittel ausgeschenkt wurden, die aber den kaffeeverwöhnten Wienern nicht schmeckten. Die Kaffeehäuser verdienten ihren Namen nicht mehr.

Anfang 1810 kostete eine Schale Kaffee den stattlichen Preis von 24 Kreuzern. Im Mai desselben Jahres wurde amtlich festgestellt, daß echter Kaffee ein entbehrliches Getränk sei, auf dessen Ausschank in Zukunft verzichtet werden solle. Am 1. August 1810 notierte ein Journalist in sein Tagebuch:

»Mit heutigem Tag ist der Verkauf des Kaffees geendet, und morgen darf kein Kaufmann mehr unter den größten Strafen solchen hergeben. Daher war auch der Einkauf desselben heute außerordentlich häufig, und viele Personen kauften sich auf ein oder mehrere Jahre vor, weil jedermann hofft, bis dahin werde der freie Kauf und Verkauf wieder erlaubt sein.«

In den Wiener Kaffeehäusern war am 1. August kein Kaffee mehr zu haben, »für alle Kaffeemäuler ein völliger Donnerschlag«, wie in einem Journal zu lesen stand. Die Frage »Was frühstücken Sie?« war in dieser kargen Zeit die meistgehörte. Man versuchte es mit Tee, ungarischem Wein oder Biersuppe, mit Fleischbrühe, Schokolade und Weinsuppe, aber nichts davon konnte den gewohnten Kaffee ersetzen. Und da mit den Kaffee-Ersatzmitteln kein Geld zu verdienen war, verlegten sich mehrere Kaffeesieder auf den Ausschank von Wein und auf warme Speisen zu Mittag und zum Abend. Damit war der Übergang vom Kaffeehaus zum Café-Restaurant eingeleitet, und da die Preise in den Kaffeehäusern oft niedriger waren als in Wirtshäusern, wurde dieses Angebot vorläufig angenommen – in der Hoffnung, daß die Zeiten bald wieder besser würden.

Und diese Hoffnung trog nicht. Mit dem Sturz Napoleons I. wurde das Kaffeeverbot null und nichtig, und sofort blühte das Kaffeehausleben wieder auf. Man könne sich nicht vorstellen, wie es beim Kaffeeverkauf zugehe, schrieb eine Wiener Zeitung, es sei »ärger als beim Einlaß ins Theater an der Wien, als sie vor Zeiten den Rochus Pumpernickel an einem Sonntag aufgeführt haben, oder gar wie bei einer Freikomödle; Arme und Beine sind in Lebensgefahr, und die Rippen, Hirnschädel und Männer- und Weiberfüße kugeln nur so nach einander herum«.

Zu den wenigen Wiener Cafés, die nach der kaffeelosen Zeit gegründet wurden und sich schnell einen guten Namen erwarben, gehörte das Kaffeehaus von Ignaz Neuner in der Spiegelgasse. Es bestand mit unterschiedlichem Erfolg von 1820 bis 1880 und wurde wegen seiner prächtigen Ausstattung als *Silbernes Kaffeehaus* bekannt. Nicht nur die Tabletts, die Kannen und Tassen, sondern auch die Türdrücker und die 72 Kleiderhaken bestanden aus Silber. Über die Inneneinrichtung berichtete ein Chronist, das Café »war sehr einfach im Wiener Barock gehalten, das Parterre gewölbt mit Rundbogenfenstern, in hellgrauer Farbe im Biedermeierstil gemalt und eingerichtet, parkettiert, mit Teppichen am Boden belegt und mit weißen Vorhängen an den Fenstern ausgeschmückt«. Mahagonimöbel, Spiegel, Öllampen und Kerzen, Silberservice und Fidibusbehälter auf den Tischen sorgten für wohnliche Eleganz. Der Dichter Nikolaus Lenau, der im selben Haus logierte, hielt sich, wie man erzählte, öfter im Café als in seiner Wohnung auf.

In Neuners Kaffeehaus trafen sich nachmittags, bei Kaffeeduft und Meerschaumpfeifenqualm, Wiens führende Geister. Damit übernahm das Café um 1820 die literarische Rolle des Kramerschen Etablissements. Außer Lenau waren Grillparzer und Raimund, Anastasius Grün und Ignaz Castelli, Johann Nepomuk Vogl und Ernst von Feuchtersleben ständige Gäste. In einem kleinen, rot ausgeschlagenen Gemach, das durch eine Spiegelwand von den anderen Räumlichkeiten abgetrennt war, konnte man Journale lesen. Der Raum wurde »Damenzimmer« genannt, weil dort nicht geraucht wurde; Damen waren dort allerdings nur selten zu sehen.

Zu den Dichtern und Schriftstellern, die den größten Kundenstamm bildeten, kamen viele liberal gesonnene Wiener Bürger und Fremde hinzu. Der dänische Theologe Hans Lars Martensen, der auch gelegentlich bei Neuner zu Gast war, berichtete in seinen Erinnerungen, daß im *Silbernen Kaffeehaus* der politische Liberalismus starken Anklang gefunden habe und daß sich dort die Gegner des Metternichschen Absolutismus eng zusammengeschlossen hätten. »Jedoch wurde dergleichen nur in gedämpften Tönen ausgesprochen; denn das Neunersche Café selbst war von der Regierung nicht wohl angesehen, weil man ein Gefühl davon hatte, hier rege sich ein Geist, welcher für das Bestehende bedrohlich werden könne. Und man darf allerdings auch sagen, daß das Neunersche Café in ziemlich starkem Grade dazu beigetragen hat, die Begebenheiten des Jahres 1848 vorzubereiten.«

Kurz vor dem Tod Ignaz Neuners übernahm dessen gleichnamiger Sohn das Café. Doch als Ignaz Neuner junior 1846, im Alter von erst vierzig Jahren, starb, war seine Frau mit drei kleinen Kindern allein nicht in der Lage, das renommierte Lokal weiterzuführen. Es blieb zwar noch mehrere Jahre erhalten, vor allem als Treffpunkt von Billardspielern, verlor aber bald seine Bedeutung als literarisches Zentrum.

Von den musenfreundlichen Cafés verdient unter anderen das *Kaffeehaus Leibenfrost* auf dem Mehlmarkt, in der Nachbarschaft des Neunerschen Lokals, erwähnt zu werden. Es war dort immer gedrängt voll, und schon von außen sah es, wie die Wiener *Theaterzeitung* fand, verlockend aus: »Die Grundfarbe des Ganzen, weiß, im carrarischen Marmortone täuschend ähnlich gehalten, verleiht dem Lokale das freundlichste, einnehmendste Exterieur, und wenn sich abends der erhellende Lichtstrom von den weitarmigen eleganten Lustres über die hohen, luftigen Räume ausbreitet, kann der imposante Anblick nur den überraschendsten Gesamteindruck hinterlassen. Von Thorwaldsens herrlichen Gipsabdrücken, die hier an der Rückwand des Kaffeehauses prangen, bis zu den zierlichst geformten Seitencanapees, überall die höchste Feinheit, Eleganz, Noblesse in Anordnung und

Ausführung der neuen Gesamtdekorierung ... Ein Meister-
stück, was die künstliche Nachbildung des Marmors betrifft,
muß die Credenzaußenseite genannt werden, von Hrn.
Plach mit seltener Vollendung besorgt. Hier singen Marmor
und Alabaster um die Wette, und dieser Teil des Kaffeehauses selbst mag gewiß der interessanteste und anziehendste
sein! ...«

Zu einem ganz anderen Urteil kam der Hofrat und
Schriftsteller Friedrich Uhl, der die drei Räume des Lokals
zu klein fand. Er bezeichnete sie schlicht als »Löcher«. Dennoch hatte Leibenfrosts Café regen Zuspruch von künstlerischer Prominenz, die den Ruf seines Hauses etablierte. Vor
allem der bewunderte Schauspieler Friedrich Mitterwurzer
war dort Stammgast. Aber auch bekannte Maler wie Joseph
Danhauser und August von Pettenkofen fanden sich dort
ein.

Einen ähnlich guten Namen als Künstlerlokal hatte das
Kaffeehaus Bogner an der Ecke Singerstraße. Hier verkehrten
Musiker, Maler und Literaten. Zu Bogners berühmtesten
Gästen zählten Moritz von Schwind und Franz Schubert.
Schwind hatte eigenhändig das Türschild des Lokals gemalt,
das ein türkisches Paar darstellte; man erzählte sich später,
der Maler habe damit einmal eine Zechschuld beglichen.

Mit dem industriellen Aufschwung um die Mitte des
19. Jahrhunderts wurden die Vororte von Wien, die bis dahin noch eher dörflichen Charakter gehabt hatten, in das
Stadtzentrum einbezogen, und es entstanden zahlreiche
neue, geräumige Cafés. Diese größeren und helleren Räumlichkeiten wurden nun manchmal auch von Damen besucht,
für die allerdings zunächst noch ein eigener Raum, der sogenannte Damensalon, vorbehalten war. Noch 1847 hatte
es geheißen, man suche im Kaffeehaus »vergeblich mit der

Laterne des Diogenes ein weibliches Wesen«. Im Jahre 1853 stellte ein Wiener Chronist fest, daß zwar schon etliche Damensalons eingerichtet seien, »doch sind die Wiener Damen noch erst in sehr vereinzelten Fällen so weit mit dem Zeitgeiste forgeschritten, daß sie Kaffeehäuser besuchen«. Die einzigen weiblichen Wesen in Cafés waren seit den zwanziger Jahren die oft vielumworbenen Kassiererinnen gewesen, »immer umduftet von zahlreichen Schmetterlingen, die nach der Gegenliebe Honig lechzen«, wie ein Journalist blumig bemerkte.

Zu den Kaffeehäusern, die nach dem Revolutionsjahr 1848 eine bedeutende Rolle spielten, gehörte das *Griensteidl* im Herbersteinschen Palais, an der Ecke des Michaelerplatzes, »wo die vornehme Schauflergasse und die nicht minder gebildete Herrengasse einander die Hand reichen«, schrieb Herta Singer in ihrer Kaffeehaus-Biographie. »Fünfzig Jahre lang wurde im *Café Griensteidl* Geschichte und Kulturgeschichte gemacht. Es war die geistige Nabe des Riesenrades Wien, das sich munter drehte, auch wenn es nicht recht vom Fleck kam.«

Heinrich Griensteidl, der vom Apotheker zum Kaffeehauswirt umgesattelt hatte, eröffnete sein Lokal im Jahre 1847 und trat damit bald die Nachfolge des literarischen Cafés Neuner an. Bei Griensteidl lagen sehr viele in- und ausländische Zeitungen aus, und wie bei Neuner wurden hier nicht nur literarische, sondern auch antimonarchistische Ideen diskutiert. Allerdings war auch die Polizei darüber im Bilde, was im *Griensteidl* besprochen wurde. Dafür sorgte heimlich der Oberkellner Schorsch, der aber die Denunziantenrolle in diesem liberalen Kreis nicht allzulange spielen konnte; er wurde eines Tages als Polizeispitzel enttarnt und umgehend entlassen.

Das *Café Griensteidl* nahm das gesamte Erdgeschoß des Palais Herberstein ein. Durch eine Glastür betrat man, von der Herrengasse aus, einen Saal, in dem ein großer Tisch stand. Auf diesem Tisch lagen so viele Zeitungen wie in keinem anderen Wiener Kaffeehaus. Für Gäste, denen dies nicht reichte, stand Meyers Conversationslexikon zur Lektüre bereit. Da das Lesen im *Griensteidl* die wichtigste Beschäftigung der Besucher war, wurde in den Räumen, in denen Zeitungsleser saßen, nur im Flüsterton gesprochen.

Wer in einem Stadtführer aus der zweiten Hälfte des letzten Jahrhunderts blättert, findet dort eine Reihe von Kaffeehäusern, die fremden Besuchern besonders empfohlen werden. Auch das *Griensteidl* ist darunter, und es firmiert dort als »Treffpunkt der Literaten«. Zu den frühen Gästen gehörten ehrwürdige Autoritäten wie Grillparzer, Laube und Anzengruber. Doch ein junger Mann aus Linz, der oft in Berlin und in Paris gewesen war und bei *Griensteidl* Stammgast wurde, erteilte allem Bisherigen, Konventionellen eine entschiedene Absage; er proklamierte eine neue Literatur, die »Moderne«.

Der junge Mann aus Linz hieß Hermann Bahr, und an seinem Tisch im *Griensteidl* saßen noch andere junge Männer, die ähnliche Vorstellungen hatten. Arthur Schnitzler war einer von ihnen, Karl Kraus ein anderer. Felix Salten, Richard Beer-Hoffmann und weitere Lyriker, Dramatiker und Kritiker kamen dazu. Der Jüngste von allen ging noch zur Schule, aber er überraschte die Älteren durch seine außergewöhnliche Begabung. Er hatte sich das Pseudonym »Loris« zugelegt, und erst nachdem er das Abitur gemacht hatte, nannte er seinen richtigen Namen: Hugo von Hofmannsthal. Diese *Griensteidl*-Gäste bildeten den Kern der sogenannten Jungwiener Literatur und machten damit auch ihr Café unvergeßlich.

Ein Gast erinnerte sich später an die lebhaften Kaffeehausgespräche, »in denen das auffallendste und das geringfügigste Ereignis, der Unfall eines alten Mannes, der Klatsch über ein Mädchen, das Binden einer Krawatte, der Ton eines Schauspielers, die Farbe einer Wolke über der Minoritenkirche Platz, Beziehung und Sinn bekamen… Vollends wenn ein kostbarer neuer Vers, ein fragwürdiges Bild, die erbitternd bösartige und dumme Kritik eines der Wiener Kunstnachtwächter oder gar die Arbeit eines der Freunde die Debatte entzündete, dann sprühten Gedanken und Erkenntnisse, Geistigkeiten köstlicher Art wurden verschwenderisch und mit der Achtlosigkeit großen inneren Reichtums verstreut…«

Nicht nur unter Literaten erwies sich die Atmosphäre im *Griensteidl* als besonders inspirierend, auch Musiker profitierten gelegentlich davon. Der Violinvirtuose Fritz Kreisler zum Beispiel erlebte dort die Entstehung eines berühmten Opernwalzers. Als Kreisler eines Tages mit Hugo Wolf im *Griensteidl* saß, kam der Musikkritiker und Komponist Richard Heuberger in großer Aufregung an ihren Tisch. Er hatte die Partitur seiner neuesten Operette, *Der Opernball,* bei sich und war vom Direktor des Opernhauses gebeten worden, für einen Prosadialog noch einen Walzer zu schreiben. Die Zeit drängte, und Heuberger war verzweifelt, weil der vorgegebene Text »Komm doch jetzt mit mir ins Chambre Séparée« sich nicht zu einem Dreivierteltakt machen ließ, den er für den Walzer gebraucht hätte. Hugo Wolf, der um Hilfe gebeten wurde, gab das Problem an Hofmannsthal weiter, und dieser verkürzte den Text auf die Worte »Komm mit mir ins Chambre Séparée«. Kreisler schrieb dazu die ersten Takte des später berühmt geworden Walzerliedes, und Heuberger bedankte sich überschwenglich mit einem Mokka bei seinen Helfern.

Aber auch das *Café Griensteidl* wurde bald Geschichte. In Wien baute man neu. Das schmale alte Burgtheater fiel der Spitzhacke ebenso zum Opfer wie viele andere alte Gebäude, die schönen Basteien, die Häuser am Graben und am Neuen Markt. Aus dem alten sollte das neue Wien werden, und im Jahre 1897 mußte auch das traditionsreiche *Griensteidl* seine Pforten schließen.

»Wien wird jetzt zur Großstadt demoliert«, schrieb Karl Kraus in seiner berühmten Satire *Die demolierte Literatur,* die 1896 in der *Wiener Rundschau* veröffentlicht wurde und dem Kaffeehaus einen vorzeitigen Nachruf widmete. »Mit den alten Häusern fallen die letzten Pfeiler unserer Erinnerungen, und bald wird ein respektloser Spaten auch das ehrwürdige *Café Griensteidl* dem Boden gleichgemacht haben. Ein hausherrlicher Entschluß, dessen Folgen gar nicht abzusehen sind. Unsere Literatur sieht einer Periode der Obdachlosigkeit entgegen, der Faden der dichterischen Produktion wird grausam abgeschnitten. Zu Hause mögen sich Literaten auch fernerhin froher Geselligkeit hingeben, das Berufsleben, die Arbeit mit ihren vielfachen Nervositäten und Aufregungen spielte sich in jenem Kaffeehause ab, welches wie kein zweites geeignet schien, das literarische Verkehrszentrum zu repräsentieren.«

In einer Mischung aus Nostalgie und Ironie erinnerte sich Kraus an die vielen Vorzüge des *Griensteidl,* die zahlreichen Zeitungen und das wienerische Interieur, das durch Stimmung ersetzte, was ihm an Bequemlichkeit fehlte. Nur die Zugluft, die oft durch die Kaffeehausidylle ging, sei von manchen Stammgästen als Stilwidrigkeit empfunden worden, und mehrere Schriftsteller hätten angestrengte Produktivität mit Rheumatismus bezahlen müssen.

Auch die Kellner des Kaffeehauses wurden von Kraus mit milder Satire begutachtet; sie hätten sich in ihrer Entwicklung dem Milieu angepaßt. »Schon in ihrer Physiognomie drückte sich eine gewisse Zugehörigkeit zu den künstlerischen Bestrebungen der Gäste, ja das stolze Bewußtsein aus, an einer literarischen Bewegung nach Kräften mitzuarbeiten. Das Vermögen, in der Individualität eines jeden Gastes aufzugehen, ohne die eigene Individualität preiszugeben, hat diese Kellner hoch über ihre Berufskollegen emporgehoben, und man mochte nicht an eine Kaffeesiedergenossenschaft glauben, die ihnen die Posten vermittle, sondern stellte sich vor, die deutsche Schriftstellergenossenschaft habe sie berufen.« Vor allem der Oberkellner Franz habe in dieser Hinsicht eine unübertreffliche Tradition geschaffen. Es lag »Stil und Größe« darin, wenn er einem Gast, der nach zwanzigjähriger Abwesenheit wieder einmal im *Griensteidl* auftauchte, unaufgefordert dieselbe Zeitung in die Hand gab, die der Besucher als junger Mann im Café immer gelesen hatte. Wirklich giftig wurde Kraus erst bei der Charakterisierung seiner Kollegen, vor allem der Jungwiener Literaten um Hermann Bahr. »Eine Linzer Gewohnheit, Genialität durch eine in die Stirne baumelnde Haarlocke anzudeuten, fand sogleich begeisterte Nachahmer – die Modernen wollten es betont wissen, daß ihnen der Zopf nicht hinten hing«, meinte er sarkastisch über den dichterischen Einfluß von Bahr auf seine Tischnachbarn im Café. »Mochte man auch nicht immer mit dem Ton einverstanden sein, man sagte sich doch, da ist einer, der Klärung bringt, der, auf das Unverständnis anderer nicht angewiesen, jederzeit sein selbständiges Vorurteil hat.«

Schnitzler war nach Kraus' Auffassung derjenige, »der am tiefsten in diese Seichtigkeit tauchte und am vollsten in dieser Leere aufgeht; der Dichter, der das Vorstadtmädel burgtheaterfähig machte, hat sich in überlauter Umgebung eine ruhige Bescheidenheit des Größenwahns zu bewahren gewußt«. Beer-Hofmann war für Kraus »ein Schriftsteller, der so große Erfolge auf dem Gebiet der Mode aufzuweisen hat, daß er sich getrost in eine Konkurrenz mit der schönsten Leserin einlassen kann. Diesem Autor, der seit Jahren an der dritten Zeile einer Novelle arbeitet, weil er jedes Wort in mehreren Toiletten überlegt, liefert ein persischer Tuchlieferant die besten Stoffe«. Und über den Romanautor Felix Salten, der später mit der von Walt Disney verfilmten Tiergeschichte *Bambi* berühmt wurde, merkte Kraus an: »Haben es die anderen in der Unnatürlichkeit bereits zu einiger Routine gebracht, ihm sieht man stets noch die Mühe an, die ihn seine Nervosität kostet. Immerhin hat er sich heute doch schon glücklich drei Nerven zusammengescharrt, die ihm die Ausübung einer bescheidenen Sensitivität erlauben.«

Karl Kraus' satirischer Abgesang auf das alte Wiener Kaffeehaus war, bei aller Treffsicherheit seiner geistvollen Attacken, zum Glück verfrüht. Denn wenn auch das berühmte Kaffeehaus *Griensteidl* 1897 schließen mußte und erst beinahe hundert Jahre später, 1990, in renovierter Gestalt wieder öffnete, gab es unter den rund sechshundert Kaffeehäusern im damaligen Wien noch Dutzende, die sich – wegen der Räumlichkeiten, wegen der Kellner, wegen des Publikums – einen bleibenden Namen machten. Und es kamen immer wieder neue hinzu.

Das *Café Herrenhof*, das *Café Français*, das *Café Gabesam*, das *Adami*, das *Katzmayer* (das zeitweise das Erbe des Neunerschen antrat), das *Daum*, das *Corti*, das *Paradeisgartl*, das

Stierböck, das *Museum,* das *Café de l'Europe* – alle hatten ihre Stammgäste, denen sie täglich Quartier boten. »Das Kaffeehaus erspart uns sozusagen eine Wohnung«, sagte Egon Erwin Kisch einmal stellvertretend für zahllose Wiener Cafégänger.

Viele Gäste des »demolierten« Café *Griensteidl* zogen ins *Café Central* um, das 1860 gegründet wurde und heute noch besteht. Wer das Café, das sich im Palais Ferstel befindet, von der Herrengasse aus betritt, der sieht dort rechts an einem Tisch die plastische Nachbildung des Dichters Peter Altenberg sitzen, der im *Central* so gut wie zu Hause war und hier die Skizzen zu seinem Buch *Wie ich es sehe* entwarf. Von dem »Kaffeehausliteraten« Altenberg stammt der berühmte Hinweis, der alle Probleme lösen soll:

> »Du hast Sorgen, sei es diese, sei es jene – – – ins Kaffeehaus!
> Sie kann, aus irgendeinem, wenn auch noch so plausiblen Grunde, nicht zu dir kommen – – – ins Kaffeehaus!
> Du hast zerrissene Stiefel – – – Kaffeehaus!
> Du hast 400 Kronen Gehalt und gibst 500 aus – – – Kaffeehaus!
> Du bist korrekt und sparsam und gönnst dir nichts – – – Kaffeehaus!
> Du findest keine, die zu dir paßt – – – Kaffeehaus!
> Du stehst *innerlich* vor dem Selbstmord – – – Kaffeehaus!
> Du haßt und verachtest die Menschen und kannst sie dennoch nicht missen – – – Kaffeehaus!
> Man kreditiert dir nirgends mehr – – – Kaffeehaus!«

Das Café mit der Säulenhalle gilt vielen Einheimischen als die Krone der Wiener Kaffeehäuser, auch wenn nicht alle Besucher immer sofort begeistert waren. Franz Werfel, der von Egon Erwin Kisch hier eingeführt wurde, verarbeitete 1929 in seinem Roman *Barbara oder die Frömmigkeit* seine

Erinnerungen an das Café: »Unvergessen der erste Eindruck: Warum ist diese Höhle so hoch? Und was für ein Licht ist das? ... etwas sonderbar Kirchenhaftes. Dick riegelt eine Wolkenbank von Zigarettenqualm (der stickige Weihrauchdunst dieses Doms) die Wölbung ab. Ein Nebenraum, das Schachzimmer, liegt gegen die Straße. Von dort her fällt ein Balken unverschämter Sommersonne herein, störend, verletzend. Dieses Zwielicht, eine peinliche Stilmischung zweier Welten, ein Gemengsel von ungesundem Diesseits und schlampigem Jenseits, lastet auf der Seele. Der Stollen des Säulensaals scheint nicht in ein gewöhnliches Haus, sondern in einen Berg eingesprengt zu sein, damit die Sphäre vor jeder Erneuerung und Durchlüftung geschützt sei.«

Werfel beschrieb das Café als ein Schattenreich, in dem die Kellner gutmütigen Gefangenenaufsehern glichen. Die Gäste bewegten sich schlaff und gleichmütig, mit blassen Gesichtern, erloschene Zigaretten zwischen den müden Lippen. Nur gelegentlich gab es kurze, hitzige Wortwechsel, dann versank alles wieder in Lethargie.

Andere Gäste sahen das Café mit anderen Augen. Stefan Zweig war bei jedem seiner *Central*-Besuche froh über die mehr als zweihundertfünfzig Zeitungen und Zeitschriften, die dort auslagen. Manchmal traf er sich im Café mit dem »Theoretiker des *Central*«, Alfred Polgar, der über das Kaffeehaus schrieb, es sei »ein rechtes Asyl für Menschen, die die Zeit totschlagen müssen, um von ihr nicht totgeschlagen zu werden.«

Der 1875 in Wien geborene Polgar, berühmter Theaterkritiker und ein Meister der geschliffenen kurzen Prosa, hatte eine *Theorie des »Café Central«* formuliert, die auch auf manche anderen europäischen Kaffeehäuser und ihre Gäste

111

zutraf, obwohl Polgar behauptete, das *Central* sei »kein Kaffeehaus wie andere Kaffeehäuser, sondern eine Weltanschauung, und zwar eine, deren innerster Inhalt es ist, die Welt nicht anzuschauen«. »Das *Café Central* liegt unterm wienerischen Breitengrad am Meridian der Einsamkeit«, schrieb Polgar in seiner *Theorie.* »Seine Bewohner sind größtenteils Leute, deren Menschenfeindschaft so heftig ist wie ihr Verlangen nach Menschen, die allein sein wollen, aber dazu Gesellschaft brauchen. Ihre Innenwelt bedarf einer Schicht Außenwelt als abgrenzenden Materials, ihre schwankenden Einzelstimmen können der Stütze des Chors nicht entbehren. Es sind unklare Naturen, ziemlich verloren ohne die Sicherheiten, die das Gefühl gibt, Teilchen eines Ganzen (dessen Ton und Farbe sie mitbestimmen) zu sein. Der Centralist ist ein Mensch, dem Familie, Beruf, Partei solches Gefühl nicht geben: hilfreich springt da das Caféhaus als Ersatztotalität ein, lädt zum Untertauchen und Zerfließen ... Es ist der traute Herd derer, denen der traute Herd ein Greuel ist, die Zuflucht der Eheleute und Liebespaare vor den Schrecken des ungestörten Beisammenseins, eine Rettungsstation für Zerrissene, die dort, ihr Lebtag auf der Suche nach sich und auf der Flucht vor sich, ihr fliehendes Ich-Teil hinter Zeitungspapier, öden Gesprächen und Spielkarten verstecken ... Das *Café Central* stellt also eine Art Organisation der Desorganisierten dar ... ein Provinznest im Schoß der Großstadt, dampfend von Klatsch, Neugier und Médisance ...«

Boshaft und liebenswürdig, die üble Nachrede elegant in das französische »médisance« verkleidet, zeichnete Alfred Polgar den »Centralisten«, der ohne den Zufluchtsort Kaffeehaus gänzlich heimatlos gewesen wäre. Polgars Theorie erklärt vielleicht, warum sich gerade der Typ des Wiener

Cafés über ganz Europa ausbreitete oder zumindest diese Bezeichnung gern für sich in Anspruch nahm.

Mit der Vielfalt der Cafés und der Gästewünsche ging eine Vielfalt der Kaffeezubereitung einher, die für Wien charakteristisch blieb und in ganz Europa einzigartig ist. Wer einfach eine Schale Kaffee verlangt, wird sofort als Zugereister erkannt und damit als jemand, der die nuancierte Kunst des Wiener Kaffeekochens nicht zu würdigen weiß. »Einen Lauf«, meldet in solchem Fall der Kellner an die Küche; das heißt, es braucht nur eine beliebige Mischung von Kaffee und Milch bereitet zu werden. Einen Schwarzen oder einen Mokka zu bestellen, ist unmißverständlich. Es handelt sich in beiden Fällen um Kaffee ohne Milch. Eine Schale Gold dagegen ist eine Melange, der soviel Milch zugegeben wird, daß der Kaffee ein helles Goldbraun zeigt. Ein Brauner ist das gleiche, nur mit etwas weniger Milch. Ein Kapuziner hat dieselbe Farbe wie das Ordenskleid der Kapuzinermönche und wird mit einer Prise Kakao bestreut. Eine echte Melange wird nicht in der Schale, sondern im Glas serviert. Dabei muß sich der Gast auf die Fragen gefaßt machen: »Mehr weiß oder mehr braun?« und »Mit oder ohne?« »Mit« bedeutet »mit Schlag«, also mit Schlagsahne, in Wien als Schlagobers bekannt. Wer keinen allzu weißen Kaffee haben, aber gleichzeitig die Schlagsahne genießen will, bestellt einen »Fiaker« oder »Einspänner«; der erstere wird warm, der zweite kalt serviert. Wer vor allem Wert auf die Sahne legt, läßt sich einen »Obers gespritzt« bringen und bekommt ein Glas Schlagobers mit einem kleinen Schuß Kaffee darüber. Ein »Schwarzer gespritzt« ist dagegen ein Mokka mit einem Schuß Rum, während ein »Türkischer« ein ungefilterter Kaffee ist, in dem der Zucker mitgekocht wird.

Daß es mit einer so differenziert genossenen und zelebrierten Kaffeekultur einmal zu Ende geht, ist sehr unwahrscheinlich. Und an ein Ende der literarischen Kaffeehauskultur ist in Wien, trotz Karl Kraus' satirisch vorgetragenem Pessimismus, ebenfalls nicht zu denken. Abgesehen von den vielen Neugründungen in diesem Jahrhundert gibt es noch mehr als fünfzig historisch bedeutsame Kaffeehäuser in Wien, die sich größten Zuspruchs erfreuen. Zu ihnen gehören, außer dem *Central,* das elegante *Café Landtmann,* in dem Emmerich Kálman, Hans Moser und Max Reinhardt regelmäßig verkehrten; das *Café Imperial,* wo Gustav Mahler, Richard Wagner und Johannes Brahms häufige Gäste waren; das *Café Sperl,* in dem sich vor allem Maler und Architekten trafen; das *Café Zartl,* das auf Robert Musil, Thomas Mann, Richard Tauber als ehemalige Gäste verweisen kann; das Familien-Café *Dommayer* und das »Mokka-Mekka« von Wien, das *Café Arabia,* und nicht zuletzt das *Café Hawelka,* das 1938 vom heutigen »König der Wiener Kaffeesieder«, Leopold Hawelka, gegründet wurde, der noch täglich hinter dem Buffet steht.

Im *Hawelka* fanden sich nach dem Zweiten Weltkrieg Café-Freunde wie Hilde Spiel und Heimito von Doderer, Friedrich Torberg und Herbert Eisenreich ein. Hans Weigel, ebenfalls dort ständiger Gast, meinte: »Wenn es das *Hawelka* nicht gäbe, müßte man es erfinden«, und Andre Heller erzählte, daß er »für den ganzen, unvorstellbar mühseligen Weg vom Anfängertisch, vor der Telefonzellentür links neben dem Eingang, zum fünf Meter Luftlinie entfernten Tisch, links von der Anrichte, etwa sechs Jahre« brauche, mit langen, erlebnisreichen Zwischenaufenthalten an vielen anderen Tischen.

Eine Spezialität des immer noch original erhaltenen Kaf-

4 Leopold Hawelka läßt sich die Fliege zurechtziehen

feehauses sind die auf wienerisch »Buchteln« genannten Kuchenstücke, die Frau Hawelka um Mitternacht serviert. Wer hier bis spät nachts einmal gesessen hat, der versteht, daß ein Sachkenner wie H. C. Artmann zu dem subjektiven Schluß gekommen ist: »Das schönste Stadtcafé von altem Schrot und Korn oder besser gesagt, von frischem Nußbeugl und duftender Melange ist und bleibt für mich das *Café Hawelka* in der Dorotheergasse.«

»Gedanken der sinnlichen Art«

KAFFEEHAUSLEBEN IN BUDAPEST

Um das Jahr 1900 gab es in Budapest, wie in Wien, annähernd sechshundert Kaffeehäuser. Aber während der türkische Trank erst gegen Ende des 17. Jahrhunderts nach Wien gelangte, war die Sitte des Kaffeetrinkens in Buda und Pest schon hundert Jahre früher bekannt.

Nachdem Ungarn bereits 1526 eine vernichtende Niederlage gegen die Türken erlitten hatte, besetzte die türkische Armee unter Sultan Suleiman II. dem Prächtigen im Jahre 1541 erneut das Land, diesmal für 145 Jahre. Während dieser Zeit wandelte sich das Bild der beiden Stadtteile Buda und Pest grundlegend. Sämtliche Kirchen wurden zu Moscheen umgebaut, und für die türkischen Besatzungstruppen wurden Bäder, Befestigungsanlagen und Kasernen eingerichtet. Aus allen Teilen des türkischen Reichs zogen Muslime, Serben und Dalmatiner nach Ungarn und brachten ihre Gewohnheiten mit: das Kaffeetrinken und den Anbau von Paprika. Als das christliche »Heer der Heiligen Liga« 1686 die Türken schließlich wieder aus Ungarn vertrieb, blieben diese beiden angenehmen Gewohnheiten in Ungarn zurück.

Detaillierter berichtet eine in Ungarn allgemein bekannte Geschichte darüber, wie der als »fekete leves«, schwarze Suppe, bezeichnete Trank nach Ungarn kam und wie die Redewendung »die schwarze Suppe kommt erst noch« entstand: Als historisch belegbar gilt, daß die Türken die Stadt Buda im Jahre 1541 nicht durch Belagerung und Kampf, sondern durch eine List in ihre Gewalt brachten. Da die Moslems eigentlich nicht Buda, sondern Wien erobern wollten, waren sie nicht daran interessiert, auch für die Eroberung von Buda viel Zeit und Mühe aufzuwenden. Sie luden deshalb die wichtigsten Persönlichkeiten von Buda zu »friedlichen Verhandlungen« in ihr Lager ein, wo sie die Ungarn fürstlich und lange bewirteten. Währenddessen drangen verkleidete türkische Janitscharen durch die Tore in die Burg von Buda ein. Den ungarischen Gästen kam die großzügige Bewirtung allmählich doch etwas merkwürdig lang vor, und sie entschlossen sich zum Aufbruch. Aber die Gastgeber hielten sie mit dem Hinweis auf, es gebe noch »schwarze Suppe«. Als die Ungarn nach dem Genuß des Getränks endlich gehen konnten, war es zu spät. Die als ungarische Soldaten verkleideten Janitscharen hatten die ahnungslosen Wachen entwaffnet und die Burg besetzt. Die ungarischen Führer, unter ihnen der Adlige Balint Torok, wurden im Gästezelt von den Türken festgenommen. Seitdem gibt es im Ungarischen die Redensart, die darauf hindeutet, daß eine für harmlos gehaltene Angelegenheit böse enden kann.

Seit Ende des 16. Jahrhunderts ist der Kaffee den Ungarn also schon bekannt, und innerhalb der vierhundertjährigen Kaffeetradition wurden in Buda und Pest, wie später auch in anderen europäischen Städten, viele Kaffeehäuser zu Zentren des intellektuellen Lebens, die von den jeweiligen Regierungen oft als Unruheherde eingeschätzt wurden. Für ein ungarisches Kaffeehaus war dieser Verdacht zumindest einmal wirklich gerechtfertigt: für das *Café Pilvax* in Pest, an der ehemaligen Herrengasse, die heute Petöfi Sándor utca heißt.

Das *Pilvax* war in den unruhigen Zeiten vor der Revolution von 1848 Treffpunkt von Künstlern und politisierenden Jugendlichen, die die Reformgedanken von Lajos Kossuth begeistert unterstützten. Kossuth, Jurist und mitreißender Redner, beherrschte mit seiner Zeitung *Pesti Hirlap,* dem Sprachrohr der nationalen Reformpolitik, einen großen Teil der öffentlichen Meinung. Er forderte die Beseitigung der Privilegien für die oberen Stände, verlangte Pressefreiheit und eine konstitutionelle Regierung.

Einer von Kossuths glühendsten Anhängern war der damals 25jährige Dichter Sándor Petöfi, dessen erster Gedichtband 1844 erschienen war und ein starkes Echo gefunden hatte. Petöfi wollte die Kluft zwischen der »gehobenen« Literatur und der des »einfachen« Volkes überbrücken, indem er volksliedhafte Verse und Märchen dichtete, die zugleich kunstvoll und allgemein zugänglich waren. Zu Petöfis Wunschvorstellungen gehörte nicht nur, daß niemand von der Literatur ausgeschlossen sein sollte. Seine politischen Ziele waren ebenso entschieden: Sturz der habsburgischen Monarchie, nationale Unabhängigkeit Ungarns und Abschaffung der Leibeigenschaft.

Von Petöfis Freunden und Bewunderern im *Café Pilvax* wurden diese Ideen lebhaft begrüßt, und als 1848 die Nachrichten von der Februarrevolution in Paris und von der Märzrevolution in Deutschland und Österreich nach Ungarn drangen, bedurfte es nur noch eines Funkens, um auch hier eine politische Explosion auszulösen. Dieser Funke war ein Gedicht Petöfis mit dem Titel »Auf, Magyare!«, in dem der Dichter zur Befreiung Ungarns vom habsburgischen Joch aufrief. Petöfi las das Gedicht am Abend des 14. März 1848 seinen Freunden im *Café Pilvax* vor und rezitierte sein »Nationallied« am folgenden Tag auf den Stufen des Nationalmuseums vor einer großen Volksmenge:

119

>»Auf! Die Heimat ruft, Magyaren!
>Jetzt heißt's, sich zusammenscharen!
>Wollt ihr frei sein oder Knechte?
>Hier die Frage, wählt das Rechte!
>Schwört beim Gotte der Magyaren,
>schwört den Eid,
>schwört den Eid, daß ihr vom Joche
>euch befreit!«

Mit Petöfis revolutionärem Aufruf begann der Aufstand der Ungarn gegen die österreichische Vorherrschaft.

Was im Kaffeehaus *Pilvax* diskutiert und geplant worden war, hatte zunächst auch Erfolg: Unter dem Druck der Öffentlichkeit schaffte der ungarische ständische Landtag die Leibeigenschaft ab, und eine ungarische Regierung, unter Leitung von Lajos Graf von Batthyányi, wurde ins Amt gesetzt. Lajos Kossuth wurde Finanzminister und wenige Monate später zum Reichsverweser gewählt. Aber am 13. August 1849 schlugen die Habsburger mit Hilfe der Heere des russischen Zaren den ungarischen Aufstand nieder. Der als Nationalheld gefeierte Kossuth mußte abdanken und das Land verlassen. Der Dichter Petöfi starb auf dem Schlachtfeld, und der liberale Graf von Batthyányi wurde zusammen mit anderen Aufständischen hingerichtet.

So dramatisch war noch nirgends eine Entwicklung verlaufen, die sich in einem Kaffeehaus angebahnt hatte. Auch in Ungarn blieb das ein einmaliges Ereignis. Nur als 46 Jahre später, im Frühjahr 1894, der Leichnam Lajos Kossuths von Turin nach Budapest überführt wurde, ging von einem Café ein spontaner politischer Impuls aus: Eine große Gruppe von Demonstranten brach vom *Café Fiume* aus in die Stadt auf und drängte in die Oper und ins Nationaltheater, um die Vorstellungen an diesem Trauertag zu unterbrechen.

1867 war Ungarn ein Teil der k. u. k. Monarchie geworden. Kaiser Franz Joseph I. und seine Gemahlin Elisabeth
(Sissi) hatten sich in der Budapester Matthiaskirche zu König
und Königin von Ungarn krönen lassen. Sechs Jahre später
wurden die Stadtteile Buda, Pest und Obuda zu Budapest
vereinigt, und den etwa 300 000 Einwohnern in den neuen
Bezirken der Hauptstadt präsentierte sich eine schnell wachsende Zahl von Kaffeehäusern. Das soziale Leben veränderte sich auffällig. Denn wer sich vorher nicht an öffentlichen
Orten wie Wirtshäusern oder Bierstuben aufhalten mochte,
aber dennoch an Informationen, Gedankenaustausch und
Unterhaltung mit Nachbarn interessiert war, konnte sich
jetzt in einem respektablen Lokal mit guten Angeboten und
günstigen Preisen aufhalten und die ihm zusagende Gesellschaft wählen. Die soziale Funktion dieser Cafés entsprach
etwa derjenigen englischer Pubs, aber die Kaffeehäuser boten mehr als diese. Einige Cafés waren rund um die Uhr
geöffnet, etliche sogar an 365 Tagen im Jahr. Ganze Familien besuchten zur Entspannung die Kaffeehäuser, und da
die Personalkosten niedrig waren, gab es in vielen Cafés
24 Stunden am Tag eine große Auswahl von preiswerten
Speisen, und im Gegensatz zu anderen europäischen Kaffeehäusern bekam man in Budapester Cafés auch ein reich-
haltiges Abendessen angeboten.

Die niedrigen Preise zogen auch minderbemittelte Künstler und Literaten an. Niemand hatte etwas dagegen einzu-
wenden, wenn ein Gast stundenlang nur bei einer Tasse Kaffee und einem Glas Wasser saß; das Glas wurde, sobald es
leer war, anstandslos nachgefüllt. An Bambusgestellen hin-
gen regionale und internationale Zeitungen und Zeitschriften aus, und wer Briefe schreiben oder Notizen machen
wollte, wurde mit Papier, Stift und Tinte bedient. Viele

Schriftsteller und Journalisten machten von dieser Möglichkeit Gebrauch, und ganze Zeitungsartikel, Kurzgeschichten
und Theaterkritiken entstanden in Budapest an Kaffeehaustischen. Zu diesem Zweck hielten die Oberkellner in Cafés,
die vor allem von Literaten besucht wurden, Stapel von langen, weißen Papierblättern bereit, die man »Hundezungen«
nannte.

»Strenge Vorschriften gab es damals«, erinnert sich der
Schriftsteller und Theaterautor István Csurka in einem Zeit-
schriftenartikel. »Caféhäuser mußten über der Erde gelegen
sein und Eingang und Fenster zur Straße hin haben. Keller-
räume waren für Weinstuben und Bierkneipen bestimmt.
Außerdem gehörten zu einem Café unbedingt zwei Billardtische. Allein in den Gasthöfen der Vorstadt war es erlaubt,
Gästen nur einen Billardtisch zur Verfügung zu stellen.
Caféhäuser mußten mindestens fünfzig Meter von Kirchen,
Schulen und Krankenhäusern entfernt liegen, und die Li-
zenz bekamen nur solche Personen, die nicht gleichzeitig
ein Bordell betrieben. Dafür kannten die Cafés keine Sperr-
stunde.«

Im 18. und im frühen 19. Jahrhundert gab es in Buda und
Pest neben vielen kleinen, eher schlichten Kaffeehäusern
auch etliche elegante Cafés wie zum Beispiel die *Sieben Kur-
fürsten,* die *Krone,* der *Türkische Kaiser* oder das *Weiße Schiff.*
Aber nach und nach wurden diese alten Lokale durch neue,
geräumigere ersetzt, die zum Teil recht pompös aufgeputzt
waren.

Eines davon war das heute noch bestehende *Café New
York,* das 1894 in dem palastartigen Gebäude des gleichen
Namens eröffnet wurde. Dieses Café wurde von dem
berühmten Architekten Alajos Hauszmann entworfen, der
auch für den Neubau der königlichen Burg verantwortlich

5 Blick in das Budapester *Café Hungária / New York*

war – ein deutliches Zeichen dafür, wie wichtig die Kaffeehauskultur in Budapest genommen wurde.

In der Nähe des *New York,* das für Jahrzehnte vor allem Treffpunkt der schreibenden Zunft wurde, lagen ziemlich dicht beieinander fünf weitere bekannte Kaffeehäuser, die von Künstlern und Schriftstellern besucht wurden: die *Kunsthalle,* in der sich Maler trafen, das *Japan,* wo ebenfalls bildende Künstler verkehrten, das Café *Oper,* das *Drechsler* und die *Abbazia,* in der sich Journalisten und Bourgeoisie zu Hause fühlten. Ältere Schriftsteller und Universitätsprofessoren kamen vorwiegend im *Sódli* am Museumsring zusammen, während Makler und Börsenleute sich bei *Lloyd* verabredeten.

»Die raffinierte Stadt ist zur Kurtisane geworden«, kritisierte Gyula Krúdy, einer der bedeutendsten ungarischen Prosaisten, den neuen Prunk des aufblühenden Budapest. »Die kesse Kosmopolitin ist zum Vorschein gekommen, das Mauerblümchen hat zu Selbstvertrauen gefunden... Die sanfte Jungfrau, die um 1860 ihr Haar hoch aufgesteckt trug, in seliger Nachahmung der schlanken Königin Elisabeth, die sie auf dem Handwerker- und Kaufleuteball sah, ist nun ein großmäuliges Weibsbild geworden, unersättlich und zügellos.«

Krúdy war 1896 als knapp Neunzehnjähriger aus der Provinz nach Budapest gekommen. Sein Vater wollte ihn zum Anwalt machen, aber Sohn Gyula hatte andere Pläne. »Ich werde Dichter werden in Budapest«, hatte er gesagt und in Kauf genommen, daß der Vater ihn deswegen enterbte. Gyula Krúdy schrieb zwar kein einziges Gedicht in Budapest, aber er wurde Schriftsteller, und in seinen Romanen, Erzählungen und Feuilletons hielt er seine zwiespältigen Gefühle für die Metropole Budapest in nachhaltigen Bildern fest. Auch wenn er fand, daß die Stadt um die Jahrhundertwende ihre Unschuld verloren habe, begann er allmählich die reizvollen Seiten des neuen Budapest zu entdecken. »Die Frauen dufteten wie Orangen aus Japan«, heißt es in einem von Krúdys späteren Texten. »Die Ràkóczistraße war voller Frauen von zweifelhaftem Ruf, aber sie waren so schön und so jung, daß sie in Berlin als Prinzessinnen hätten gelten können. In der Nähe des Kaffeehauses *Emke* wurden sie ständig von steifen Oberleutnants und herausgeputzten Herren vom Lande begafft. Kindfrauen trugen Seidenstrümpfe, und die weißhaarigen Frauen fanden ihren eigenen Kennerschlag. Die Stadt war eine einzige Huldigung an die Frau …«

Wie Gyula Krúdy waren viele geistig interessierte junge Leute gegen Ende des 19. und zu Beginn des 20. Jahrhunderts vom Land in die Hauptstadt gekommen. »Der frühe Appetit auf Kultur wurde nicht nur in den Schulen geweckt«, schrieb John Lukacs in seinem Buch über Budapest um die Jahrhundertwende. »Den Anstoß gab die Atmosphäre der Stadt selbst.« Und zu dieser den kulturellen Appetit anregenden Atmosphäre gehörten ganz besonders die Budapester Kaffeehäuser. Sie ergänzten die Kenntnisse, die Schule und Universität vermittelten, und manchmal waren sie auch ein Ersatz dafür.

Wie selbstverständlich vor allem Künstler und Literaten zu Zeiten von Kaiser Franz Josef I. täglich ins Kaffeehaus gingen, zeigt eine Novelle von Dezsô Kosztolányi. Der 1885 geborene Lyriker, Romanautor und Essayist, der von Hofmannsthal und Rilke beeinflußt war und mit Thomas Mann in persönlicher Verbindung stand, schilderte in *Kornel Esti* den Verlauf eines einzigen Tages, des 10. September 1909. Esti geht mit seinem Freund Sárkányi, der gerade ein Gedicht geschrieben hat, ins *Café New York*. Beide jungen Män-

ner sind arme Literaten, aber Sárkányi hofft, sein neues
Gedicht einer Zeitung verkaufen zu können. Auf diese vage
Hoffnung hin leiht ihnen der Vormittags-Zahlkellner des
Cafés zehn Kronen. Stundenlang sitzen nun die beiden
Freunde an ihrem Stammtisch, erörtern ihre künftige Fi-
nanzlage, begrüßen Bekannte und lassen sich wohlig in die
dunstige Geräuschkulisse des Cafés hineinziehen: »Das Kaffeehaus war erfüllt von einem Brausen, der Lärm auf der
Galerie wurde immer stärker. In dem betäubenden Tosen
spürten sie den Rhythmus ihres Lebens, spürten, daß sie
irgendwohin gingen, daß sie vorwärtskamen. Jeder Tisch,
jede Nische war besetzt. Aus dem Qualm türmte sich Sturm-
gewölk auf. Es tat gut, sich auszustrecken in diesem Dampf,
dieser warmen Lache, an nichts zu denken, einfach nur zu-
zusehen, wie es brodelte und Blasen schlug, und zu wissen,
daß jene, die darin herumplantschten, allmählich erschlaff-
ten, verbrühten, zerkochten und in eins verschmolzen, zu
einer einzigen wabernden Krautsuppe.«

Aus dem amorphen Gebrodel werden nach und nach einzelne Gäste hervorgehoben, und vor den Augen des Lesers
entsteht nun ein vielfarbiges Panorama kurz und prägnant
beschriebener Intellektuellentypen, die nicht nur das Café-,
sondern das gesamte Hauptstadtleben charakterisieren:

»Da war Bogár, der junge Romanschriftsteller, da Pataki
und Dani Ürögi. Da war Arácsy, der Maler, der sich in
einem Florentiner Edelmannskostüm hatte fotografieren lassen, mit einem Dolch an der Seite, während er Klavier spielte. Da war Beleznay, der berühmte Kunstsammler, persönlich bekannt mit Wilde und Rodin. Da war Szilvás, der
›Marquis‹, mit seinem Elfenbeinknaufspazierstock, der un-
nachahmliche Plauderer, der die neuesten Ganovenaus-
drücke schelmisch und meisterhaft mit den abgegriffenen

Prägungen der Spracherneuerungs-Wörterbücher, der Archäologie und der akademischen Inaugurationen vermengte. Da war Elián, der Nervenarzt, Gólya, der Kunsthandwerker, Sóti, der Wissenschaftler, der sich mit dem Ursprung der Volksmärchen beschäftigte, Boldog, der ›moderne Fotograf‹, der in Berlin studiert hatte, und Kopunovits, der tragische Theatereleve. Da war Dayka, der blonde Sohn eines Großgrundbesitzers, der ständig über seinen Neokantianern hockte und von der Erkenntnistheorie sprach. Da war Kovács, der nie den Mund aufmachte, Briefmarken sammelte und höhnisch lächelte. Da war Mokosay, der sogar schon in Paris gewesen war, Verlaine und Baudelaire im Original las und französisch zitierte, mit großer Begeisterung und unzulänglicher Aussprache. Da war Belényes, der ›vereidigte Chemiker‹, der infolge gewisser Unregelmäßigkeiten seine Stellung verloren hatte und nun in Zeitungsredaktionen herumlungerte und mit Angaben für Sensationsartikel aufwartete. Da war Kotra, der Dramaturg, der die reine Literatur auch auf der Bühne forderte, die allerreinste Literatur, und das noch nicht vollendete Stück *Todeserwarten* seines neben ihm sitzenden Freundes Géza Géza aufführen lassen wollte, in dem keine Menschen vorkommen, sondern ausnahmslos Gegenstände, wo ein Schlüssel mit dem Schlüsselloch lange und tiefgründige Gespräche zu Fragen des Metaphysischen führt. Da war Rex, der Bilderagent, der der öffentlichen Meinung die Stirn bot und Rippl-Rónai lobte, wohingegen er an Benczur kein gutes Haar ließ. Da waren Ikrinszky, der Sternforscher, Christian, der Conférencier, Magass, der Komponist. Da war Pirnik, der internationale Sozialdemokrat. Da war Scartabelli, der Ästhetiker und Polyhistor, der sich mit seiner warmen Baßstimme entweder über Wundt und die experimentelle Psychologie oder über die kleinen Budaer

Straßen ausließ, und zwar in sehr empfindsamer Weise, wobei er stets betonte, er sei keineswegs sentimental. Da war Exner, von dem man nur wußte, daß er Syphilis hatte. Da war Bolta, der nicht Petöfi für einen Dichter hielt, sondern allein Jenö Komyáthy. Da war Spitzer, der in Max Nordau das größte Genie der Welt erblickte. Da war Wesselényi, ein schöngeistig veranlagter Apothekergehilfe. Da war Sebes, von dem man zwei Erzählungen in Tageszeitungen veröffentlicht hatte, und eine dritte war bereits angenommen. Da war Moldvai, der Lyriker. Da war Czakó, ein anderer Lyriker. Da war Erdödy-Erlauer, ein dritter Lyriker. Da war Valér V. Vándory, der literarische Übersetzer, der aus allen Sprachen übersetzte, ohne eine einzige zu beherrschen, seine Muttersprache nicht ausgenommen. Da war Specht, das Kind reicher Eltern, ein bescheidener, schweigsamer junger Mann, der zwar noch keine Zeile geschrieben, aber bereits zwei Jahre in einer geschlossenen Anstalt hinter sich hatte und der ständig ein von drei Nervenärzten unterschriebenes und abgestempeltes Attest mit sich herumtrug, er sei völlig normal. Da war überhaupt jeder.

Diese Leute redeten nun alle zugleich. Darüber, ob der Mensch einen freien Willen habe oder nicht, wie ein Pesterreger aussehe, wie hoch in England die Löhne lägen, wie weit der Sirius von der Erde entfernt sei, was Nietzsche unter dem Begriff ›ewige Wiederkunft‹ verstehe, ob man der Homosexualität ein Recht einräumen könne, ob Anatole France Jude sei. Bei jeder Frage wollten sie gleich hinter Sinn und Zweck des Ganzen steigen, denn obschon sie alle miteinander noch sehr jung waren, lebten sie doch in dem Empfinden, nicht mehr viel Zeit zu haben.«

In dem Wirrwarr von Stimmen, Körperwärme, Kaffeegeruch und Tabaksqualm schienen sich alle Anwesenden außerordentlich wohlzufühlen. Hier kannte jeder fast jeden, wenn auch meist nur oberflächlich. Aber gerade die Unverbindlichkeit in der Menge, der dämmerige Rauschzustand oder die heiter stimmende Angeregtheit, die von dieser Atmosphäre ausging, löste die Zungen. Man erzählte sich gegenseitig sein Leben, enthüllte sein Inneres, und erst, wenn es sich zufällig so ergab, machte man sich auch formell miteinander bekannt.

Kosztolányis Novellenfigur Esti wird ebenfalls von dem allgemeinen Wortgetöse unentrinnbar angezogen; er fühlt sich allem und jedem hier verwandt. »Außerdem brauchte er dieses wilde Gewimmel, diese beißende Beize«, erklärt Kosztolányi den trotz scheinbarer Muße so angespannten Zustand seines Protagonisten. »Er wollte schreiben. Er wartete auf den Augenblick, wo Verzweiflung und Abscheu in ihm solche Ausmaße erreichten, daß es ihn zu würgen begann, dann nämlich würde alles aus ihm hervorbrechen, was wichtig und wesentlich war, nicht nur das Beiläufige und Zufällige. Doch dieser Augenblick war noch nicht gekommen. Er fühlte sich noch nicht elend genug, um schreiben zu können. Er stopfte sich voll mit Nikotin, bestellte den nächsten Kaffee, um sein Herz anzustacheln, um weiterhin seinen ewig neugierigen, unersättlichen und spielerischen Geist zu quälen, und wie im Fieber lauschte er dem Klopfen in sich, zählte die Schläge der Pulsader, einhundertdreißig, so glücklich wie ein Wucherer sein Geld.«

In einer Mischung von leiser Ironie und Mitgefühl für den überhitzten jungen Poeten, der im Kaffeehaus auf den Kuß der Muse wartet – an diesem Abend vergeblich, wie sich im Laufe der Geschichte herausstellt –, beschreibt Kosztolányi eindringlich den nervös-lethargischen Seelenzustand des Kaffeehausliteraten, der äußerlich gelassen wirkt, sich

aber innerlich zu schreiberischen Taten getrieben fühlt,
ohne noch zu wissen, ob und wie er sie vollbringen wird.

»Jede intelligente Person hatte wenigstens einen Teil ihrer
Jugend im Kaffeehaus verbracht«, erinnerte sich 1926 ein
Chronist des Budapester Alltagslebens, »sonst wäre die Ausbildung eines jungen Mannes mangelhaft und unvollständig
gewesen.« Viele ehrgeizige junge Intellektuelle wechselten
nach dem Abitur vom Gymnasium direkt ins Kaffeehaus,
um sich auf diese Weise einerseits der strengen Universitäts-
ausbildung zu entziehen, andererseits aber durch die Diskussion mit erfolgreichen Autoren und Künstlern und durch
die Lektüre in- und ausländischer Zeitungen ihren Horizont
zu erweitern. Künstlerische Kreativität hatte in Budapest
immer einen besonders hohen Stellenwert, und obwohl
Schriftsteller im allgemeinen wenig verdienten, war ihre
Reputation, vor allem während des aufblühenden Kultur-
bewußtseins um 1900, sehr bedeutend, und auch begabte
junge Amateure stießen auf große Resonanz. Kein Wunder
also, daß die Kaffeehäuser, in denen sich Literaten trafen,
Orte einer fast kultischen Verehrung wurden.

Das *New York,* das Kosztolányi und andere ungarische Autoren beschrieben haben, ist von den Budapester Literaten-
cafés das berühmteste. Der neobarocke Kaffeehaus-Saal am
Erzsébet körút ist ein pompöses Gebilde aus Kitsch und
Kunst, ein luxuriöser Salon mit der Ausstrahlung eines verschwenderisch eingerichteten Sakralraums, ausgestattet mit
hohen Marmorpfeilern, Fresken und dekorierten Spiegeln,
der Fußboden, die Teppiche, das Gestühl und die Vorhänge
in dunkelroten, bräunlichen und moosgrünen Farbtönen
aufeinander abgestimmt und das Ganze von kugelrunden
Lampen erhellt, die die prunkvollen Lüster von ehedem ersetzen. Der ebenso imposante wie erheiternde theatralische

Pomp wirkte anscheinend schon auf die ersten Gäste so atemberaubend, daß der Schauspieler und Autor Ferenc Molnar bei der Eröffnungsfeier im Jahre 1894 den Türschlüssel stahl und damit zur Donau rannte, um ihn im Wasser zu versenken; dieser prachtvolle Café-Tempel sollte niemals geschlossen werden können.

Tatsächlich hat sich das *New York,* trotz mehrfacher Umbauten, bis heute sein prächtiges Interieur erhalten. Das repräsentative Gebäude, in dem sich das Café befindet, war einmal Sitz der ungarischen Niederlassung der New Yorker Versicherung. Das Café erstreckt sich über zwei Stockwerke. Im unteren Teil, der als »tiefes Wasser«, »mély víz« bekannt war, saßen früher gewöhnlich Künstler, denen das Wasser wirklich bis zum Hals stand und die deshalb oft Schulden machten, was ihnen im *New York* großzügig gewährt wurde. Für die finanzschwachen Literaten gab es ein Menü mit der Bezeichnung »Schriftsteller Spezial«, das aus reichlich bemessenem Brot und Aufschnitt für wenig Geld bestand. Außerdem wurden ihnen kostenfrei Papier und Tinte bereitgestellt. Eine Treppe höher, auf der Galerie, nahmen die bereits arrivierten Autoren Platz.

Im Zweiten Weltkrieg wurde das *New York,* das gerade renoviert worden war, von einer Bombe schwer beschädigt. Die Restaurierung des traditionsreichen Cafés war mühsam und kostspielig und das Ergebnis nicht von langer Dauer: 1956 wurde das Café stark in Mitleidenschaft gezogen, als sowjetische Soldaten, die den ungarischen Aufstand mit Panzern niederwalzten, das Gründerzeit-Palais beschossen. Das Kaffeehaus hieß zu der Zeit nicht mehr *New York,* denn die amerikanische Stadt galt dem damaligen stalinistischen Regime als Inbegriff des Imperialismus; seit 1954 hieß es *Café Hungária.* Aber inzwischen nennt man es längst wieder

131

bei seinem ursprünglichen Namen, der an die große literarische Tradition erinnert. Und auch heute sieht man an manchen Marmortischen schon frühmorgens junge oder ältere Männer sitzen, die sich konzentriert über Manuskripte beugen, neben sich eine kleine Tasse mit starkem Kaffee und ein Glas Wasser.

Einer von ihnen ist Istvan Csurka, der das *New York* allerdings mit gemischten Gefühlen besucht, wie er in einem Zeitungsinterview einmal äußerte. Für ihn ist es nicht mehr das altgewohnte Kaffeehaus, in dem die Luft von Gerüchten vibrierte, in dem Theateraufführungen und Romane streitbar kritisiert wurden und die Post den Literatengästen ihre Briefe direkt an den Marmortisch zustellte.

Als Csurka 1957, nach sechs Monaten Haft, aus dem Internierungslager Kistarcsa entlassen wurde, in das er nach der Revolution von 1956 gesperrt worden war, sah er sich plötzlich in Budapest als freien Menschen stehen, der aber kein Dach über dem Kopf hatte. Schließlich fand er zwar einen Platz zur Untermiete, konnte aber nur zum Schlafen dorthin gehen. Das *Café New York* wurde damals sein Zuhause. Dort saß er jeden Morgen ab halb acht am selben Marmortisch neben dem Fenster, schrieb kleine Feuilletons für Zeitungen und Radio, und der Kellner brachte ihm immer das gleiche, einen kleinen schwarzen Kaffee mit einem Glas Wasser.

Bald danach heiratete er das Mädchen, das während seiner Haft auf ihn gewartet hatte. Da seine junge Frau ein festes Einkommen hatte, konnte sich das Paar eine »Teilwohnung« mieten, ein leeres Zimmer mit Bad- und Küchenbenutzung. Dort konnte der Autor eine Weile arbeiten, denn seine Frau ging morgens aus dem Haus. Doch als Nachwuchs kam, war es mit der ungestörten Schreibarbeit vorbei, und Csurka zog mit seinen Manuskripten wieder ins *New York*. »Es war«, schrieb Csurka über diese Zeit, »als hätte ich neben der jungen Braut ein Verhältnis mit einer älteren, üppigen Dame, das ich fortsetzen wollte. Das Kaffeehaus erschien mir wie eine wehmütig bemutternde, geschiedene Frau mit lockerem Lebenswandel.«

1944 war das Café gerade renoviert worden, als eine Bombe die Arbeiten zunichte machte. Im Sommer 1956 war das Kaffeehaus fast vollständig wiederhergestellt. Die Baugerüste standen nur noch, weil der Turm ausgebessert werden mußte – da trafen im November desselben Jahres die Geschosse sowjetischer Soldaten das *New-York*-Palais. Seitdem hieß es in Budapest sarkastisch, wer auf eine Systemveränderung warte, der brauche keine Zeitungen zu lesen oder Radio zu hören, sondern nur darauf zu achten, ob das Palais gerade renoviert werde.

»Das Kaffeehaus war Sammelstelle für alle Leute, die auf ein Wunder warteten«, erinnerte sich Csurka, der inzwischen ein erfolgreicher Schriftsteller und Theaterautor geworden war. »Es würde schon jemand mit 20 Forint in der Tasche hereinkommen, mit denen sich die Probleme eines Tages lösen ließen. Ein Redakteur, ein Theaterdirektor, ein Geschäftsmann, irgendeiner würde sich schon hineinverirren und ein sensationelles Angebot unterbreiten.« Im *Café New York* prägte an einem literarischen Stammtisch der Humorist Frigyes Karinthy den Ausspruch: »In Budapest existiert insgesamt ein einziger 100-Forint-Schein, aber der zirkuliert mit einer solchen Geschwindigkeit, daß es schon nach belebter Wirtschaft aussieht.«

Die Ambivalenz des Budapester Kaffeehauses, das halbwelthafte leichte Leben und der hohe geistige Anspruch zogen Schriftsteller wie Istvan Csurka immer wieder ins Café.

Die Umstände des Lebens einerseits ernst zu nehmen und sie gleichzeitig mit ironischer Geste von sich zu weisen, diese »doppelte Kunst«, wie er es nannte, erlebte er im Kaffeehaus, und sie faszinierte ihn. »Man kann kein wahrer Kaffeehausmensch sein«, resümierte er, »wenn man nicht fähig ist, sich selbst von außen durchs Fenster zu sehen, wie man dort sitzt, vor sich einen kleinen Schwarzen, über Papier gebeugt, vertieft in entsetzlich wichtige Tätigkeiten.«

Von diesen »wahren Kaffeehausmenschen« gibt es, wie Csurka befürchtet, nicht mehr allzu viele. Das *New York* hat zwar sein Äußeres weitgehend bewahrt, aber mit den gestiegenen Preisen hat sich auch das Publikum geändert, und die Aura von Kunst, Literatur und Bohème ist kaum noch zu spüren. Hier, wo die ungarische Literatur ihren Mittelpunkt hatte, wo sich Autoren wie Krúdy und Kosztolányi zu Hause fühlten, wo Mihály Babits schrieb und Endre Ady 1908 die Literaturzeitschrift *Nyugat* (Westen) entwickelte und wo Franz Molnar einen Teil seiner berühmten Legende vom Vorstadt-Casanova Liliom verfaßte, sind die Tische heute nicht mehr für darbende Künstler, sondern für zahlungskräftige Touristen gedeckt, die statt literarischer Streitgespräche »Zigeunermusik« zu hören bekommen.

Aber das Budapester Kaffeehausleben blüht immer noch, wenn auch vielleicht nur noch selten als Ort künstlerischer Inspiration. Viele neue Cafés sind entstanden, und einige der alten sind auch noch zu besichtigen. Das berühmte *Gerbeaud* am Vörösmarty tér, das 1858 von dem Schweizer Konditormeister Emil Gerbeaud gegründet wurde, hat in seinen beiden Jugendstilsalons nicht nur seine historische Einrichtung bewahrt, sondern besitzt auch im Hinblick auf seine Patisserie-Kunst immer noch eine große Anziehungskraft. Das Biedermeier-Café *Angelika* im Pfarrhaus der

St.-Annen-Kirche, die barock ausgestattete Konditorei *Lukács* in der Andrássy út, das *Müvéz* bei der Oper oder das *Ruszwurm* in der Nähe der Matthiaskirche, eines der ältesten Budapester Kaffeehäuser, in dem sich Kaiserin Sissi besonders gern aufhielt – alle diese Cafés haben noch immer das Flair der alten Hauptstadt, das Einheimische wie Fremde gleichermaßen anzieht.

Es heißt, daß viele Ungarn der älteren Generation, die in den fünfziger Jahren vor dem stalinistischen Terror flohen und heute in Chicago, Detroit oder Montreal leben, sich vor Sehnsucht nach ihrer Heimat verzehren und nur deshalb die Reise über den Großen Teich antreten, weil sie noch einmal in einem Budapester Kaffeehaus tagträumen wollen. Roland Mischke führt dies in einer Kaffeehaus-Betrachtung nicht zuletzt auf die Art der Bedienung zurück: »Der hohe Personalstand in diesen Einrichtungen ist vorwiegend weiblicher und nicht selten ansehnlicher Art, trägt niedliche Spitzenschürzchen, weiße oder blaue, bis zum Knöchel hochreichende Schnürschuhe, gestärkte Blusen und dunkle Röcke. Die erotisierende Wirkung, die von dieser Bekleidung ausgeht, ist noch nicht wissenschaftlich erforscht, aber in jedem Budapester Kaffeehaus zu spüren. Das meist prächtige Ambiente dieser Stätten gepflegten Müßiggangs und der unaufgeregten Atmosphäre scheinen Gedanken der sinnlichen Art zwangsläufig zu entfesseln.«

»Gedanken der sinnlichen Art« hatten um die Jahrhundertwende auch schon Gyula Krúdy und seine Schriftsteller-Kollegen im Kaffeehaus gehabt. Aber zugleich waren Cafés in Budapest immer auch Orte der kritischen Auseinandersetzung, der politischen Diskussion und der künstlerischen Produktivität, vor allem zu Beginn dieses Jahrhunderts, als die Kaffeehäuser wie kleine Universitäten erlebt wurden.

135

»Es begannen tausend Quellen zu sprudeln und tausend Vö-
gel zu singen; tausend und abertausend Gefühle sind entstanden«, schrieb Zsigmond Móricz über diese Zeit. »Es er-
tönte eine große Symphonie, deren einzelne Töne von der
ungarischen Vergangenheit und der ungarischen Gegenwart, von der ungarischen Puszta und der ungarischen Stadt
und von dem einzig-ewigen Budapest angestimmt wurden.«
Dieser Atmosphäre träumt man heute nach.

»Ich meinte, Dichter müßten zu Hause
in der Wohnung dichten ...«

BERLINER KAFFEEHÄUSER

Zur Zeit der Weimarer Republik, zwischen 1919 und 1932, zwischen Nachkriegskrise und Inflation, überschritt Berlin nicht nur die Viermillionengrenze, sondern entwickelte sich auch zu einer europäischen Kunstmetropole. Bildende Künstler, Schriftsteller und Theaterleute fühlten sich von der Großstadt magisch angezogen. »Berlin als ein Zentrum europäischer Gesittung war neu«, versuchte Heinrich Mann die starke Anziehungskraft der Hauptstadt zu erklären. »Berlin empfing, es war zugänglich noch mehr als schöpferisch. Die Schöpfer kamen zu ihm von überall, die große Stadt repräsentierte, das ist Beruf der wahrhaft großen Stadt. Dazu der Einschlag fremder Kulturen.«

Für viele Künstler spielten auch praktische Überlegungen eine große Rolle. Denn schon bald nach der Inflation entstanden in Berlin mit Massenmedien wie Film, Rundfunk und Schallplatte neue Verbreitungsmöglichkeiten für die Kunst. »Berlin schmeckte nach Zukunft«, erkannte der 24jährige Carl Zuckmayer, der ebenfalls die Stadt im Sturm erobern wollte.

Im Jahre 1927 gab es in Berlin nicht weniger als 49 Theater, drei Opernhäuser, drei große Varietés und 75 Kabaretts, Kleinkunstbühnen und Lokale mit Unterhaltungsprogramm.

Zwei Jahre später zählte man 363 Kinos und 37 Filmgesellschaften, die jedes Jahr ungefähr 250 abendfüllende Spielfilme produzierten. Es gab 45 Morgenzeitungen, zwei Mittagsblätter und 14 Abendzeitungen. Annähernd 200 Verlagsunternehmen arbeiteten in der Stadt.

In dieser Zeit der anscheinend unbegrenzten kreativen Möglichkeiten entstanden in Berlin, wie schon in manchen anderen europäischen und außereuropäischen Städten, Kaffeehäuser als Orte des geistigen Austauschs, der Information und der Inspiration.

Gegen Ende des 19. Jahrhunderts war der Kurfürstendamm noch eine Straße mit vielen Bäumen und wenigen Häusern. An der Ecke Joachimsthaler Straße eröffnete 1893 ein Gastwirt namens Kirchner ein kleines Café, das zwei Jahre später von dem italienischen Gastronomen Rocco übernommen wurde. Der Ort war gut gewählt, denn nicht nur Spaziergänger besuchten das kleine Lokal, sondern auch etliche Maler, die in der Nähe ihre Ateliers hatten. *Café des Westens* nannte man das kleine Kaffeehaus. Im Herbst 1896 etablierte sich dort ein regelmäßiger Stammtisch von Künstlern, denen bald auch Literaten und Theaterleute folgten.

Zu dieser Zeit brachten Ernst von Wolzogen und Otto Julius Bierbaum das aus Frankreich stammende Kabarett nach Berlin. Zur Vorbereitung der Silvesterfeier 1899/1900 traf man sich in einem abgeschlossenen Nebenzimmer des Cafés, und in wenigen Nächten entstand, unter Federführung von Max Reinhardt, der damals noch Charakter-Darsteller des Deutschen Theaters war, die »Schall- und Rauch«-Bühne. Das Kabarett, die »neunte Muse«, wie man diesen französischen Import nannte, begann auch in der deutschen Reichshauptstadt heimisch zu werden.

Diesem ersten Ideenschub, den die Kaffeehaus-Atmosphäre ganz offensichtlich begünstigt hatte, folgten schnell weitere. Unter dem stimulierenden Einfluß von Kaffee und Kollegen entwarf der Maler Edmund Edel freche Jugendstilplakate, und der Bildhauer Ottomar Begas dekorierte die Marmorplatten der Café-Tische mit Skizzen und Porträts.

Immer mehr Künstler und Bohemiens machten das *Café des Westens* zu ihrem zweiten Zuhause. 1899 hatten der Kunstkritiker Herwarth Walden und die Dichterin Else Lasker-Schüler geheiratet und verbrachten den größten Teil ihres jungen Ehelebens in »ihrem« Café. Walden sammelte zahlreiche Künstler und Schriftsteller um sich, die einige Jahre später in seinem Kunstverein zusammenarbeiteten. Zu diesem »Walden-Kreis« im Kaffeehaus gehörten unter anderem die Schriftsteller Erich Mühsam und Richard Dehmel, der Arzt und Dichter Alfred Döblin, und häufige Gäste in dieser Runde waren auch der Kunsthändler Paul Cassirer und seine Frau, die Schauspielerin Tilla Durieux, die später über Herwarth Walden und Else Lasker-Schüler etwas kritisch bemerkte: »Dieses Ehepaar, mit ihrem unglaublich verzogenen Sohn, konnte man nun von mittags bis spät nachts im *Café des Westens* unter all den wilden Kunstjüngern und Kunstfrauen antreffen. Die kleine Familie nährte sich, wie ich vermute, nur von Kaffee.«

In diesen Anfangsjahren begann sich für das kleine Kaffeehaus der Name *Café Größenwahn* einzubürgern. Das war keine Berliner Erfindung. Unter dem Namen *Café Größenwahn* hatte schon im Jahre 1902 das Münchner Bohème-Café *Stephanie* zu einem Künstler-Karneval eingeladen. Aber für das Kaffeehaus am Kurfürstendamm setzte sich der Name auf die Dauer durch. Über die seltsame Anziehungskraft des Berliner *Café Größenwahn* hieß es 1905 in einer Chronik von Hans Ostwald: »Dicke, überhitzte Luft brütet in dem kleinen Eckcafé, das zu ebener Erde liegt, niedrig, nur wie ein paar Zimmer, zwischen denen die Wände ausgebrochen sind. Billige Gobelins an den Wänden. Verräucherter Stuck an den Decken. Alles in einem lächerlich falsch verstandenen Rokoko. Aber gerade diese niedrigen, schlecht geschmückten Decken, die keine genügende Ventilation ermöglichen; gerade dies enge Beisammensein, zu dem die kleinen Räume nötigen – gerade das macht die Gemütlichkeit des Lokals. Gerade das lockt all die jungen Leute von Berlin W. hierher, die es in ihren Ateliers nicht gemütlich haben und in deren möblierten Zimmern es im Winter scheußlich kalt ist.«

Auch aus anderen Berliner Lokalen zogen Gäste in das *Größenwahn* um. Wer den Anfang machte und weitere Besucher nach sich zog, ist heute schwer auszumachen. Ab etwa 1907 gesellten sich die Frühexpressionisten um Kurt Hiller und sein bald darauf gegründetes »Neopathetisches Kabarett« zu den Stammgästen – Ernst Blass, Jacob van Hoddis, Georg Heym und Alfred Lichtenstein. Das *Café Größenwahn* wurde zum zentralen Treffpunkt der Berliner Künstler. »Wieso gerade das kleine Café der Hauptsitz des Geistes geworden ist, kann kein Geschichtsschreiber ergründen«, stellte Edmund Edel 1913 in einer Jubiläumsschrift *20 Jahre Café des Westens* fest. »Es war, als wenn die Marmortische mit süßem Leim bestrichen wären. Das kleine Café wurde berühmt nicht nur wegen seiner guten Wiener Küche, seines vorzüglich gepflegten Pilsners, sondern auch wegen seines Größenwahns. Nicht des Besitzers, sondern der Besucher. Allmählich überzogen Scharen von Geisteshelden aller Fakultäten das Kaffeehaus, saßen und lagerten an den Marmortischen am hellichten Tage und in tiefdunkler Nacht, und wenn es hochkam, hatten sie eine Zeche von 55 Pfennig gemacht.

Aber sie saßen an den Marmortischen wie an den Wassern Babylons.«

Kaffeehausbesitzer Rocco war anscheinend ein Mann, der Künstler mochte, auch wenn sie keine große Zeche machten. Außerdem hatte er oft Gäste, die für Ausgleich sorgten, indem sie entweder selbst gut aßen und tranken oder für die Kosten des einen oder anderen mittellosen Künstlers einsprangen. Daß dies sehr dezent zuging und niemanden bloßstellte, dafür sorgte Herr Hahn, der Oberkellner. Er wußte, wie es um die Geldbörsen der Maler und Literaten bestellt war, und hatte deshalb geheime Absprachen mit einigen zahlungskräftigen Stammgästen und Kunstförderern. Einige Rechnungen wurden deshalb oft gar nicht erst präsentiert, sondern zum Beispiel kam Paul Cassirer für Ausgaben von Else Lasker-Schüler auf oder einer der Ullstein-Brüder übernahm stillschweigend die kleine Zeche von Erich Mühsam. Bei diesem war es manchmal auch der russische Hofrat Dr. von Rosenberg, der dem Schriftsteller diskret Hilfe anbot. Eines Abends, als Mühsam wieder einmal seine Rechnung nicht bezahlen konnte, flüsterte der hilfsbereite Rosenberg ihm zu: »Mir fällt ein, ich schulde Ihnen noch zehn Mark – darf ich mir vielleicht erlauben, jetzt …?« – »Sie irren«, sagte Mühsam, der das höfliche Angebot schlagfertig annahm, »es waren zwanzig.«

So jedenfalls berichtete es John Höxter, ein Zeichner, der um 1905 von Düsseldorf nach Berlin gekommen war und fast fünfundzwanzig Jahre lang als Bohemien in Berliner Kaffeehäusern zubrachte. Höxter war vor allem im *Café Größenwahn* und später im *Romanischen Café* anzutreffen. Er finanzierte seinen Lebensunterhalt dadurch, daß er Tag für Tag an jedem der Kaffeehaustische kleine Summen zwischen fünfzig Pfennigen und einer Mark »kassierte«. In

seinen Erinnerungen schrieb er über das *Café des Westens:*
»›Tag, Herr Höxter!‹ In der Tür steht der ›rote Richard‹
und salutiert mit einem Zeitungshalter. ›Am Buffet liegt ein
Brief für Sie!‹ Hinter ihm grüßt von oben herab eine Gips-
büste Wilhelms II., mit unbeabsichtigter Symbolik auf dem
Quasselkasten, dem Telefonhäuschen, postiert. Zwei Minu-
ten bleibe ich stehen, um Hausschlüsselfragen mit Jacob van
Hoddis zu ordnen (dem Teilhaber meiner Zwei-Zimmer-
Wohnung), dann treibt es mich weiter, meinen Brief zu ho-
len. Aber schon am nächsten Tisch bleibe ich wieder hängen. Herwarth Waldens *Sturm*-Gesellen Else Lasker-Schüler,
Dr. Döblin, Peter Baum, Dr. S. Friedländer-Mynona und
Carl Einstein haben Besuch aus Wien erhalten; Karl Kraus
und Theodor Loos führen ihre neueste Entdeckung, den
Maler Oskar Kokoschka, den Berlinern vor. Anton, der liebenswürdige, immer bleiche Kellner, hat mir inzwischen
den Brief geholt. Die Comedie Française gastiert bei Kroll,
und Dr. Karl Ludwig Schröders *Deutsche Theater-Zeitung* be-
auftragt mich, dort Stoff für meine Wochenkarikatur zu suchen. Nun bemerke ich auch einige Tische weiter unten meine eigentlichen, alltäglich-allnächtlichen Kameraden, Erich
Mühsam, Ferdinand Hardekopf, René Schickele, Rudolf
Kurtz und ein neues Gesicht: der Maler Max Oppenheimer
(Mopp) aus Prag ist hier der neue Mann, der sich vorläufig
durch Anekdotenerzählen bekannt, beliebt und geschätzt zu
machen versucht.«
Wie für Höxter wurde das Café auch für viele andere
Künstler zu einer Art Zweitwohnung, in der man mindestens
soviel Zeit verbrachte wie allein zu Hause. Gearbeitet wurde
an den Tischen im *Café des Westens* kaum, dafür aber wurden
um so mehr Pläne geschmiedet, Ideen diskutiert und Einfälle aufgeschrieben. Bei einer Tasse Kaffee oder einem Glas

6 Das *Romanische Café* in Berlin:
»Wartesaal des Genius und Künstlerbörse«

Bier, die je 25 Pfennige kosteten, konnte man die ganze Nacht sitzen, ohne daß ein Kellner eine neue Bestellung anmahnte. Wie sehr das Café zu einem festen Bestandteil des künstlerischen Lebens geworden war, notierte Else Lasker-Schüler im Jahre 1911. »Ich bin nun zwei Abende nicht im Café gewesen«, schrieb sie, als sie einmal krank zu Hause lag. »Ich fühle mich etwas unwohl am Herzen. Dr. Döblin kam mit seiner lieblichen Braut, um eine Diagnose zu stellen. Er meint, ich leide an der Schilddrüse, aber in Wirklichkeit hatte ich Sehnsucht nach dem Café.«

1910 kam der achtundzwanzigjährige Leonhard Frank nach Berlin und wurde Stammgast im *Café Größenwahn*. Frank gehörte zu den wenigen Literaten, die das Kaffeehaus als Arbeitsraum benutzten: Ein großer Teil seines Romans *Die Räuberbande* entstand an einem Marmortisch im Café. »Die Weltstadt Berlin war offen für neue, zukunftsträchtige Kunst und Literatur«, ließ Frank in einem anderen Roman seinen Helden sagen. »Berlin nahm auf und gab. Nerv und Geist der Stadt waren elektrisiert. Das Leben war elektrisiert.« In seinen Erinnerungen hielt Frank unter anderem auch seine erste Kaffeehaus-Begegnung mit Egon Erwin Kisch im Frühjahr 1914 fest: »Das erste Mal sah ich meinen Freund Kisch vor dem Ersten Weltkrieg, als er mit seinem neu erschienenen Roman ›Der Mädchenhirt‹ ins Café des Westens einzog, umgeben von seinen Bewunderern und einer erklecklichen Anzahl hübscher junger Mädchen (siehe Romantitel). Die Kampfgespräche über Literatur begannen sofort. Sie dauerten jeden Tag bis fünf Uhr früh. Und da wir spätestens bis vier Uhr nachmittags wieder im Café sein mußten und, wie ich mich mit Bestimmtheit erinnere, doch auch irgendwann geschlafen haben, frage ich mich heute vergebens, wann wir eigentlich unsere Bücher schrieben.«

Mit dem Beginn des Ersten Weltkriegs, im Juli 1914, änderte sich abrupt auch die Kaffeehaus-Szenerie. Viele Stammgäste wurden Soldaten, mit der kreativen Muße war es für die meisten Bohemiens vorbei. Die Gäste im *Café Größenwahn* hatten sich schon ein knappes Jahr vorher mit einer tiefgreifenden Änderung abfinden müssen: Herrn Petry, dem Besitzer des Cafés, waren im Sommer 1913 größere Räumlichkeiten für sein Lokal angeboten worden, nur wenige Häuser weiter, am Kurfürstendamm 26. Petry griff zu, und Ende September 1913 wurde ein neues *Café des Westens* eröffnet.

Für die Künstler bedeutete dies in mehrfacher Hinsicht einen schmerzhaften Schnitt. Das neue Lokal war wegen der Größe der Räume längst nicht mehr so anheimelnd wie das alte. Viel unangenehmer aber war, daß sich nun auch die finanziellen Umgangsformen änderten. Der Umzug und die Renovierung hatten soviel Geld gekostet, daß jetzt auf den Umsatz im Café sehr viel Wert gelegt wurde. Mit Gästen, die innerhalb von acht Stunden nur eine Tasse Kaffee zu sich nahmen, konnte auf die Dauer kein Gastwirt überleben, und mit den großzügigen Krediten von ehedem war es auch vorbei. So mußten sich die Künstler, die den Umzug nicht mitmachten, andere Orte suchen. Zunächst wichen sie zum *Café Josty* am Potsdamer Platz aus; später, etwa ab 1917, trafen sich die meisten im *Romanischen Café*.

Eine Künstlerin, die für kaufmännisches Denken besonders wenig übrig hatte, war Else Lasker-Schüler. Erbost schrieb sie noch im Oktober einen offenen Brief, mit dem Titel »Unser Café«. Darin hieß es über das verlorene Kaffee-Paradies und seine frei schöpfenden Insassen: »Früher war das Stelldichein all dieser ›Radikalen‹ das *Café Größenwahn*. Aber eines Tages verbot der Besitzer der Dichterin Else

Lasker-Schüler, die zu diesem Kreis gehört, das Lokal, weil sie nicht genug verzehre. Man denke! Ist denn eine Dichterin, die viel verzehrt, überhaupt noch eine Dichterin? Sie empfand das mit Recht als eine unerhörte Beleidigung, als schimpfliches Mißtrauen gegenüber ihrer dichterischen Echtheit. Ebenso dachten die anderen. Daher verließen sie empört das Lokal ... Als wir auf der Straße standen, gedachten wir mit Wehmut des Gründers unseres verlorenen Cafés. Herr Rocco hatte es sich als besondere Freude angerechnet, daß wir Künstler in seinen Räumen verkehrten; wir Künstler haben sozusagen das *Café des Westens* mit auf die Welt gebracht, wir Künstler haben ihm das erste Feierkleid geschenkt, wir Künstler haben es zur Königin aller Cafés erhoben! Nur einmal in der Woche treffen wir uns nun in der Konditorei Josty. Auf einer Erhöhung sitzen wir an zwei Tischen, und Sonnabend haben wir Geheimsitzung. Wir wollen Herrn-Café-des-Westens zwingen, sich zu entleiben, ich schlage vor, mit dem Kaffeelöffel.«

Doch Herr Petry machte von diesem Vorschlag keinen Gebrauch, und der Künstlertreffpunkt *Café Größenwahn* war unwiderruflich verloren, auch wenn im neuen Café noch gelegentlich der Ruhm der frühen Jahre beschworen wurde. 1920 gründete Rosa Valetti im ersten Stockwerk des neuen Cafés ihr Kabarett Größenwahn, und Blandine Ebinger präsentierte dort »Lieder eines armen Mädchens« von Friedrich Hollaender. Aber die Zeit der schnorrenden Bohemiens war vorbei. Und auch der »rote Richard« aus dem alten *Café des Westens,* der liebenswürdige Zeitungskellner mit den roten Haaren, verschwand zeitweilig ganz von der Bildfläche. An ihn erinnerte Joseph Roth 1923 in der *Neuen Berliner Zeitung:*

»In fremden Cafés sitzt er und läßt sich – o Jammer! – Zeitungen reichen. Richard, dereinst unbeschränkter Beherrscher des gesamten in- und ausländischen Lesestoffs, läßt sich von anderen Zeitungskellnern Blätter geben ... Was?! Die Welt weiß am Ende gar nicht mehr, wer Richard ist? Richard, der Zeitungskellner aus dem *Café des Westens?* Richard, der seinen Buckel trug, als körperliches Abzeichen geistiger Würde, den Buckel als Signalement der Weisheit und Romantik ... Ich entsinne mich jener schmerzlichen Nacht, in der das alte *Café des Westens* für immer geschlossen wurde und Richard unsere Unterschriften sammelte. Dieses Einfangen der Unsterblichkeit in ein Stammbuch war seine letzte Handlung im Dienste der Literatur. Dann verschwand Richard, und es dauerte eine Weile, ehe er im *Romanischen Café* auftauchte. Wer weiß, wie viel Schmerz er da empfunden hat, als er in seine Heimat kam als Gast und Fremdling! Zeitungen fordernd, statt sie zu vergeben?! ...«

Das *Romanische Café,* das der Kaufmann Karl Fiering 1916 gegenüber der Gedächtniskirche eröffnet hatte, wurde nach dem Ersten Weltkrieg der bevorzugte Treffpunkt der Berliner Künstler. Benannt worden war es nach dem in neoromanischem Stil erbauten Geschäftshaus zwischen Tauentzienstraße und Budapester Straße. Spöttisch wurde das Lokal, das viel geräumiger war als das *Café Größenwahn,* auch manchmal als »Rachmonisches Café« (nach dem hebräischen Wort für »erbarmungswürdig«) bezeichnet, weil seine Inneneinrichtung als besonders häßlich empfunden wurde. Günther Birkenfeld, einer der damaligen Gäste des Cafés, beschrieb es unter dem Titel »Wartesaal des Genius« kurz und vernichtend: »Das Lokal selbst war so farblos und frostig wie sein Name, abgeleitet von der spätwilhelminischen Romanik rund umher. Hier traf sich alles, was zwischen Rejkjavik und Tahiti von Beruf oder aus Liebhaberei mit den Musen und Grazien in irgendeiner Beziehung stand.

Schräg gegenüber der Drehtür ein Buffet, das sich an architektonischer Abscheulichkeit und kulinarischer Geschmacklosigkeit mit jedem Wartesaal Preußens messen konnte. Darüber eine der wagenradförmigen Kronen, Serienproduktion im standardisierten Makartstil. Und das in einem Lokal, in dem Slevogt, Orlik und Mopp täglich ihren Kaffee tranken!«

So wenig attraktiv das Lokal auf den ersten Blick war, so schlecht war auch das Essen im *Romanischen Café*. Besitzer Fiering erklärte dazu, daß das Essen ohnehin nur von der Laufkundschaft bestellt werde; seine Stammgäste äßen alle woanders und kämen erst zum Kaffee zu ihm. Dafür hatte er offensichtlich Verständnis, wie auch dafür, daß die Künstler sich mit einem Minimum an Verzehr im Café begnügten. Wer das allerdings zu sehr ausnutzte, mußte damit rechnen, den sogenannten »Ausweis« zu bekommen. Dabei handelte es sich um ein gedrucktes Kärtchen mit der höflichen Aufforderung: »Sie werden gebeten, unser Etablissement nach Bezahlung Ihrer Zeche zu verlassen und nicht wieder zu betreten.« Der Café-Portier an der Drehtür achtete streng darauf, daß ein »ausgewiesener« Gast erst nach einer bestimmten Frist wieder Einlaß erhielt.

Die meisten Gäste des *Romanischen Cafés,* abgesehen von ein paar übriggebliebenen Bohemiens, saßen ohnehin nicht mehr ganze Tage und halbe Nächte im Lokal. Auch hier hatte sich nach dem Weltkrieg viel geändert. Zwar spielte man nach wie vor Schach, diskutierte, kritisierte und entwarf weiterhin himmelstürmende künstlerische Projekte. Aber aus dem altgewohnten Künstlercafé, das, wie das *Café Größenwahn,* ein zweites Zuhause für Künstler gewesen war, hatte die Ära der »neuen Sachlichkeit« einen Umschlagplatz für neue Ideen gemacht, die möglichst an Ort und Stelle auch in klingende Münze umgesetzt werden sollten.

148

Für manche der früheren Gäste des *Café Größenwahn* war diese Entwicklung eine herbe Enttäuschung. Vor allem der politisch aktive Schriftsteller Erich Mühsam, der wegen seiner führenden Rolle während der Münchner Räterepublik fast sechs Jahre Festungshaft bekommen hatte, äußerte sich, als er 1924 amnestiert wurde und nach Berlin zurückkehrte, recht desillusioniert über die neue Bohème, die lediglich die Gesten der alten kopiere. »Die Meinungsbörse im *Romanischen Café* wird im Ernst wohl niemand als den Sammelplatz freier Geister, aus Protest Entwurzelter und freiwillig Abseitiger ansehen, der das alte *Café des Westens* kennengelernt hat …«, kritisierte Mühsam in seinen *Unpolitischen Erinnerungen*. »Ehemals suchte ich es auf, um zwischen dichterischer Arbeit und werbendem Eifern für eine Idee den Geist mit der spielerischen Akrobatik von Witz, Aperçu, Abstraktion, Kritik und schlagfertiger Bosheit elastisch zu halten, ihn mit anderen Gedanken zu beschäftigen und zu kneten, als der ernste Teil des Tages von ihm verlangte; heute, kommt mir vor, ist das Foyer zur Szene geworden, das Café zur Brutstätte eines katechisierten Radikalismus, dem es an jeder schöpferischen Radikalität gebricht.«

Weniger enttäuscht, wenn auch mit dem gleichen Ergebnis, schrieb Paul Marcus 1929 in der *Münchner Illustrierten Presse* über die Künstler und ihr Kaffeehaus, diesen »Berliner Olymp der brotlosen Künste«: »Freilich, es ist eine andere Bohème, die Bohème um 1929 – gewissermaßen eine Boheme der Praxis und nicht der Ideale. Business, das Schlagwort der Zeit, hat auch sie ergriffen. Und sie sind nicht mehr so wahnwitzig, die *Ilias* zu deklamieren, Trilogien in Hexametern zu dichten, Idylle à la Raffael zu malen: Photograph, Pressezeichner, Reporter, Conférencier, Filmschauspieler – das sind ihre Ziele. Und die Frage dieser merkwürdigen Mischung aus Kunst und Geschäft ist: ›Wieviel Emm jibts denn dafür?‹«

Die bereits arrivierten Café-Besucher saßen in dem kleineren Raum, links hinter der Drehtür. Hier, im »Bassin für Schwimmer«, standen etwa zwanzig Tische. Eine geschwungene Treppe führte von diesem Raum zur Galerie hinauf, wo sich »Spielertische« für Schach- und Damepartien befanden. Ein großer Raum rechts vom Eingang war das »Nichtschwimmerbassin«, mit sechzig oder siebzig Tischen, je nach Bedarf. Hier versammelten sich vor allem die jüngeren Maler und Literaten, die noch auf Erfolge hofften. Allerdings hatte auch der bereits bekannte Maler Emil Orlik hier seinen Stammtisch mit Kollegen. Die geräumige Außenterrasse des Cafés, von der aus man auf die Gedächtniskirche und das gegenüberliegende *Café Regina* sehen konnte, war meistens mit Touristen bevölkert.

Emil Orlik, der »Mann mit der kleinen dunklen Malerkappe auf dem Kopf, mit graumeliertem ›Eduard-von-England-Bart‹«, wie ihn Claire Waldoff in ihren Erinnerungen beschrieb, hatte schon während der Kriegszeit Karikaturen und kunstvolle Porträtskizzen gezeichnet. Auch Rudolf Grossmann, Mopp und Benedict Friedrich Dolbin hielten die Kaffeehaus-Größen ihrer Zeit auf dem Zeichenblock fest. Diese Kunstrichtung entwickelte sich, zumal die Zeitungen ein großes Interesse dafür zeigten, zu einer typischen Ausdrucksform der zwanziger Jahre. Über Dolbin vermerkte Alfred Polgar, auch einer der »Gezeichneten des Herrn Dolbin«, in seinen *Literarischen Kopfstücken* aus dem Jahre 1926: »Die Art dieses Karikaturisten ist die des Kritikers, und zwar des wortgeizigen Kritikers, der aus hundert Zeilen eine macht. Ich grüße ihn als Bruder im Geiste ... Er ist ein gefährlicher Mann, der Zeichner Dolbin, seine Tinte mit

Schwefelsäure versetzt, sein Bleistift scharf und fixiert im Griff wie ein Apachenmesser.«

Für seinen spottlustigen Scharfsinn ähnlich gefürchtet wie der Kritiker Polgar war Alfred Flechtheim, der die Zeitschrift *Der Querschnitt* gegründet hatte und ein engagierter Förderer der zeitgenössischen Kunst war. Auch Flechtheim war häufiger Besucher des *Romanischen Cafés* und saß meist am Stammtisch der Maler. »Herr Flechtheim, ich habe eine geniale Idee«, sprach ihn einmal forsch ein junger Künstler an, der mit dem wohlhabenden Flechtheim gern eine neue Zeitschrift herausbringen wollte. »Ich dachte, wir machen das Ding zusammen. Sie geben das Geld, und ich liefere den Geist!« – »Also«, sagte Flechtheim, »das Geld hätte ich schon, aber woher wollen Sie den Geist nehmen?«

Einen humorvoll gemeinten Dämpfer konnte ein junger Künstler sicher ohne viel Mühe hinnehmen. Sehr viel unangenehmer war die verletzende Kritik, besonders wenn sie gedruckt wurde. Alfred Kerr, der Kritikerpapst jener Jahre, teilte oft besonders heftig aus und hatte sich mit etlichen seiner Rezensionen bei Autoren, Regisseuren und Schauspielern Feinde geschaffen. Vielleicht ging er deshalb nicht oft ins *Romanische Café,* wo viele der von ihm Angegriffenen täglich saßen. Bei einem seiner Kaffeehaus-Besuche mußte er sich allerdings doch mit einem seiner Opfer auseinandersetzen. Kerr hatte das sehr erfolgreiche Stück *Die tote Tante* von Curt Goetz verrissen, und der Autor sprach seitdem mit dem Kritiker kein Wort mehr. Wenn sich die beiden auf der Straße begegneten, zog Goetz nur grußlos seinen Hut und ging an Kerr vorbei. Auch Kerr grüßte nicht. Zufällig saßen eines Tages die beiden Gegner gemeinsam mit Kollegen an einem Tisch im *Romanischen Café.* Als von den übrigen drei Anwesenden zwei sich verabschiedeten und der dritte ans

Telefon gerufen wurde, waren Goetz und Kerr plötzlich allein. Während Kerr schweigend vor sich hinlächelte, sah Goetz ihn ärgerlich von der Seite an und sagte schließlich: »Ich benutze die günstige Gelegenheit, Sie zu fragen, ob es Ihnen schon aufgefallen ist, daß ich seit Wochen keinen einzigen Satz mit Ihnen gesprochen habe.« – »Das ist mir aufgefallen«, bestätigte Kerr kühl, »und ich wollte gerade die günstige Gelegenheit benutzen, Ihnen dafür zu danken.«

Leise Gehässigkeiten und ernsthafte Streitigkeiten kamen zwar unter den Künstlern im *Romanischen Café* durchaus vor, aber im allgemeinen ereiferte man sich, auch bei unterschiedlicher Kunstauffassung, mehr mit- als gegeneinander. Neben den Malern, Zeichnern und Journalisten waren es vor allem die Schriftsteller, die das *Romanische Café* berühmt machten. Carl Zuckmayer und Arnold Zweig, Walter Hasenclever und Bert Brecht besuchten das Café. Junge Autoren hatten hier die Gelegenheit, mit erfahrenen Schriftstellern Kontakt aufzunehmen oder sich mit Verlagslektoren wie Hermann Kesten vom Kiepenheuer Verlag, Franz Hessel von Rowohlt oder Max Krell von Ullstein an einem Kaffeetisch zusammenzusetzen.

Nicht nur Berliner Autoren waren Stammgäse im *Romanischen Café*. Zu den langjährigen Besuchern zählten beispielsweise auch der Prager Egon Erwin Kisch, der Wiener Anton Kuh und der Budapester Franz Molnar. Und nicht nur Maler und Literaten waren Dauergäste des Lokals. Es gab auch, wie Jürgen Schebera in seiner anschaulichen Chronik der Berliner Kaffeehäuser berichtete, die »Tische der emanzipierten Frauen« und die »Kükentische«, an denen abenteuerlustige junge Mädchen ihre freien Abende verbrachten. Lokalmatadore der Sechstagerennen aus dem Sportpalast feierten hier ihre sportlichen Triumphe, und populäre Boxgrößen wie Max Schmeling und Paul Samson-Körner genossen die zwanglose Atmosphäre des Cafés. Samson-Körner, der zeitweise auch mit Bert Brecht befreundet war, fand noch einen weiteren Grund, ins *Romanische Café* zu gehen. Auf eine Umfrage der *Hamburger Illustrieren* im Jahre 1930 nach den Gründen für regelmäßigen Kaffeehausbesuch antwortete er: »Der eifrige Kaffeehausbesucher spart enorm viel! Und zwar all das viele Geld, was er sonst für Zeitungen ausgeben müßte, die dort selbst zu der bescheidensten Tasse Kaffee gratis zur Verfügung gestellt werden.«

Im selben Jahr eröffnete Friedrich Hollaender im Keller des Theaters des Westens sein eigenes Kabarett, das »Tingel-Tangel«. Seine erste Produktion war eine Kabarettrevue mit dem Titel »Es liegt in der Luft«. In der fünften Szene trugen Hollaenders Frau Blandine Ebinger, Ellen Frank, Ellen Schwannecke und Hedi Schoop den »Gesang der Mädchen im *Romanischen Café*« vor:

> »Wir sitzen süß und doof ohne Portemonnaie
> Vor unsern leeren Gläsern im Stammcafé
> Mittags von Punkt zwölf Uhr
> Bis abends um Punkt zwölf Uhr:
> Verkehrsinseln in dem Meere der Literatur.
> Schriftsteller rings im Kreise, von Brecht bis Kisch –
> Mancher benutzt uns episch am Nebentisch.
> Das ist fürs Portemonnaie nicht viel wert,
> Aber fürs Renommee unerhört:
> Endlich wird doch die Nutte einmal verklärt!
> Zwei dunkle Augen,
> zwei Eier im Glas
> Und ein Tröpfchen Herzblut
> Mit Rum!

Ein Täßchen Äther,
Ein Band von Verlaine –
O laßt uns literarisch sein
Und mit den Dichtern gehn!

Friedrich Hollaender, der erfolgreichste Schlager- und Ka-
barett-Komponist Berlins, der mit seinen Liedern für Mar-
lene Dietrich in dem Film »Der blaue Engel« weltbekannt
wurde, war mit Blandine Ebinger, Trude Hesterberg, Walter
Mehring, Kurt Tucholsky und anderen Kabarett-Enthusia-
sten zunächst Stammgast im *Café Bauer* Unter den Linden
gewesen. Später wechselte er ins *Romanische Café,* war aber
mit seinen Kabarettisten auch häufig Gast bei *Schwannecke*
in der Rankestraße.

Der bemerkenswert regelmäßige Tagesablauf im *Romanischen* folgte ungeschriebenen Gesetzen, die von der persönlichen Eigenart der Gäste wie von beruflichen Umständen
diktiert wurden. Die Mittagsstunden waren immer ver-
gleichsweise ruhig, erinnerte sich der Autor Georg Zivier in
einem Buch über das *Romanische Café:* »Ich hatte mir einen
Stoß Zeitungen und vom Kellner ein ›Hämänäx‹ servieren
lassen, hatte zum Ihering-Tisch hinübergewinkt und von
dorther ein paar Stippvisiten bezogen; ich blickte vom ›Bassin für Nichtschwimmer‹ aus über die ›Fremdlinge‹ auf der
Terrasse; ich tauschte mit Sigismund von Radecki, der zur
Galerie der Spieler hinaufging, einen Gruß. Der späte Nachmittag im Café trug am stärksten von allen Tagesstunden Ak-
zente von Wohlstand und Reputierlichkeit. Jetzt trank der
Intendant Leopold Jessner sein Täßchen und blätterte in der
Zeitung. Jetzt konnte Jürgen Fehling auftauchen und sich mit
›diesen jungen Kaffeehaus-Jesussen‹ auf hitzige Debatten
einlassen und Marginalien prägen: Am späten Nachmittag

also hatte das *Romanische* seine molligen Stunden. Das Stimmengebrodel klang jetzt wie sardiniertes Cello. Darsteller von Bühne und Kabarett sprachen um die sechste Stunde herum schnell einmal im Café vor, ehe sie zur Arbeit gingen oder zu Schwannecke. Ernst Deutsch, Rudolf Forster und Willy Schaeffers waren zu besichtigen. Zu wissen, wo und wie und wer mit wem, war sehr wichtig, denn ein großer Teil der Gespräche kreiste um die Chronique actuelle und die Chronique médisante. Um die achte Stunde herum wurde es leer im *Romanischen*. Die Prominenten waren weitergezogen. Nächtlicherweise wurden nun die Seßhaften tonangebend, die Schachspieler, die noch nicht Anerkannten, die sich nach Menschen und Licht, nach Aussprache sehnten, nach unendlichem Gespräch.«

Dem nostalgischen Rückblick fügte Georg Zivier zwar eine verhaltene Kritik an, indem er feststellte, daß mancher Kaffeehausgast sehr viel kostbare Zeit mit »hochtönendem Geschwätz« in stickiger Luft vergeudet habe. Aber, so fügte der Autor hinzu, »nicht wenige ›Romanen‹ speicherten Energie gerade in dieser narkotisierenden, lässigen Sphäre.«

Ein Chanson von Willi Kollo, auf einer Schallplatte mit dem Titel »Kollo – Kollo – Kollossal« festgehalten, beschwor diese Kaffeehausgefühle der zwanziger Jahre und ließ die anfangs empfundene Häßlichkeit des Lokals vergessen:

> »Damals im Romanischen Cafe,
> Wir saßen stundenlang bei einem Glas Tee.
> Beiden gings uns damals ziemlich schlecht,
> Wir lebten nur von Pump, Kurt Weill und Bertolt Brecht.
> Es schrieb an seinem Marmortisch
> Aus Prag der Egon Erwin Kisch
> Den ›Rasenden Reporter‹ –

Durchs Café ging der Kortner.
Homolka spielte oben Schach,
Die Mosheim blieb verzweifelt wach,
Friedell saß bei dem Anton Kuh,
Tucholsky setzte sich dazu.
Es klingt wie eine Sage
Uralt vergangner Tage:
Damals im Romanischen Café!«

Das Essen im *Romanischen Café* war, wie gesagt, schlecht, und wer es sich leisten konnte, der ging nach dem Kaffeehausbesuch zu *Schwannecke* in der Rankestraße. Das Weinlokal Schwanneke war abendlicher Treffpunkt von arrivierten Autoren und von Theater- und Filmschauspielern. Der Schauspieler und Regisseur Viktor Schwannecke hatte zu Beginn des Jahres 1921 sein Engagement bei Max Reinhardt aufgegeben, um ein Restaurant zu eröffnen. In der Rankestraße, nur wenige Minuten vom *Romanischen Café* entfernt, mietete er einige Räume, eröffnete ein Weinlokal und taufte es auf den Namen seiner Frau Stephanie. Da Schwannecke die meisten seiner Schauspielerkollegen und -kolleginnen kannte, sprach sich die Nachricht sehr schnell herum, und das Lokal erfreute sich in Künstlerkreisen rasch großer Beliebtheit. Auf diese Weise entstand der unter Kaffeehausgästen sogenannte »Kreislauf«: Tagsüber ging man zu Kaffee und Gespräch ins *Romanische,* und abends traf man sich, wenn man genügend Geld oder das Glück hatte, eingeladen zu werden, zum Essen bei *Schwannecke.*

Auch bei *Schwannecke* wurden gelegentlich literarische Talente entdeckt oder gefördert. Der junge Dramatiker Ödön von Horvath zum Beispiel, dessen Theaterstück über den Bau der Zugspitzbahn 1926 bei der Hamburger Premiere durchgefallen war, wurde von Viktor Schwannecke ermutigt, das Stück umzuschreiben. Das tat Horvath, Schwannecke nutzte seine Beziehungen zur Volksbühne am Bülowplatz, inszenierte dort selbst die Erstaufführung, und das Stück, das jetzt *Die Bergbahn* hieß, wurde im Januar 1929 für Horvath zum ersten Erfolg.

Zwei Jahre später, wieder bei *Schwannecke,* war Ernst Josef Aufricht, Direktor des Theaters am Schiffbauerdamm, auf der Suche nach einem geeigneten Stück. In seinen Erinnerungen schrieb Aufricht: »An einem Tisch in dem langgestreckten Nachtlokal Schwannecke saß ein großer, dicklicher, jungenhafter Mann mit schönen braunen Augen und fixierte mich jedes Mal, wenn ich vorüberging. Er hatte eine Rolle schreibmaschinenbeschriebener Blätter in der Hand. Ich blieb stehen:

›Wollen Sie mir etwas sagen?‹

›Ja! Ich habe ein Stück geschrieben: Italienische Nacht! Eine aktuelle politische Komödie. Vielleicht gefällt sie Ihnen?‹

Ich nahm die Papierrolle an mich und notierte seinen Namen, Ödön von Horvath, und eine Telefonnummer. Ich fing nachts an zu lesen und las das ganze Stück zu Ende. Ich bat ihn am nächsten Morgen in mein Theater und machte mit ihm einen Vertrag, seine Komödie sofort zu spielen.«

Die Premiere am 20. März 1931 wurde ein überraschend großer Erfolg, und die Aufführung lief mehrere Wochen lang en suite im Theater am Schiffbauerdamm.

Wer auf besonders elegante Weise Kaffee trinken wollte und konnte, begab sich an Berlins erste Adresse, das Hotel *Adlon* Unter den Linden. Das *Adlon* war offizielles Quartier für Staatsgäste und Diplomaten und gleichzeitig das Domizil internationaler Berühmtheiten aus Wirtschaft, Wissenschaft und Kultur. Hier waren unter anderem auch literarische No-

belpreisträger wie Gerhart Hauptmann und Thomas Mann
zu Gast.

Im *Adlon* logierte zeitweise allerdings auch ein Literat,
der sich den Aufenthalt in einem Nobelhotel finanziell eigentlich gar nicht leisten konnte: Anton Kuh. Ab Ende 1930
bewohnte er dort ein Zimmer und speiste regelmäßig, ohne
dafür zur Kasse gebeten zu werden. Hedda Adlon, die Gattin des Hotelbesitzers, berichtete in ihren Memoiren, wie es
dazu kam.

Zum Gast im Hotel *Adlon* wurde Anton Kuh aufgrund
einer Wette. 1930 hatte der amerikanische Schriftsteller Sin-
clair Lewis den Nobelpreis für Literatur erhalten. Auf seiner
Rückreise von Stockholm wohnte er im *Adlon,* das ihm der
Verleger Ernst Rowohlt, der dort Stammgast war, empfohlen
hatte. Eines Abends, so erzählte Hedda Adlon, »saßen Lewis
und Rowohlt an der Hotelbar, als Anton Kuh im Adlon
erschien. Kaum betrat er die Bar, rief Rowohlt: ›Ausgezeichnet, daß Sie kommen, Kuh, Sie können uns helfen!‹ –
›Wieviel Geld brauchen Sie?‹ fragte Kuh voller Selbstironie.
Rowohlt lachte schallend: ›Wollen Sie Ihren Vorschuß zurückzahlen?‹«

Rowohlt und Lewis waren gerade dabei, einen riesigen
Stapel von Briefen zu sortieren, die der Nobelpreisträger bekommen hatte, aber nicht lesen konnte. Lewis öffnete die
Briefe, Rowohlt überflog den Text und warf die meisten
anschließend in den Papierkorb. Anton Kuh wurde sofort in
die Arbeit miteinbezogen, und während dieser routinemä-
ßigen Betätigung sprachen die drei Herren kräftig dem Alkohol zu. Spät nachts brachen Lewis und Rowohlt auf, und
Kuh blieb allein sitzen.

»Als die letzte Flasche geleert war«, so berichtet Hedda Adlon in ihren Erinnerungen, »fragte der Ober nach neuen Aufträgen.
›Ich warte, bis der alte Rowohlt wiederkommt.‹
›Dies dürfte wenig Zweck haben‹, erwiderte der Ober, ›Herr Rowohlt ist längst nach Hause gegangen.‹
›Wie?‹ fuhr Kuh auf, ›hat er sich französisch verabschiedet?‹
Der Ober unbewegt: ›Nein, Herr Graf, Herr Rowohlt hat englisch mit seinem Gast gesprochen.‹
Wieder geriet Kuh aus der Fassung. Mit Blick auf die leere Flasche sagte er: ›Dann möchte ich Herrn Adlon sprechen.‹
Louis Adlon wurde verständigt.«

Um die Zeche nicht zahlen zu müssen, schlug Kuh dem Hotelbesitzer eine Wette vor. Beide würden sie, so behauptete Kuh, in allernächster Zeit das gleiche Paar Schuhe vom besten Berliner Schuhmacher tragen, aber Louis Adlon werde beide Paare allein bezahlen. Ungläubig ließ sich Adlon auf die merkwürdige Wette ein, die er einige Tage später tatsächlich verlor. Kuh hatte bei zwei Firmen je ein Paar Maßschuhe bestellt und sie zu einem bestimmten Zeitpunkt ins Hotel Adlon schicken lassen. Dort fing er die Boten ab. Dann schickte er an jede Firma einen Schuh zurück, mit dem Hinweis, er müsse geweitet werden und könne anschließend samt der Rechnung an Louis Adlon geschickt werden. So erhielt dieser schließlich ein paar Schuhe und zwei Rechnungen und mußte wohl oder übel eingestehen, daß Kuh die Wette gewonnen hatte.

So begann die Freundschaft zwischen dem Adlon und Anton Kuh, und nach einiger Zeit übersiedelte der mittellose Literat ganz ins Nobelhotel. Als Gegenleistung verpflichtete er sich, immer wenn Louis Adlon ihn darum bat, im intimeren Gästekreis Anekdoten zu erzählen.

Einer der faszinierendsten Kaffeehausgäste in Berlin stammte, wie Anton Kuh, ebenfalls aus Wien: Karl Kraus. Bis 1917 war der Herausgeber der *Fackel* ständiger Besucher des *Café Größenwahn* gewesen, hatte sich aber in den zwanziger Jahren allmählich immer mehr abgesondert, zumal er sich mit etlichen Kollegen überworfen hatte. Da er nun alle Berliner Künstlerlokale mied, richtete er seinen Stammtisch im hinteren Teil des Nobelrestaurants *Kempinski* in der Leipziger Straße ein, wo er auch ausgewählte Besucher empfing. Dort aß er abends ein immer gleichbleibendes Menü: gekochtes Rindfleisch, Brühkartoffeln, eine saure Gurke und ein Halbgefrorenes. Zum Essen trank er ein helles Bier und zum Abschluß einen Mokka. »An seinem Tisch saßen meist dieselben Leute«, erinnerte sich Ernst Josef Aufricht, »männliche Begeisterungszofen, die beinahe alle Nummern der *Fackel* auswendig wußten und in einem ekstatisch glückhaften Zustand den Meister bewunderten.«

Einer der Literaten, die in Berliner Kaffeehäusern nicht nur diskutierten, sondern auch schrieben, war Erich Kästner, der nach seiner Promotion zunächst Redakteur in Leipzig gewesen war. Nach Berlin kam Kästner im Herbst 1927, durch einen »Fußtritt Fortunas«, wie er später sagte. Er hatte nämlich in der *Neuen Leipziger Zeitung,* bei der er arbeitete, ein etwas frivoles Gedicht mit dem Titel »Abendlied eines Kammervirtuosen« veröffentlichen wollen, dessen erste Strophe lautete:

> »Du meine neunte Sinfonie!
> Wenn du das Hemd anhast mit rosa Streifen ...
> Komm wie ein Cello zwischen meine Knie,
> Und laß mich zart in deine Saiten greifen.«

Kästners Chefredakteur lehnte das Gedicht empört ab, weil es gegen Sitte und Anstand verstoße. Daraufhin ließ Kästner das Poem in der *Plauener Volkszeitung* drucken. Als man bei der *Neuen Leipziger Zeitung* davon erfuhr, wurde Kästner umgehend gekündigt, mit der Zusage, er könne der Zeitung als Theaterkritiker in Berlin weiterhin verbunden bleiben.

In Berlin suchte Kästner eine feste Anstellung und nahm, vor allem im *Romanischen Café,* Kontakt mit Feuilleton-Redakteuren auf. Der Herausgeber der Wochenzeitung *Montag Morgen,* Leopold Schwarzschild, vereinbarte schließlich mit ihm, daß Kästner jeden Samstagmorgen ein Gedicht abzuliefern habe, das am Montag im Druck erscheinen solle.

Diese Gedichte schrieb Kästner vorwiegend im Kaffeehaus, allerdings nicht im *Romanischen,* sondern im *Café Carlton,* wo es, wie seine Lebensgefährtin Luiselotte Enderle sich erinnerte, nicht nur vorzüglichen Kaffee, sondern den köstlichsten Mohn- und Apfelstrudel von Berlin gab. Am Kaffeetisch im *Carlton* entstand nicht nur Kästners erstes Buch, *Herz auf Taille,* sondern auch der Bestseller *Emil und die Detektive,* der Kästner soviel Geld einbrachte, daß er sich nicht nur eine großzügige Wohnung in Charlottenburg, sondern auch eine Sekretärin leisten konnte, Elfriede Mechnig, die mehr als vierzig Jahre lang seine Mitarbeiterin blieb. Kästner hatte sie zu einem ersten Gespräch ins *Café Carlton* gebeten, und die junge Frau war mit einer Freundin dorthin gegangen. Wie diese Begegnung mit dem inzwischen schon recht bekannten Autor verlief, schilderte »die treue Mechnig«, wie Kästner sie später nannte, folgendermaßen: »Er bestellte uns an einem Sonntagvormittag auf eine Caféterrasse. Er arbeitete dort. Was mir auch einigermaßen seltsam vorkam. Ich meinte, Dichter müßten zu Hause in der Wohnung dichten. Ich sah also einen zierlichen jungen Herrn an einem Tisch sitzen. Er lächelte mich freundlich an, wir begrüßten einander. Ich war schüchtern und ziemlich schweigsam. Er auch. Meine Freundin redete. Dann fiel der prophetische Kästnersche Satz: ›Wollen Sie mir helfen, berühmt zu werden?‹«

Das war im Oktober 1929. Ein Jahr vorher war, gleichzeitig mit Kästners Gedichtband *Herz auf Taille,* der Novellenband *Die Liebesehe* von Hermann Kesten erschienen. Beide Autoren schrieben für dieselben Zeitungen und Zeitschriften und wurden deshalb – Kästners *Emil,* der ihn berühmt machte, war noch nicht erschienen – wegen der Ähnlichkeit ihrer Namen gelegentlich verwechselt.

In seinem Buch *Meine Freunde, die Poeten* beschrieb Hermann Kesten später, welche Verwicklungen sich aus dieser Verwechslung ergaben:

»Ein damals namhafter Buchkritiker schrieb im *Berliner Tageblatt* anläßlich meines Novellenbandes *Die Liebesehe,* er sei nicht ganz so gut wie meine Gedichte in *Herz auf Taille,* die ihm meinen Namen unvergeßlich gemacht hätten. Mein alter Verleger Gustav Kiepenheuer, selbst zuweilen zerstreut und also voller Verständnis für zerstreute Leute, rief den alten Fritz Engel an, den Redakteur vom *Berliner Tageblatt,* und machte ihm klar, daß Hermann Kesten die Novellen Kestens veröffentlicht habe, und daß *Herz auf Taille* von Erich Kästner sei, und bat um eine Berichtigung. Arm in Arm traten Kästner und ich vor den in Irrtümern ergrauten Engel hin, um ihn von der verschiedenen realen und poetischen Existenz von uns beiden visuell und akustisch zu überzeugen. Der arme alte Fritz Engel geriet in immer größere Verwirrung, erst hielt er mich für Kästner, dann Kästner für meinen Verleger Kiepenheuer, dann mich für Kästners Verleger Weller, schließlich uns beide für Hochstapler. Er be-

gann an der Realität von meinen Novellen und Kästners
Gedichten zu zweifeln.«

Nachdem Kästner etwa ein Jahr lang Stammgast im *Café
Carlton* gewesen war, zog er Ende September 1928 in das
Café Leon, Kurfürstendamm/Ecke Lehniner Platz, um. In
dem Gebäude hatte sich das Kabarett der Komiker etabliert,
und in dem modern eingerichteten Café im ersten Stockwerk schrieb Kästner die meisten seiner Kabarettchansons.
Eines seiner politischen Gedichte, kurz vor 1933, lautete:

>»Kennst du das Land, wo die Kanonen blühn?
>Du kennst es nicht? Du wirst es kennenlernen!
>Dort stehn die Prokuristen stolz und kühn
>in den Büros, als wären es Kasernen.«

Zwischen März 1927 und März 1933 war Hermann Kesten
zunächst Lektor, dann literarischer Leiter des Kiepenheuer
Verlags in Berlin. Auch Kesten war ein passionierter Kaffeehausbesucher. Aber er bevorzugte Cafés, in denen ihm keine
Kollegen beim Schreiben über die Schulter sahen. In seinen
sechs Berliner Jahren war er kaum ein dutzendmal im
Romanischen Café oder bei *Schwannecke,* statt dessen aber in
unbekannteren Lokalen. »Ich mache mir meine eigenen literarischen Cafés«, schrieb Kesten in seinen Erinnerungen.
»Wo ich lebe, tut sich ein literarisches Kaffeehaus auf.«

Hermann Kesten gehörte zu den ungezählten deutschen
Künstlern, die vor dem Anbruch des Tausendjährigen
Reichs ins Exil flüchteten. Wie Berlin eine Woche nach der
Machtergreifung der Nationalsozialisten aussah, schilderte
der junge englische Schriftsteller Christopher Isherwood,
der damals als Sprachlehrer in der Hauptstadt wohnte und
oft das *Romanische Café* besuchte. Seine Erzählung *A Berlin*

Diary wurde zur Vorlage für das weltbekannte Musical *Cabaret:* »Ich sitze jeden Abend in dem großen, halbleeren Künstler-Café an der Gedächtniskirche, wo Juden und linksgerichtete Intellektuelle noch über den Marmortischen die Köpfe zusammenstecken und leise und verängstigt miteinander reden. Viele wissen genau, daß ihnen die Verhaftung bevorsteht – wenn nicht heute, dann morgen oder nächste Woche. Fast jeden Abend kommt die SA ins Café. Als ich heute vormittag die Bülowstraße hinunterschlenderte, brachen die Nazis gerade in die Wohnung eines kleinen pazifistischen Schriftstellers ein. Sie hatten einen Lastwagen mitgebracht, den sie mit seinen Schriften beluden. Der Fahrer las der Menge spöttisch die Titel vor: ›Nie wieder Krieg!‹ rief er und hielt angeekelt ein Buch an der Einbanddecke hoch, als wäre es ein garstiges Reptil. Alle brüllten vor Lachen.«

Nicht alle gefährdeten Künstler entschlossen sich gleich nach dem 30. Januar 1933, Deutschland zu verlassen. Aber als kaum vier Wochen später der Reichstag brannte und die erste große Verhaftungswelle einsetzte, war den meisten schmerzhaft klar, daß sie sich in Lebensgefahr befanden und das Exil, wenn man es denn noch erreichte, der einzige rettende Ausweg war.

Wolfgang Koeppen, der als Siebenundzwanzigjähriger die Machtübernahme der Nazis und den beispiellosen Exodus von Künstlern miterlebte, schrieb später über den geistigen Untergang des *Romanischen Cafés:* »...wir sahen die Terrasse und das Kaffeehaus weggehen, verschwinden mit seiner Geistesfracht, sich in Nichts auflösen, als sei es nie gewesen, und es marschierten die Standarten auf, die Bewegung bewegte sich zur Kirche oder in die Kirche oder in die Kinos, es war kein Unterschied, die Bewegung wurde in der Kirche empfangen und gesegnet und im Kino gefeiert, das

Bethaus wurde entflammt, ein erstes Licht, das aufging, bevor die Stadt in Lichtern strahlte, und die Gäste des Cafés zerstreuten sich in alle Welt oder wurden gefangen oder wurden getötet oder brachten sich um oder duckten sich und saßen noch im Café bei mäßiger Lektüre und schämten sich der geduldeten Presse und des großen Verrates, und wenn sie miteinander sprachen, flüsterten sie …«

»Dorten, Freunde, liegt der Nachruhm«

KAFFEEHÄUSER IN DER »DREISEELENSTADT« PRAG

In Prag war das Kaffeetrinken zu Beginn des 18. Jahrhunderts in Mode gekommen. Aus dem Jahre 1712 berichtete ein Chronist, daß »ein gewisser Georg Deodat, aus Damaskus, Altstädter Prager Bürger« mehrere orientalische und andere Waren verkaufe. In einer kleinen Schrift informierte Deodat seine potentiellen Kunden: »Man bekömmt daselbst auch gebrannten und ungebrannten Kaffee, mit einem seine trefflichen Eigenschaften enthaltenden Zettel, welcher einem in Rom gedruckten Originale entnommen ist. Wer die Art und Weise, Kaffee zu brennen, erlernen will, komme zu mir in die Jesuitengasse. Ich unterrichte ihn dahin umsonst, ohne meinen und meines Nächsten Schaden. Lebe immer glücklich!«

Georg Deodat wohnte im Haus »Zur goldenen Schlange« in der Karlsgasse. Man nannte ihn gewöhnlich den »Araber«, weil er anfangs in arabischer Kleidung in den Straßen von Prag herumging und den Spaziergängern Kaffee mit Zucker anbot oder ihn auf Bestellung auch in die Häuser brachte. 1714 erhielt Deodat das Bürgerrecht und eröffnete das erste Kaffeehaus im sogenannten Sachsenhaus auf der Prager Kleinseite. Seinem Beispiel folgten sehr bald andere Wirte, sowohl auf der Kleinseite, als auch in der Altstadt, im Krenhaus, und in der Neustadt, auf dem Roßmarkt. Ver-

wandte von Deodat siedelten sich auch in Wien als Kaffeesieder an; vermutlich gehörte auch Johannes Diodato dazu,
der von Kaiser Leopold I. das Privileg zum Ausschank des
türkischen Kaffees erhalten und auf dem Haarmarkt in Wien
das erste Kaffeehaus eröffnet hatte.

Das »Provinznest im Schoß der Großstadt, dampfend
von Klatsch und Neugier«, wie Alfred Polgar das Wiener
Kaffeehaus charakterisiert hatte, wurde, als »Kavárna«, auch
in Prag zu einem gesellschaftlichen Zentrum. Seine schönste
Blüte als inspirierenden Künstlertreffpunkt erlebte es allerdings erst zu Anfang des 20. Jahrhunderts. Damals gab es
Dutzende von sogenannten Lesecafés, in denen in- und ausländische Zeitungen und Zeitschriften auslagen, und einige
Prager Kaffeehäuser zogen, aus nicht immer klar ersichtlichen Gründen, vor allem Künstler und Literaten an. Drei
dieser Cafés haben ihren musischen Ruhm bewahrt, auch
wenn die Zeit über sie hinweggegangen ist: das *Café Union,*
in dem sich vor allem die tschechischen Künstler trafen, das
Café Arco, wo die deutschsprachigen Dichter des »Prager
Kreises« zusammenkamen, und das *Café Slavia,* direkt an
der Moldau, in dem ebenso auf tschechisch wie auf Prager
Deutsch diskutiert wurde.

»Das *Café Union* an der Ecke Na Perstýnê betrat man
von der Toreinfahrt aus über ausgetretene Holzstufen und
ging dann durch das Halbdunkel eines Vorraums, in dem
sich der modrige Geruch von Feuchtigkeit mit den Küchen-
dünsten vermischte«, erinnerte sich der Schriftsteller Frantisek Langer an das nicht unbedingt einladend wirkende
Ambiente des vertrauten Kaffeehauses, das von den Stammgästen liebevoll »Unionka« genannt wurde. Das Café hatte
mehrere größere und einige kleinere Räume, in denen kleine Tische mit Marmorplatten und plüschbezogene Kana-

pees die wesentlichen Einrichtungsgegenstände bildeten. Ventilatoren verteilten die Zigarettenrauchschwaden gleichmäßig in den Räumen, und die ganze Szene wurde von schlichten kugelförmigen Deckenlampen beleuchtet. »Ich weiß nicht, wann das *Café Union* seinen Betrieb eröffnet hat«, schrieb Langer, »aber bereits im zweiten Jahrzehnt unseres Jahrhunderts schien es schon lange aus der Mode gekommen zu sein, denn überall in Prag gab es inzwischen Cafés, die mit Licht, Spiegeln, Parkett prunkten und mehrere Nebenräume besaßen.« An der Einrichtung lag es also offenbar nicht, daß sich das *Union* so großer Beliebtheit erfreute, und auch der Kaffee wurde dort nicht gelobt. Aber die Lage im Stadtzentrum war zweifellos günstig, und die kleinen, voneinander getrennten Räume, in denen verschiedene Grüppchen unter sich sein konnten, trug nach Ansicht vieler Künstler entscheidend zur Anziehungskraft des Cafés bei.

»Hier im Kaffeehaus wurde diskutiert, geplant, leidenschaftlich debattiert, und die erotische Zeitschrift *La vie parisienne* ging von Hand zu Hand und war nach ein paar Tagen zerschlissen wie eine Regimentsfahne nach der Bataille«, erinnerte sich der Literaturnobelpreisträger Jaroslav Seifert, der Stammgast im *Union* und im *Slavia* war. Und der Kunsthistoriker und Architekt Pavel Stech notierte über die Atmosphäre im Kaffeehaus *Union:* »Jeder Tisch, jedes Zimmer war von einer Gruppe besetzt, die alle anderen mißtrauisch beobachtete, die besessen war von einer fixen Idee, von Wünschen, von persönlicher Unruhe. In dieser lärmenden Versammlung ging man von Allotria und Ulk zur abstrakten Zerlegung von Begriffen über. Was in der Umwelt geschah, wurde skeptisch oder ironisch glossiert, hier kam jedermann her, legte seine Gedanken dar und erntete Zu-

stimmung oder Widerspruch – Ideen wurden so lange ab-
geklopft, bis das Urteil ›Blödsinn‹ oder ›Nicht schlecht‹
lautete und das Geplauder weitergehen konnte.«

Die Gäste des *Union* gehörten, wie es in Zeitungsinsera-
ten hieß, zur »Intelligenz«, allerdings, wie František Langer
einschränkte, »eine Intelligenz mittlerer gesellschaftlicher
Stellung«. Darunter waren damals unter anderem Studenten
und Gymnasiallehrer, Professoren der Philosophischen Fa-
kultät und Redakteure kleiner Zeitungen und Zeitschriften
und die jungen Mitglieder des Künstlervereins »Manés« –
unter ihnen Benes, Gutfreund, Kratochvil, Brunner – zu ver-
stehen; später kamen Literaten wie Langer und die Brüder
Karel und Josef Čapek dazu.

»Von allen Prager Cafés, die ich bis 1918 mehrmals am
Tag abgraste, sagte mir das *Café Union* am meisten zu«,
schrieb der Zeichner Josef Lada in einer kleinen Geschichte
über das *Unionka*. »Dort trafen sich Maler, Bildhauer,
Schriftsteller, Schauspieler und Musiker. In der Idylle der
kleinen Zimmerchen saß man angenehm beisammen und
debattierte. Ich besuchte dieses Café bereits, als es noch im
Besitz von Herrn Davídek war. Er war schon ein alter Herr,
ein herzensguter Mensch.«

Für seine Stammgäste und zu seinem eigenen Vergnügen
hatte sich der alte Herr Davídek eine allabendliche Zeremonie ausgedacht: ein Grammophonkonzert mit ganz persönlicher Note. Zwischen der Küche und den Gasträumen hatte
Davídek eine kleine Kammer als Lagerplatz für seine Schall-
platten und als Vorführraum für die Musik eingerichtet; aus
der Kammer ragte der große Schalltrichter des Grammo-
phons heraus.

Pünktlich um neun Uhr abends begann das Konzert.
Kurz vorher mußte der jüngste Kellner im Café alle Lampen

mit Ausnahme derjenigen über dem Schalltrichter anzünden. Diese behielt Herr Davídek sich selber vor, weil sie den Beginn des Konzerts ankündigte. Um neun Uhr kam er aus der Küche, stellte einen Stuhl unter die Lampe, stieg mühsam hinauf und zündete sie an. Während er wieder hinunterstieg, musterte er unauffällig die anwesenden Gäste und ging dann in seine Musikkammer.

»Jeder von uns hatte seinen Lieblingsmarsch«, erzählte Josef Lada, »und Herr Davídek spielte als erste Nummer immer einen Marsch zu Ehren eines von ihm erwählten Gastes. Dem solcherart Geehrten oblag dann jedoch eine gewisse gesellschaftliche Pflicht. Sobald er die ersten Takte seines Marsches vernahm und erkannte, daß diese Ehre ihm galt, mußte er gleich alles stehen- und liegenlassen, sich erheben, mit energischen Schritten zu Herrn Davídek in die Kammer gehen und sich bei ihm für die Ehre bedanken. Der erwartete den geehrten Gast bereits zeremoniell. Nach der kommißmäßigen Dankesbezeugung reichte er ihm die Hand, erst danach durfte der Gast Ruhestellung einnehmen, und es kam zu einem kurzen, freundschaftlichen Gespräch. An seinen Platz ging der Gast bereits in gewöhnlichem Gang zurück. In dieser Zeremonie lag etwas Liebenswürdiges aus alten, patriarchalischen Zeiten.«

Lada erlebte allerdings auch mit, daß einige Künstler das Grammophon-Ritual auf die Dauer nicht mehr ganz ernst nahmen. Einer seiner Kollegen umgab sich vor dem abendlichen Konzert absichtlich mit einer Menge leerer Stühle, um dann, wenn Davídek ihm zu Ehren den Radetzkymarsch spielte, bei den ersten Takten von seinem Sitz aufzuspringen und dabei, zum Schrecken fremder Gäste, sämtliche Stühle in seiner näheren Umgebung lautstark umzureißen und dann im Paradeschritt zur Danksagung zu marschieren.

Eines Abends, als Davídek wieder das Grammophon in Gang gesetzt hatte, waren statt eines schneidigen Marsches nur näselnde Töne zu hören, wie sich Lada erinnerte. Herr Davídek leuchtete mehrmals mit einem Streichholz in den Schalltrichter hinein, entdeckte aber nichts Verdächtiges. Er setzte eine neue Grammophonnadel ein, zog den Apparat noch einmal auf, aber der näselnde Klang veränderte sich nicht. Schließlich kam dem alten Herrn der Gedanke, den Trichter ganz abzuschrauben. Damit kam er auf die Lösung: In der engsten Stelle steckte ein runder dunkelbrauner sogenannter Mohrenkopf, den Davídek wegen der Schokoladenfarbe nicht hatte erkennen können. »Ob dieses Streiches wurde der gutmütige alte Herr ernstlich böse«, schrieb Lada. »Er gab mehrere Tage kein Konzert, kam nicht, uns zu begrüßen, und legte die Stirn in Falten, wenn wir ihm in einem der anderen Räume begegneten.« Erst eine reuige Abordnung von drei Künstlern konnte die herzliche Beziehung zwischen Café-Wirt und Gästen wieder herstellen.

Im vorletzten Zimmerchen, dessen Fenster auf die Ferdinandstraße gingen, kam im Jahre 1910 in den späteren Nachmittagsstunden immer die gleiche Künstlergruppe zusammen. Es waren keine Bohemiens oder bloße Kaffeehausexistenzen, sondern jeder hatte einen Geldberuf oder zumindest eine feste Beschäftigung, aber um zu diskutieren oder künstlerische Pläne zu entwerfen, kam man ins *Union.* Keines der Prager Cafés habe eine derart »intellektuell geladene Atmosphäre« gehabt wie das *Union,* wo sich neue Kunstformen, vor allem von Paris inspiriert, vorbereiteten, schrieb Frantisek Langer über sein Stammcafé; in den Mauern dieses Künstlerheims sei die Revolution in der tschechischen bildenden Kunst geboren worden. »Damit schrieb sich das *Café Union* in die Annalen der Kunstge-

schichte ein ... Das um so mehr, weil diese Revolution bei
uns nicht nur die erste auf dem Gebiet der bildenden Kunst
war, sondern ein künstlerischer Umbruch schlechthin. Er
hatte seinen Ursprung im *Café Union* und den Sitzungen bei
Kaffee und Hörnchen.«

Aus der künstlerischen Avantgarde im *Café Union,* die
die Notwendigkeit empfand, die Kunst auf eine neue Grundlage zu stellen und mit der Vergangenheit zu brechen, entstand eine tonangebende »Gruppe bildender Künstler«, die
in Malern wie Picasso und Braque ihre Vorbilder sah. »Ständig war beispielsweise jemand aus dem *Café Union* nach Paris unterwegs«, erinnerte sich Frantisek Langer, der mit seinen Literatenkollegen die Diskussionen der Maler gespannt
verfolgte. »Natürlich, Paris! Im *Café Union* stürzten sich ja
immer alle begierig auf jede Zeitschrift, die von dort kam,
auf jedes Foto, das ein neues Werk zeigte, und wie eine heilige Botschaft betrachteten sie die Originale der neuen Meister, wenn Vincenc Kramár, sicherlich der erste ausländische Käufer, Werke von Picasso und Braque nach Prag
brachte. Paris! Kubín, Toman, Kubista und andere fuhren
alljährlich hin, um dem Louvre ihre Aufwartung zu machen
oder um wenigstens französische Luft zu schnuppern. Im
übrigen war für sie in Paris alles bescheiden, sie hungerten
dort noch mehr als in Prag, wie die Karten beweisen, die sie
mit der inständigen Bitte um ein Darlehen von zehn oder
fünfzehn Kronen ins *Café Union* schickten.« Die künstlerische Avantgarde der französischen Hauptstadt war sowohl
für die Maler und Architekten als auch für die Literaten in
Prag so anziehend, daß man viele Entbehrungen auf sich
nahm, um sich wenigstens einmal selbst ein Bild gemacht zu
haben. Als der Schriftsteller Karel Toman einmal nicht genügend Geld für eine Rückfahrkarte Prag–Paris hatte, verzich-

tete er nicht etwa ganz auf die Reise, sondern ging eine Strecke zu Fuß.

Ungewöhnlich und für das *Café Union* bezeichnend war, daß hier zeitweise die Literaten von den bildenden Künstlern lernen wollten.»Wahrscheinlich fühlten wir«, schrieb Frantisek Langer,»daß die Künstler dem neuen Ausdruck, der für jede junge Generation erforderlich ist, bereits weit näher waren als die Schriftsteller, und deshalb gingen wir bei ihnen in die Lehre.« Von dem neuen Stil hatten sie noch keine bestimmte Vorstellung, aber sie wußten, daß sie sich von den bisherigen Literaturformen, sei es Realismus, Symbolismus oder eine der romantischen Varianten der Sezession, trennen mußten. Und im unmittelbaren Kontakt mit den bildenden Künstlern kristallisierten sich erste Vorstellungen heraus und nahmen allmählich festere Umrisse an: »Wenn beispielsweise Kubista nach seiner Rückkehr aus Paris auf die Marmorplatte des Kaffeehaustischchens die Kompositionen Cézannes, Derains oder Poussins mit Hilfe von Linien, Winkeln, Schnittpunkten und goldenem Schnitt aufzeichnete und daran, gleich magischen Beschwörungsformeln oder einem neuen Evangelium, die Gesetze der Ordnung, der Form, der Synthese, der künstlerischen Autonomie, der Entpersönlichung sowie der Zeitlosigkeit erläuterte, wurden wir von seinen Ausführungen mitgerissen und fühlten, daß sich das Ethos der neuen bildenden Kunst auch in unseren noch unvollkommenen Vorstellungen vom Wesen unserer literarischen Arbeit äußerte ...«

Nicht alle Künstler-Gäste des *Union* setzten sich im Kaffeehaus enthusiastisch und ernsthaft mit zeitgenössischen Kunstströmungen auseinander. Humorvoll und oft satirisch ging ein *Union*-Besucher mit einem anderen Thema um: Jaroslav Hašek, Verfasser der berühmten *Abenteuer des braven*

Soldaten Schwejk im Weltkriege, persiflierte mit Vorliebe die Bürokratie. Sein unvollendeter *Schwejk,* der 1921 in vier Bänden erschien, war in der tschechischen Fassung zunächst kein Erfolg. Erst in der deutschen Übersetzung von Grete Reiner gelangte der »brave Soldat«, auf dem Umweg über Deutschland, zu weltweiter Bekanntheit. Hašek, der auf Stichworte seiner Kaffeehaus-Freunde brillant improvisierte Vorträge halten konnte, schrieb sehr oft und eilig im *Café Union* Humoresken für eine Zeitschrift, weil er ständig in Geldnot war. Ein Bekannter beobachtete ihn dabei: »Er schrieb sofort, die Buchstaben mit der Sorgfalt eines Kalligraphen zu Papier bringend. Unordentlich, fast schlampig im Leben, liebte er eine schöne Handschrift, wobei er sehr wenig strich oder umschrieb. Wenn er zu schreiben begann, hatte er schon die Zahl der Blätter, die sein Artikel umfassen würde, genau berechnet. Auch nach den geforderten Druckspalten konnte er sich richten, und beim Schreiben ließ er sich von niemandem stören. Geduldig hörte er sich die Anspielungen wohlgelaunter Freunde an, er reagierte höchstens mit einer spitzen Bemerkung. Oberkellner Patera in der *Unionka* ärgerte Hašek sehr gern, wenn dieser in einer Ecke des Kaffeehauses seine Humoresken verfaßte. Patera beäugte ihn und sagte: ›Schreiben Sie in der Erzählung auch etwas von schwarzem Kaffee oder von Buchteln, damit ich sehe, daß Sie ein richtiger Schriftsteller sind, Herr Hašek.‹«

Patera war bei den Besuchern des *Café Union* außerordentlich beliebt, weil er ein großes Herz hatte und bedürftigen Künstlern oft Kredit einräumte, den er zwar äußerst selten zurückerbat, aber nie vergaß. Als Hašek, inzwischen berühmt geworden, nach sehr langer Abwesenheit einmal wieder ins *Union* kam, wollte er prüfen, ob sich Patera noch an alte Rechnungen erinnerte. »Kennen Sie mich noch?«

fragte Hasek den Oberkellner, der ohne zu zögern antwortete: »Aber natürlich, Sie sind doch der Herr, der mir noch eine Flasche Wein schuldig ist.«

Als Patera starb, erschien in einer Prager Zeitung ein langer, freundlicher Nachruf für diesen »Mäzen von Kunstadepten, Literaten, Journalisten und Männern mit politischer Zukunft« vor dem Ersten Weltkrieg. Pateras Kredite reichten, so hieß es, »von einer unbezahlten Tasse herrlichen Kaffees mit etwas zum ›Tunken‹ bis zu Hunderten österreichischer Gulden und Tausenden tschechischer Kronen. Herr Patera lieh ohne Bürgen und ohne Quittungen, von dem Grundsatz ausgehend, daß jemand, der den Kredit nicht zurückzahlen will, das auch nicht tut, wenn er eine Quittung gegeben hat«.

Der Oberkellner Patera war nicht zu ersetzen, auch wenn das *Union* bestehen blieb. Es überstand den Ersten Weltkrieg, und die Gäste, die sorgenvoll feststellen mußten, daß härtere Zeiten angebrochen waren, versuchten, die alte Institution auch für künftige Jahrzehnte zu retten. Karel Capek schrieb einen beschwörenden Aufruf »an den Klub für das alte Prag, das Denkmalsamt, die Künstler- und Literatenverbände, an alle politischen Parteien und berühmten Verblichenen«, dem »bedrohten Denkmal *Unionka*« zu helfen. Das Kaffeehaus *Union,* so erklärte Capek, sei ein Reservat, ein Ort, wo sich – da aus Pietät nicht gelüftet werde – der Atem von Literaten- und Künstlergenerationen staue. »Wohl jeder, der etwas mit Kunst und Literatur zu tun hatte, verkehrte einst in der *Unionka,* schwitzte auf dem roten Samt und trank mit heldenmütiger Überwindung den schwarzen Kaffee. Alle Talente fetteten mit ihrem Haar die Wände, und alle geistigen Befruchtungen geschahen im warmen Brutofen dieser dicken Luft, und alle lasen hier, und alle besprachen hier etwas und wollten etwas Großes, und hauptsächlich diskutierten sie über alles mögliche. Immer neue Generationen fluteten durch diese Zimmerchen, ohne sie übrigens zu reinigen, ein gewisser Bodensatz und etwas ungeheuer Stickiges gehörten eben zum Wesen des *Unionka* ... Paris hatte seine Closerie des Lilas, sein Café La Rotonde, Berlin hatte sein Cafe Größenwahn, Prag hatte seine *Unionka*. Aus dem Samen seiner Blüte wird kein ähnliches Lokal sprießen, es ist das einzige Denkmal seiner Art. Bewahrt es.«

Karel Čapek starb 1938. Sein Stammcafé überlebte ihn nur um wenige Jahre. Kurz nach dem Ende des Zweiten Weltkriegs mußte das traditionsreiche *Union* einem modernen Verlagsgebäude weichen.

»Mit dem *Café Union* konnte es nur das *Café Arco* in der Hybernská aufnehmen, ein elegantes Etablissement mit großen Spiegeln«, schrieb der *Union*-Stammgast František Langer in seinen Erinnerungen an sein Lieblingscafé. »Es wetteiferte mit dem *Café Union* in drei Punkten: hinsichtlich der Künstler, des Obers und der Zahl der ausgelegten Zeitungen und Zeitschriften. Hier trafen sich die deutschen Schriftsteller Werfel, der damals Verse schrieb, Kafka, der (...) eine Zeit quälender Zweifel an seiner schriftstellerischen Begabung durchmachte, Max Brod, Egon Erwin Kisch, der schon damals das ganze nächtliche Prag kannte, Pick und Leppin. Von den Malern kamen regelmäßig Feigl, Nowak, Kars, Justitz und andere.«

Auch Langer und seine tschechischen Schriftstellerkollegen gingen manchmal ins *Arco,* zum einen deswegen, um mit den deutschen Autoren des »Prager Kreises« Kontakte zu pflegen, zum anderen, weil der Oberkellner des *Arco,* Herr Pocta, für seine teils recht gutsituierte Kundschaft nicht nur alle größeren europäischen Tageszeitungen und Periodika, sondern auch wertvolle Kunstzeitschriften in verschiedenen Sprachen besorgte. Die wertvollsten davon hielt er unter Verschluß und verlieh sie nur sehr selten, damit er sie am Jahresende noch gut erhalten für seine Privatbibliothek binden lassen konnte. »Und so gingen unsere bildenden Künstler, um zu erfahren, was die Kunstwelt, wahrhaftig die ganze Welt, interessierte, soweit sie es nicht im *Café Union* erfahren konnten, ins *Café Arco* wildern«, berichtete Langer. »Das Verhältnis zwischen uns und den jungen deutschen Autoren war ausgesprochen freundschaftlich. Wir interessierten uns gegenseitig für unsere Arbeiten, tauschten unsere Erstlinge aus, und Brod sowie Pick kümmerten sich bereits damals um die tschechische Musik und Literatur und halfen, die Sprachbarriere zu überwinden.«

Der Dichter und Schriftsteller Otto Pick entstammte einer jüdischen Familie deutscher Sprache; 1887 in Prag geboren, war er Bankbeamter gewesen, bevor er ab 1920 Redakteur und Literaturkritiker bei der *Prager Presse* wurde. Als Übersetzer tschechischer Literatur gehörte er zu den bedeutenden Kulturvermittlern zwischen der Tschechoslowakei und Deutschland. Max Brod, der Freund und Mentor Franz Kafkas, war ein unermüdlicher Biograph und Anreger von Literaten. Als Redakteur des berühmten *Prager Tageblattes,* für das er über Theater, Musik und Literatur schrieb, half er nicht nur notleidenden deutschsprachigen Autoren mit Rat und Tat, sondern stellte auch Beziehungen zu den tschechischen Künstlern her. Sein entschiedenes Eintreten für den Verfasser des *Schwejk,* Jaroslav Hašek, zum Beispiel, trug reiche Früchte. »Er zwang die Tschechen erst dazu, den *Schwejk,* von dem sie nichts hielten, in seiner einzigartigen Größe zu erkennen«, schrieb Jürgen Serke in seiner umfassenden Chronik *Böhmische Dörfer.* »Max Brod schenkte ihm gewissermaßen mit seinem Einsatz für dieses literarische Kunstwerk ihren Nationalhelden des 20. Jahrhunderts.«

Max Brod war es auch, der, zusammen mit Hans Reimann, die Theaterfassung des *Schwejk* schrieb, die 1928 in Berlin, inszeniert von Erwin Piscator, zu einem Bühnenereignis wurde und den grandiosen Erfolg des Romans erst eigentlich herbeiführte. Zwei Jahre vorher hatte Max Brod dafür gesorgt, daß ein verkannter tschechischer Musiker zu Weltruhm kam: Mit seiner Übersetzung des Librettos von Leoš Janáceks Oper »Ihre Ziehtochter«, der Brod den Titel »Jenufa« gab, verhalf er dem Brünner Komponisten zu seinem Siegeszug durch alle großen Opernhäuser.

Im Kaffeehaus *Arco* wurden sprachliche und politische Grenzen überschritten und Künstlerfreundschaften geknüpft. »Mit den Tschechen hielten wir gute Nachbarschaft, und die tschechischen Dichter liebten wir«, schrieb Max Brod in seinen Erinnerungen an den »Prager Kreis«. »Wir alle beherrschten die tschechische Sprache vollständig, die uns nicht weniger als die deutsche sagte.« Allerdings war das *Café Arco* eine der wenigen Inseln, auf denen ein kulturell grenzüberschreitendes Gespräch häufig zustande kam. Denn gewöhnlich waren, wie der kritische Reporter Egon Erwin Kisch feststellte, die Kontakte zwischen Tschechen und Deutschen in Prag auf fast allen Gebieten minimal. »Mit der halben Million Tschechen der Stadt pflog der Deutsche keinen außergeschäftlichen Verkehr«, konstatierte Kisch. »Kein tschechischer Bürger besuchte jemals das Deutsche Theater und vice versa. Gastierte im Tschechischen Nationaltheater die Comédie Française oder das Moskauer Künstlertheater oder ein berühmter Sänger, so nahm die deutsche Presse nicht die geringste Notiz davon. Andererseits vollzogen sich Gastspiele im Deutschen Theater, ob es nun solche des Wiener Burgtheaters, von Adolf von Sonnenthal oder Enrico Caruso waren, ohne Kenntnisnahme durch die tschechische Öffentlichkeit.« Kulturelle Berührungsängste wurden anscheinend nur in Kaffeehäusern abgebaut.

Zu den auffälligsten Gestalten unter den deutschen Künstler-Gästen des *Café Arco* gehörte Franz Werfel, der mit Max Brod und Franz Kafka gut befreundet und mit Willy Haas, dem späteren Herausgeber der *Literarischen Welt,* in Prag zur Schule gegangen war. Werfel, 1890 geboren, wurde schon als knapp Einundzwanzigjähriger von vielen seiner Bekannten, besonders nach dem außerordentlichen Erfolg seines ersten Gedichtbandes *Der Weltfreund,* als Genie betrachtet.

»Diese ganze Prager Schule ist telefonisch mit dem lieben Gott verbunden, lauter Kaffeehauskünstler mit mystischen Weltsymbolen«, charakterisierte Hermann Kesten, selbst leidenschaftlicher Kaffeehausgänger, die Künstlergesellschaft im *Café Arco.* »Auch die meisten Objekte ihrer Wollust saßen im Kaffeehaus. Alle hatten sie Spaß am Verstiegenen, am Skurrilen, am Fremden; die ganze Welt sah bei ihnen wie Prag, und Prag wie die ganze Welt aus, mit Golems, mit Hradschins, mit dem Judenfriedhof und dem böhmischen Sprachproblem. Sie hatten den Stolz auf dem rechten Fleck und die vielfache Demut am falschen Ort. Sie hatten Mut und Furcht zugleich. Die meisten partizipierten am mährischen Genie, Sigmund Freud, und nur einzelne am rheinischen Genie, dem Karl Marx.« »Dorten, Freunde, liegt der Nachruhm«, spottete Karl Kraus über die literarischen *Arco*-Gäste, und über die Prager Künstlerszene lästerte er pointiert: »Es werfelt und brodelt, es kafkat und kischt.«

Franz Kafka war kein so regelmäßiger Besucher des *Cafés*

Arco wie andere Mitglieder des Prager Kreises. Aber im Herbst 1919 lernte er dort eine junge Frau kennen, die in einer »sich allmählich auflösenden Ehe« lebte, wie Willy Haas später schrieb, und die Kafkas große Liebe wurde: Milena Jesenská, damals verheiratet mit dem literaturbegeisterten Bank-Korrespondenten Ernst Pollak. Milena hatte zwei Semester Medizin studiert, sich dann aber der Literatur und Publizistik zugewandt. Im *Café Arco* sprach sie mit Kafka von ihrer Absicht, seine Erzählungen ins Tschechische zu übersetzen. Dieses Gespräch war der Anfang einer starken Liebesbeziehung zwischen dem Schriftsteller und der Journalistin.

Im April 1920 schrieb Kafka ihr einen Brief, den zweiten einer intensiven Korrespondenz, in dem er darauf anspielte, daß sie sich im Café getroffen hatten: »Es fällt mir ein, daß ich mich an Ihr Gesicht eigentlich in keiner bestimmten Einzelheit erinnern kann. Nur wie Sie dann zwischen den Kaffeehaustischen weggingen, Ihre Gestalt, Ihr Kleid, das sehe ich noch.« Einen Monat später machte er ihr freundliche Vorhaltungen darüber, daß sie seinen verehrten Dichterfreund Franz Werfel als »den Dicken« bezeichnet hatte: »Werfel wird mir schöner und liebenswürdiger von Jahr zu Jahr«, schrieb er an Milena. »Wissen Sie denn nicht, daß nur die Dicken vertrauenswürdig sind? Nur in diesen starkwandigen Gefäßen wird alles zuendegekocht, nur diese Kapitalisten des Luftraums sind, soweit es bei Menschen möglich ist, geschützt vor Sorgen und Wahnsinn und können sich ruhig mit ihrer Aufgabe beschäftigen, und sie allein sind, wie einmal einer sagte, als eigentliche Erdenbürger auf der ganzen Erde verwendbar, denn im Norden wärmen sie und im Süden geben sie Schatten ...«

Ob Milena Jesenská diese wohlmeinende und kunstvoll

formulierte Ansicht ihres dreizehn Jahre älteren, hochsensiblen Briefpartners akzeptieren konnte, muß offenbleiben. Ihr sachlich-kritisches Verdikt über Kaffeehausexistenzen traf allerdings auf Werfel und den Prager Kreis in keiner Weise zu, sondern war vermutlich eher allgemein gesprochen: »Im Kaffeehaus wird geschrieben, korrigiert, geredet. Im Kaffeehaus spielen sich Familienszenen ab, im Kaffeehaus wird geweint und über das Leben und auf das Leben geschimpft. Im Kaffeehaus ißt man auf Pump, im Kaffeehaus wird gelebt, gefaulenzt, die Zeit totgeschlagen.«

Ähnlich unverklärt betrachtete Rainer Maria Rilke das Kaffeehausleben vieler Dichter, Maler, Schauspieler und Studenten in Prag. Rilke hatte dabei ein anderes Café als das *Arco* im Sinn, nämlich das *Slavia,* das nobelste der Literatenlokale, das direkt an der Moldau liegt und von dem aus man einen schönen Blick auf die Burg und die Prager Kleinseite hat: »Nach dem Theater fanden sie sich mürrisch zusammen, und wenn sie sich begrüßten, lächelten sie einander mitleidig zu. In ihren Kleidern war entweder etwas übertrieben Vornehmes oder eine grobe Vernachlässigung zu bemerken, und man konnte auf den ersten Blick schwer erkennen, was sie vereinte. Erst einige Gläser Tschaj oder Budweiser Bieres machten begreiflich, daß die Ähnlichkeit in den großen Worten liege, welche immer zahlreicher und ungestümer von ihren Lippen kamen, je später es wurde ... Und er sah mit einemmale, daß ihre Begeisterung nichts als Heftigkeit war, und daß sie nichts Gemeinsames besaßen als ihre Einbildung.«

Aber die Kraft der Einbildung war es schließlich auch, die viele Prager Künstler in der ersten Hälfte des 20. Jahrhunderts aus einer der »vier Quellen« – der tschechischen, der deutschen, der österreichischen und der jüdischen –

schöpfen ließ, in denen Johannes Urzidil das Erfolgsgeheimnis der Prager Kunst sah. »Die Kaffeehäuser schätzten wir damals alle sehr«, erzählte der Schauspieler Frantisek Filipovsky in einer kleinen autobiografischen Skizze. »Ob ich nun in der *Unionka,* der *Túmovka,* im *Mánes* oder in der Pause zwischen den Proben zu einem Kaffee im *Slavia* einkehrte – immer wußte ich, wo und an welchem Tisch ich wen finden konnte. So lernte ich die Großen der Literatur und der bildenden Kunst kennen, so kam ich mit vielen Malern und Bildhauern zusammen. Das waren Zeiten, da die Schauspieler noch zu Ausstellungen von Malern gingen und die Maler ins Theater, auch das ist ein bißchen, eigentlich ganz anders geworden.«

Slavia und *Arco* sind nun schon seit Jahren geschlossen. Das Gebäude, in dem sich das *Arco* befindet, ist Spekulationsobjekt einer amerikanischen Immobilienfirma, gegen die selbst Staatspräsident Václav Havel nichts unternehmen kann. Er mußte sich darauf beschränken, in einer öffentlichen Rede von einem »kriminellen Eingriff in das tschechische Geistesleben« zu sprechen.

1995 hatte das Staatsoberhaupt allerdings Grund zu einer anderen Hoffnung. Es hat den Anschein, als werde zumindest das *Slavia* demnächst zu neuem Leben erweckt.

Im Frühjahr 1992 hatte die Prager Akademie der Musischen Künste, die im Lazansky-Palais am Ufer der Moldau ihre Film- und Foto-Fakultät unterhält, das im Erdgeschoß gelegene Literaten-Café der Firma einer russo-amerikanischen Unternehmerin namens Anna Gorin vermietet – für fünfzig Jahre und ohne eine Kündigungsklausel. »Aus Renovierungsgründen«, wie es hieß, wurde das Lokal daraufhin geschlossen und blieb es seither auch, ohne daß irgend etwas geschah. Selbst ein Brief von Staatspräsident Havel änderte nichts, und ein Prozeß vor dem Prager Bezirksgericht ging verloren. Auch eine kurzfristige »Besetzung« des Cafés durch Jazzmusiker und Schriftsteller ließ die Besitzerin unbeeindruckt. Im Winter 1995 aber befand das Prager Stadtgericht, daß der Vertrag mit Anna Gorin wegen einer fehlenden Behördengenehmigung nichtig sei.

Inzwischen hat die Akademie mit einem ortsansässigen Unternehmer, der im selben Gebäude ein nobles Speiselokal betreibt, vertraglich vereinbart, daß das *Slavia,* wo sich einst die Avantgardistengruppe »Devětsil« zusammenfand, in altem Glanz, im Stil der dreißiger Jahre restauriert werden soll. In Prag ist man glücklich und wartet jetzt nur noch darauf, daß auch das *Café Arco* eines nicht allzufernen Tages seine Pforten wieder öffnet.

»Harmonischer Gedankenwechsel«

DAS »CAFFÈ GRECO« IN ROM

In der schönen Jahreszeit, die in Rom mindestens neun Monate dauert, wachsen die Cafés wie durch Zauber, stellte der leidenschaftliche Cafébesucher Hermann Kesten einmal fest. »Vor einer kleinen Bar, in der es kaum einen Tisch oder gar keinen Stuhl gibt, stehen plötzlich Dutzende von Tischen, wie vom Frühling hergetragen, und die Straßen von Rom sehen wie ein einziges kontinuierliches Café aus.«

Von den zahllosen neuen und den vielen alten Cafés in Rom hat eins, unabhängig vom Wetter, ununterbrochen seinen angestammten Platz und seinen speziellen Ruf als Künstlercafé behalten: das *Antico Caffè Greco*.

Um die Mitte des 18. Jahrhunderts war die Piazza di Spagna mit der angrenzenden Via Condotti ein Treffpunkt vor allem der deutschen und der skandinavischen Maler und Literaten, die in der Nähe ihre Ateliers und kleinen Wohnungen hatten und in dieser Gegend mittags und abends die Osterie besuchten. Ein gebürtiger Grieche, den man nur unter seinem italianisierten Namen Nicola di Maddalena kennt, eröffnete 1750 an der Via Condotti ein neues Lokal, ein »griechisches Kaffeehaus«, das als *Caffè Greco* weltbekannt wurde. Das Café bestand zunächst aus einem winzigen Raum, in dem nur wenige Gäste sitzen konnten. Aber da für dieses Café offenbar ein Bedürfnis bestand und der

Kaffee gut war, erweiterte sich mit zunehmender Kundschaft in kurzer Zeit auch das Lokal auf mehrere Räume, und immer mehr Gäste drängten in die kleinen Wohnzimmer.

Für neuankommende Künstler, die noch keine feste Unterkunft hatten, wurde das Café nicht nur zur Poststation, bei der Briefe abgegeben und abgeholt wurden, sondern auch zu einer kaum entbehrlichen Informationsquelle über alle Angelegenheiten des römischen Alltagslebens. Johann Joachim Winckelmann, Adam Raphael Mengs und Giacomo Casanova gehörten zu den frühen Stammgästen des Kaffeehauses. Über die prominenten Besucher späterer Jahrzehnte informierte am 20. Juni 1910 der römische Korrespondent der Wiener *Neuen Freien Presse* seine Leserschaft:

»Vor hundertfünfzig Jahren hat Nicola di Maddalena, ein vom Schicksal nach Rom verschlagener Levantiner, unter dem Pontificat Clemens' XII., in der Via Condotti, beim Hauptschiffe der Basilika, deren Hauptaltar über der obeliskengekrönten Spanischen Treppe emporragt, in einem kleinen, düsteren Loche, nächst der Trattoria della Barcaccia, den Künstlern des ›Schilderbund‹ den ersten Kaffee gekocht. Die längst verschollene Trattoria della Barcaccia war damals der Brennpunkt des geselligen Lebens der holländischen und deutschen Künstler. Der Trank war gut – denn Surrogate gab es noch nicht –, und der Grieche Nicola fand so zahlreichen Zuspruch, daß er seinen dunklen Schlupfwinkel bald zu einem für jene einfältig-anspruchslose Zeit eleganten Kaffeehause erweitern konnte, das unter dem Namen *Caffè del Greco* stadt- und weltberühmt wurde und seine kulturhistorische Bedeutung bis zum heutigen Tage ungeschmälert erhalten hat.

Goethe hat hier seinen Mokka geschlürft, und die Chronik des Lokals verzeichnet seither unter seinen Gästen alle

Ritter des Geistes des deutschen Volkes. Overbeck, Felix Mendelssohn, König Ludwig von Bayern, Schopenhauer, Liszt, Franz Lenbach, Richard Wagner haben im *Caffè Greco* im Verkehre mit Gelehrten und Künstlern anderer Nationen ihre Mußestunden verbracht. In den sechziger Jahren erhielt das Kaffeehaus seinen jetzigen künstlerischen Schmuck. Das schöne Deckengemälde, die Riva degli Schiavoni, ist von Alessandro Faure; die venetianischen Wandbilder, eines Canaletto würdig, sind von Ippolito Caffi aus Belluno, der bei Lissa mit der ›Palestro‹ in die Luft flog, und von E. Hottenroth aus Dresden, Enrico Coleman, Onorato Carlandi, Luigi Galli u. a., die Skulpturen von Luigi Amici u. a.

Der Deutsche, der Rom verläßt, ohne im Dämmerlicht des *Caffè Greco* seinen Eindrücken nachgedacht zu haben, muß erst geboren werden.«

Nicht nur die deutschen »Ritter des Geistes« tauschten im *Caffè Greco* ihre Erfahrungen aus, schlossen Freundschaften und diskutierten ihre künstlerischen Pläne. Auch Goldoni und Gogol, Rossini und Berlioz, Lord Byron, Shelley und Keats, Nathaniel Hawthorne und Mark Twain waren unter den vielen, für die das Café ein Ort der anregenden Unterhaltung, Kritik und oft auch Inspiration war.

Die Italien- und vor allem Rombegeisterung der Deutschen allerdings war kaum zu übertreffen. Maler und Dichter setzten alles daran, wenigstens einmal im Leben ihren Fuß auf römischen Boden zu setzen, die Landschaft und die Kunst mit eigenen Augen wahrzunehmen und das Gesehene und Empfundene in eigenen Worten oder Bildern wiederzugeben. Wie fast unerträglich die gespannte Vorfreude auf eine solche langersehnte Reise sein konnte, und wie stark der Drang war, seine tiefen Eindrücke später mit anderen zu teilen, läßt sich aus Briefen Goethes vom Spätherbst 1786

7 Das *Caffè Greco* in Rom. Aquarell von Ludwig Passini, 1856

entnehmen: »Morgen abend also in Rom. Ich glaube es noch
jetzt kaum, und wenn dieser Wunsch erfüllt ist, was soll ich
mir nachher wünschen ...«, schrieb er an seine Freunde in
Frankfurt, die »mit Leib und Seele im Norden gefesselt« waren, so daß er sich entschloß, allein »den Mittelpunkt zu suchen, nach dem mich ein unwiderstehliches Bedürfnis hin-
zog. Ja die letzten Jahre wurde es eine Art von Krankheit,
von der mich nur der Anblick und die Gegenwart heilen
konnte. Jetzt darf ich es gestehen: zuletzt durfte ich kein
lateinisch Buch mehr ansehen, keine Zeichnung einer italienischen Gegend. Die Begierde, dieses Land zu sehen, war
überreif; da sie befriedigt ist, werden mir Freunde und Vaterland erst wieder recht aus dem Grunde lieb und die Rückkehr wünschenswert, ja um desto wünschenswerter, da ich
mit Sicherheit empfinde, daß ich so viele Schätze nicht zu
eignem Besitz und Privatgebrauch mitbringe, sondern daß
sie mir und anderen durchs ganze Leben zur Leitung und
Förderung dienen sollen.«

Da alle Literaten und Künstler, die nach Rom kamen, irgendwann auch das *Caffè Greco* besuchten, wird der Hinweis
von Reiseführern, daß auch Goethe hier gesessen und
»Mokka geschlürft« habe, vermutlich zutreffen, zumal seine
Freunde, der Maler Friedrich August Tischbein und der
Schriftsteller Karl Philipp Moritz, nachweisbar dort häufig
einkehrten. Allerdings hatte sich der berühmte Verfasser der
Leiden des jungen Werther in Rom nicht als Goethe zu erkennen geben wollen, sondern sich, um anonym und ungestört
seinen intensiven Kunst- und Naturbetrachtungen nachge-
hen zu können, den Namen »Philipp Möller« und den Beruf
eines Malers zugelegt.

»Mein wunderliches und vielleicht grillenhaftes Halb-
incognito bringt mir Vorteile, an die ich nicht denken konn-

te«, schrieb Goethe in einem Brief vom 8. November 1786.
»Da sich jedermann verpflichtet, zu ignorieren, wer ich sei,
und also auch niemand mit mir von mir reden darf, so bleibt
den Menschen nichts übrig, als von sich selbst oder von Ge-
genständen zu sprechen, die ihnen interessant sind; dadurch
erfahr ich nun umständlich, womit sich ein jeder beschäftigt
oder was irgend Merkwürdiges entsteht und hervorgeht.«
Goethe war ganz allein nach Italien gereist, ohne den seinem Status als Geheimrat entsprechenden Aufwand. Um
vor gesellschaftlichen Verpflichtungen sicher zu sein, keine
Grüße oder Botschaften überbringen und keine lästigen Ein-
ladungen annehmen zu müssen, hatte er sogar seinen Freunden in Weimar, Karlsbad und Frankfurt nichts von seiner
heimlichen Reise gesagt. Nur sein Diener Philipp Seidel war
darüber informiert. Mit dem Pseudonym »Möller« zeichnete der 37jährige Weimarer Hofbeamte Goethe noch bis Ende
Juni 1787 alle seine Rechnungen und Quittungen in Rom
und freute sich diebisch, daß dieser kleine Betrug in den
meisten Fällen gelang und nur sehr wenige deutsche Künstler, wie Tischbein und Moritz, über seine Identität im Bilde
waren.
Gleich zu Anfang seines römischen Aufenthalts schien
Goethes Anonymität allerdings gefährdet zu sein. Bei einem
Zusammentreffen mit mehreren deutschen Künstlern war
der neuangekommene Fremde Objekt der allgemeinen Neu-
gierde. Man beobachtete ihn verstohlen und flüsterte miteinander. Tischbein, der in das Incognitospiel eingeweiht
war, hörte aufmerksam zu, was über seinen berühmten
Freund gesprochen wurde. In seinem Tagebuch notierte
Goethe über dieses, wie er schrieb, »heitere Abenteuer«:
»Er, der mich einige Augenblicke verlassen hatte, trat wieder
zu mir und sagte: Da gibt's einen großen Spaß! Das Gerücht,

189

Sie seien hier, hatte sich schon verbreitet, und die Künstler wurden auf den einzigen unbekannten Fremden aufmerksam. Nun ist einer unter uns, der schon längst behauptet, er sei mit Ihnen umgegangen, ja er wollte mit Ihnen in freundschaftlichem Verhältnis gelebt haben, woran wir nicht so recht glauben wollten. Dieser ward aufgefordert, Sie zu betrachten und den Zweifel zu lösen; er versicherte aber kurz und gut, Sie seien es nicht ...«

So konnte Goethe wenigstens vorläufig sicher sein, bei Spaziergängen, Kaffeehausbesuchen oder sonstigen öffentlichen Auftritten von neugierigen Landsleuten nicht allzuoft umlagert zu werden. Und Tischbein, bei dem er in der Via del Corso 18–20 als Untermieter wohnte, war gern bereit, den verehrten Freund auch weiterhin nach Möglichkeit abzuschirmen.

Zu den wenigen deutschen Künstlern, mit denen Goethe häufigen privaten Kontakt hatte (und die als ständige Besucher des *Caffè Greco* nachzuweisen sind), gehörten, außer Tischbein und Moritz, die seit 1782 in Rom wohnende Malerin Angelica Kauffmann, die Maler Friedrich Bury und Johann Georg Schütz und der Bildhauer Alexander Trippel. Auch den Schweizer Maler und Kunstgelehrten Heinrich Meyer schätzte Goethe sehr. Mit ihnen traf Goethe sich entweder im Kaffeehaus oder, zu eifriger Diskussion, im Haus des Archäologen und Kunstsammlers Johann Friedrich Reiffenstein. Der Hofrat Reiffenstein war allerdings mit Goethes Pseudonym »Möller« nicht einverstanden, weil es ihm für den bedeutenden Mann doch etwas zu schlicht schien. Deshalb verbreitete er in seinem näheren Umkreis, der Fremde sei ein deutscher Baron, der einfach mit seinem Adelstitel anzureden sei. Goethe war mit dieser Version einverstanden, konnte sich nun relativ unbehelligt seinen intensiven Kunst-

und Naturstudien widmen und entging der »unendlichen Unbequemlichkeit, von mir und meinen Arbeiten Rechenschaft geben zu müssen«, wie er in einem Brief erleichtert vermerkte.

»Überhaupt herrscht hier eine große Geselligkeit unter den Fremden«, hielt Karl Philipp Moritz in seinen *Reisen eines Deutschen in Italien* am 20. November 1786 fest, »denn alle werden gewissermaßen durch einen gesellschaftlichen Zweck verbunden, jeden Moment ihres hiesigen Aufenthalts zu ihrer Vervollkommnung zu nutzen und ihren Sinn für das Große und Schöne in der Kunst zu erhöhen und zu verfeinern. Hierauf beziehen sich meistenteils die gesellschaftlichen Unterhaltungen und Gespräche.« Es herrsche immer eine festliche Stimmung, wenn sich eine Gruppe von Künstlern und Kunstinteressierten dazu verabrede, einen ganzen Vormittag oder Nachmittag mit dem Betrachten von Kunstwerken zu verbringen. Der Ort, wo sich die Künstler jedesmal einfänden, um für den kommenden Tag Pläne zu machen, sei »das griechische Kaffeehaus in der Strada Condotti, nahe bei dem Spanischen Platze«.

Auch Karl Philipp Moritz, der nur wenige Tage vor Goethe in Rom ankam, hatte lange auf diesen Augenblick gewartet. »So wäre ich denn in dieser Hauptstadt der Welt und hätte das Ziel erreicht, wonach ich mich so oft sehnte«, schrieb er Ende Oktober 1786 in seinen Reiseaufzeichnungen. »Nach Rom verlangt' ich! Hier denk ich durch das Studium der größten Meisterwerke mir erst einen Maßstab für die Merkwürdigkeiten dieser Städte zu erwerben, und dann, von diesem festen Wohnplatz aus, die umliegende Gegend mit größerm Nutzen zu besuchen.«

Moritz war ebenso wie Tischbein von Goethes Anwesenheit in Rom begeistert. »Was meinen Aufenthalt in Rom noch angenehmer macht, ist die Gesellschaft eines Mannes, der mir wie ein wohltätiger Genius nirgend gewünschter erscheinen konnte als eben hier«, notierte er in seinen Reisenotizen. »Goethe ist vor kurzem angekommen. Ich habe mich sogleich an ihn angeschlossen und mit ihm mehrere kleine Spaziergänge in der umliegenden Gegend gemacht. Es ist eine Wollust, einen großen Mann zu sehen!«

Goethe schätzte den Verfasser des *Anton Reiser* sehr. Er empfand ihn als eine Art jüngeren Bruder und traf sich in Rom oft mit ihm. Moritz wohnte zeitweise in einem Gasthaus in der Nähe der Piazza di Spagna und ging von dort aus fast täglich ins *Caffè Greco,* um mit den anderen deutschen Schriftstellern und Malern Eindrücke und Anregungen auszutauschen. »Denn bei allen Schönheiten der Natur und Kunst gibt es doch nichts Höheres als den harmonischen Gedankenwechsel«, erklärte er, »wodurch die dunklen Empfindungen erst zur Sprache und zum Bewußtsein kommen.«

Für harmonischen Gedankenwechsel schien das *Caffè Greco* ein besonders geeigneter Ort zu sein, auch wenn das kleine Kaffeehaus ziemlich eng und düster war – ein »finsteres Loch«, wie Reinhard Raffalt in seinem Buch *Concerto Romano* schrieb, mit »ganz außerordentlich unbequemen Marmortischchen«. Das Bedürfnis nach Kaffee, Wasser und lebhafter Unterhaltung wurde hier jedenfalls jahrhundertelang vollauf befriedigt. Zum Essen gingen die deutschen Künstler gewöhnlich in ein deutsches Gasthaus, das ebenfalls in der Via Condotti lag. Dort gab es, wie Moritz schrieb, »solidere Kost«, zum Beispiel Sauerkraut, aber auch »eine Art Kohlstaude von vorzüglichem Wohlgeschmack, welche ›Broccoli‹ heißt und die selbst Winckelmann bei dem geistigen Genuß der hohen Kunstschönheiten dennoch auch zu rühmen nicht vergessen hat«.

Goethes erster römischer Aufenthalt dauerte etwa vier Monate. Während dieser Zeit war er unermüdlich tätig, betrachtete und beschrieb die Sehenswürdigkeiten der Stadt, arbeitete an mitgebrachten Manuskripten, studierte Winckelmanns Briefe und seine *Geschichte der Kunst des Altertums,* unternahm Ausflüge in die Umgebung Roms, traf sich zu ernsthaften Gesprächen mit Freunden im Kaffeehaus, hörte Musik und übte sich im Zeichnen. Sein Freund Tischbein war ebenfalls nicht müßig, wie Goethe feststellte. »Ich bemerkte wohl, daß Tischbein mich öfters aufmerksam betrachtete«, notierte er Ende Dezember 1787 in sein Tagebuch. »Und nun zeigt sich's, daß er mein Porträt zu malen gedenkt. Sein Entwurf ist fertig, er hat die Leinwand schon aufgespannt. Ich soll in Lebensgröße als Reisender, in einen weißen Mantel gehüllt, in freier Luft, auf einem umgestürzten Obelisken sitzend, vorgestellt werden, die tief im Hintergrunde liegenden Ruinen der Campagna di Roma überschauend. Es gibt ein schönes Bild, nur zu groß für unsere nordischen Wohnungen.«

»Goethe in der Campagna di Roma«, eines der Hauptwerke des deutschen Klassizismus, wurde erst nach zwei Jahren fertiggestellt. Tischbein malte das große Bild zum Teil in Goethes Abwesenheit. Vielleicht ist das der Grund dafür, daß das linke Bein des Dichterfürsten ein wenig zu lang geraten wirkt. Aber das 1,64 mal 2,06 Meter große Gemälde wurde im 19. Jahrhundert durch lithografische Reproduktionen weit verbreitet und hat die Vorstellung von Goethe in Italien maßgeblich geprägt.

Als Arthur Schopenhauer im Oktober 1818 zu seiner ersten Italienreise aufbrach, versehen mit Goethes Empfehlung an Lord Byron, hatte er gerade sein Werk *Die Welt als Wille und Vorstellung* abgeschlossen und es dem Ver-

leger Brockhaus in Leipzig zum Druck anvertraut. Da der
Philosoph sich mit Verlagsarbeiten nicht auskannte, glaubte
er schon zwei Wochen nach Abgabe seines Manuskripts
mit den ersten Druckfahnen rechnen zu können. Als eine
Woche später immer noch keine Fahnen bei ihm eingetrof-
fen waren, mahnte Schopenhauer den Verleger in ziemlich
rüder Weise, er solle sich nicht einfallen lassen, ihn wie die
»Konversations-Lexikons-Autoren und ähnliche schlechten
Skribler« zu behandeln; mit denen habe er nichts gemein
»als den zufälligen Gebrauch von Tinte und Feder«. Als abzusehen war, daß das Buch nicht rechtzeitig zur Herbstmes-
se fertig werden würde, verlangte Schopenhauer das Hono-
rar und schrieb dazu, er habe gehört, daß Brockhaus mit der
Bezahlung oft zögere oder sogar überhaupt nicht bezahle.
Diese Beleidigung beantwortete der Verleger damit, daß er
den Kontakt zu diesem »Kettenhund«, wie er den ungedul-
digen Philosophen gegenüber Dritten nannte, abbrach, das
Werk aber vereinbarungsgemäß druckte.

Inzwischen war Schopenhauer verärgert nach Italien ab-
gereist, in »das Land, wo die Citronen blühen« und »wo
mich das Nein, Nein aller Literaturzeitungen nicht erreichen
soll«, wie er an den verehrten Goethe schrieb. Über Venedig, Bologna und Florenz war Schopenhauer nach Rom gekommen. Dort erreichte ihn im Dezember 1818 das erste
Exemplar seiner *Welt als Wille und Vorstellung*, »ein neues
philosophisches System«, wie er selbstbewußt an seinen Verleger geschrieben hatte, »eine im höchsten Grad zusammen-
hängende Gedankenreihe, die bisher noch nie in irgend-
eines Menschen Kopf gekommen ... das Buch wird eines
von denen sein, welche nachher die Quelle und der Anlaß
von hundert anderen Büchern werden.«

Auch wenn Schopenhauer mit seiner Voraussage letztlich

recht behielt, stieß er durch seine kompromißlose Art, seine Überzeugungen zu verkünden, oft auf Kritik und machte sich viele Feinde, was ihn wiederum in seiner pessimistischen Weltsicht bestätigte. Auch in Venedig und Rom hatte er das Gefühl, daß »alles Glück negativ« sei, wie er notierte. Daher komme es, daß, »wenn uns endlich einmal vollkommen wohl wird, wir es gar nicht recht gewahr werden, sondern Alles eben nur so leicht und sanft an uns vorüberzieht, bis es vorbei ist und nun der positiv gefühlte Mangel das verschwundene Glück ausdrückt: dann merken wir, daß wir es festzuhalten versäumt haben, und zur Entbehrung gesellt sich die Reue.«

Als der dreißigjährige Philosoph nun in Rom ein Exemplar seines Werks und gleichzeitig von seiner Schwester Adele einen Brief erhielt, worin sie ihm mitteilte, daß Goethe bei der ersten Lektüre »große Freude« über einige der im Buch formulierten Gedanken bekundet habe, war Schopenhauer davon überzeugt, in die höchsten Geistesgefilde eingetreten zu sein. »Ein Gelehrter ist, wer viel gelernt hat; ein Genie, von dem die Menschheit etwas zu lernen hat, was sie bis dahin nicht gewußt«, schrieb er stolzerfüllt in sein Reisetagebuch.

Die deutsche Künstlerkolonie in Rom, mit der Schopenhauer des öfteren im *Caffè Greco* zusammenkam, sah in dem als rechthaberisch geltenden Denker allerdings keineswegs ein Genie. Im *Greco* kannte man Schopenhauer eigentlich nur als Sohn seiner Mutter Johanna, die durch mehrere Romane zu einer gewissen Berühmtheit gelangt war und mit der Schopenhauer sich verzankt hatte. »Hier bestehen viele Vorurteile gegen ihn, namentlich über das Verhältnis zu seiner Mutter«, schrieb einer seiner Bekannten. »Wie die Deutschen hier nun einmal sind, hat er sie sich fast alle durch seine Paradoxien zu Feinden gemacht, und ich bin wiederholt vor dem Umgang mit ihm gewarnt worden.«

Diese briefliche Erinnerung stammte von Karl Witte aus Göttingen, der während seines römischen Aufenthalts wie Schopenhauer ein häufiger Gast im *Greco* war. Witte hatte in Göttingen als Wunderkind gegolten: Er bezog schon mit zehn Jahren die Universität, studierte Mathematik und Jura und promovierte bereits mit sechzehn Jahren. Ein Jahr später, 1817, scheiterte allerdings seine Habilitation in Berlin, weil die Studenten den Knaben, der sie unterrichten sollte, aus Protest gegen sein jugendliches Alter nicht zu Worte kommen ließen. Daraufhin bewilligte das Ministerium dem hochbegabten Jungen ein Stipendium für einen ausgedehnten Italienaufenthalt.

»Mit Schopenhauer bin ich viel umgegangen«, erinnerte sich Witte später. »In der ganzen Zeit bemerkte ich nichts Schlechtes an ihm.« Er habe, im Gegenteil, »viele Tugenden an ihm gefunden, unter denen seine unbeschränkte Wahrheitsliebe nicht die kleinste« war. Aber selbst der kluge und gutwillige Witte zog sich allmählich von Schopenhauer zurück und wandte sich mehr den Künstlern im *Caffè Greco* zu. Irgendeine Verstimmung hatte zum endgültigen Bruch geführt. »Darauf, worin die erwähnte Kleinigkeit bestanden, kann ich mich schlechthin nicht mehr besinnen«, schrieb Witte in einem Brief. »Ich weiß nur noch, daß ein Billett Schopenhauers, durch das ich mich verletzt fühlte, den Ausschlag gab. Eines Tages hatte er im *Caffè Greco* den für die antike Kunst so günstigen Umstand hervorgehoben, daß der Kreis der olympischen Götter den Künstlern die Aufgabe gestellt hätte, für die verschiedensten Individualitäten den leiblichen Ausdruck zu finden. Einer aus dem anwesenden Künstlerkreise, mich dünkt, es sei der Bildhauer Eberhard gewesen, warf ein: ›Dafür haben wir ja die zwölf Apostel!‹ Welches Entsetzen Schopenhauers Antwort: ›Gehen Sie mir doch mit Ihren zwölf Philistern aus Jerusalem!‹ hervorrief, kann man sich denken.«

Daß ein christlicher Deutscher den griechischen Polytheismus rühmte, fand man im *Caffè Greco* empörend. Noch empörter reagierten die deutschen Künstler, als Schopenhauer eines Tages im *Greco* erklärte, die deutsche Nation sei von allen die dümmste. Bevor die wütenden Café-Gäste gegen den Philosophen handgreiflich werden konnten, verließ Schopenhauer das Lokal. In sein Reisebuch trug er ein: »Wenn ich doch nur die Illusion loswerden könnte, das Kröten- und Otterngezücht für meines Gleichen anzusehen: da wäre mir viel geholfen.«

Es waren vor allem »Nazarener«, Angehörige des 1809 von mehreren Malern der Wiener Akademie gegründeten »Lukasbundes«, mit denen Schopenhauer sich verzankte. Diese Künstler, zu denen unter anderen Johann Friedrich Overbeck und Franz Pforr gehörten, hatten es sich zur Aufgabe gemacht, die bildende Kunst auf religiöser Grundlage zu erneuern. Im Jahre 1810 war die Gruppe nach Rom übersiedelt und hatte das leerstehende Kloster San Isidoro am Monte Pincio bezogen. Mit ihrer romantischen, manchmal süßlich-kitschigen Bildkunst und ihrer äußeren Aufmachung konnte sich Schopenhauer ebensowenig anfreunden wie zehn Jahre später Felix Mendelssohn, der an seinen Vater schrieb: »Es sind furchtbare Leute, wenn man sie in ihrem *Caffè Greco* sitzen sieht ... Das ist ein kleines finsteres Zimmer, etwa acht Schritt breit, und auf der einen Seite der Stube darf man Tabak rauchen, auf der anderen aber nicht. Da sitzen sie denn auf den Bänken umher, mit den breiten Hüten auf, große Schlächterhunde neben sich, Hals, Backen,

197

das ganze Gesicht mit Haaren zugedeckt, machen einen entsetzlichen Qualm..., sagen einander Grobheiten; die Hunde sorgen für Verbreitung von Ungeziefer; eine Halsbinde, ein Frack wäre Neuerungen – was der Bart vom Gesicht frei läßt, das versteckt die Brille, und so trinken sie Kaffee und sprechen von Tizian und Pordenone, als säßen die neben ihnen und trügen auch Bärte und Sturmhüte! Dazu machen sie so kranke Madonnen, schwächliche Heilige, Milchbärte von Helden, daß man mitunter Lust bekommt dreinzuschlagen.«

Zwar waren die deutschen Maler und Literaten als Gäste des *Caffè Greco* zeitweise so zahlreich, daß Wilhelm Heinse, der Verfasser des Künstlerromans *Ardinghello,* das griechische Kaffeehaus in »Caffè Tedesco« umtaufte. Aber auch französische und englische Künstler besuchten das Café in der Via Condotti. Berlioz und Bizet, Stendhal und Anatole France trugen sich ebenso in die Gästeliste ein wie die englischen Dichter Byron, Shelley und Keats.

John Keats war auf Anraten von Shelley im November 1820 nach Rom gekommen, weil er sich in Italien die Heilung von seiner Tuberkulose erhoffte. »Diese Krankheit ist besonders auf Menschen versessen, die so gute Verse schreiben wie Sie«, hatte Shelley in einem Brief aus Pisa erklärt, »und ein englischer Winter würde dieser Vorliebe nur Hilfe leisten. Nehmen Sie also das nächste Schiff und kommen Sie zu mir nach Italien...«.

Keats war gleich einverstanden und machte sich am 17. September 1820, in Begleitung des mit ihm befreundeten Malers John Severn, von London aus mit einem Schiff auf den Weg. Am 21. Oktober kam er in Neapel an, verbrachte dort zehn Tage in Quarantäne und fuhr anschließend in einer langsamen Kutsche mit seinem Freund in Richtung Rom, wo die beiden Anfang November eintrafen. Sie bezogen zwei Zimmer an der Piazza di Spagna 26, mit Blick auf den Platz und auf die Spanische Treppe.

Während der ersten Wochen fühlte sich der sehr geschwächte Keats außerordentlich wohl, machte ausgiebige Spaziergänge und besuchte mehrmals auch das *Caffè Greco*. Doch vom 10. Dezember an konnte er sein Bett nicht mehr verlassen, und sein Freund Severn sorgte unablässig für ihn. »17. Dezember, 4 Uhr morgens: Keinen Augenblick bin ich von ihm weg – ich sitze am Rand seines Bettes und lese ihm den ganzen Tag vor – auch nachts weiche ich nicht von meinem Platz, denn dann kommen die schrecklichen Ängste, bei denen ich ihn ermutigen muß«, schrieb Severn in sein Tagebuch.

Am 23. Februar 1821 starb John Keats in seinem Zimmer an der Piazza di Spagna. Der Dichter der »poetischen Romanze« *Endymion,* die mit den Worten beginnt: »A thing of beauty is a joy forever«, wurde nur sechsundzwanzig Jahre alt.

Im Frühjahr 1845 war Shelleys Landsmann Charles Dickens in Rom. Er erlebte hier den Karneval und das Osterfest, war Zeuge einer blutigen Hinrichtung, ließ sich durch das Labyrinth der Katakomben führen und nahm an einer Messe im Petersdom teil. In der Nähe des griechischen Künstlercafés fielen dem Schriftsteller, der jedes Detail aufmerksam registrierte, einige merkwürdige Typen auf, die er zunächst nicht identifizieren konnte. Schließlich stellte er aber fest, daß diese Leute eine bestimmte Beziehung zu den Künstlern im *Greco* hatten: »Unter den sogenannten kleinen ›Größen‹ Roms gibt es eine Menschengruppe, die mir besonders Spaß machte. Man kann sie allezeit hier antreffen, sie hat ihr Quartier auf der großen Treppenflucht, die von der Piazza di Spagna zu der Kirche Trinità dei Monti führt.

Diese Treppe ist nämlich der Versammlungsplatz der Künstlermodelle, die darauf warten, gemietet zu werden. Als ich mich das erste Mal dorthin begab, konnte ich mir nicht erklären, weshalb mir die Gesichter so bekannt vorkamen, wieso ich sie seit Jahren in jeder Stellung und in jedem Kostüm gesehen zu haben glaubte, und wie es kam, daß sie plötzlich in Rom wie Gespenster vor mir auftauchten. Indessen fand ich bald heraus, daß wir bereits seit mehreren Jahren an den Wänden der Gemäldegalerien und Ausstellungsräume immer nähere Bekanntschaft gemacht hatten. Unter diesen Modellen befindet sich ein alter Herr mit weißem Haar und langem Bart, dem man im Katalog der Königlichen Akademie fast überall begegnet. Er ist das Modell für alles Ehrwürdige und Patriarchalische. Er trägt einen langen Stab in der Hand, dessen Knoten und Windungen ich schon unzählige Male auf das getreueste nachgebildet gesehen habe. Ein Mann in einem blauen Mantel gibt sich immer den Anschein, als ob er in der Sonne schliefe, falls sie scheint. Ich brauche wohl nicht ausdrücklich zu sagen, daß er stets hellwach und auf die Stellung seiner Beine sehr bedacht ist. Er ist das dolce-far-niente-Modell. Ein anderer Mann in einem braunen Mantel lehnt mit verschränkten Armen an einer Mauer und schielt aus den Winkeln seiner Augen unter dem breitkrempigen Hut hervor. Er ist das Modell für den Banditen. Wieder ein anderer, der ständig über seine Schulter schaut und immer auf dem Sprung ist zu gehen, aber niemals sich entfernt, ist das Modell für ein hochmütiges, zorniges, verächtliches Gebaren. Modelle für häusliches Glück und für die Heilige Familie müssen wohl sehr billig zu haben sein, denn man findet sie haufenweise auf der ganzen Treppe. Das Köstliche dabei aber ist, daß es sich bei ihnen um die heuchlerischsten Halunken der Welt handelt, die ihresgleichen weder in Rom noch sonst irgendwo auf der Erde haben.«

Die Künstlermodelle, die Charles Dickens so plastisch schilderte und zugleich so negativ einschätzte, waren im allgemeinen keine Gäste des *Caffè Greco.* »Aber noch heute verkehrt in manchen Cafés eine halb verschollene, halb provinzielle Gesellschaft«, schrieb Hermann Kesten hundert Jahre später in seinem Buch *Dichter im Café,* »Kreaturen aus einer mittelalterlich magischen Welt, wie Besucher aus vorigen Jahrhunderten. Aus Höflichkeit scheinen manche unsere Tracht zu tragen, doch sind da Mönche und Mädchen wie aus alten Bildern, daneben Soldaten und Bäuerinnen, Papagalli und Vitelloni, Professoren und Beamte mit den Bärten unserer Großväter und flinke Literaten.«

Literaten, Maler, Bildhauer und Musiker sind auch heute noch unter den Gästen des *Caffè Greco,* aber sie befinden sich gegenüber den internationalen Touristen längst in der Minderzahl, und Berühmtheiten wie die Maler Giorgio de Chirico und Filippo de Pisis, die Schriftsteller Aldo Palazzeschi, Elsa Morante oder Alberto Moravia, die den Ruf des *Greco* als Künstlercafé weitertrugen, sind nicht mehr am Leben.

Renato Guttuso hat 1976 seine eigenen Assoziationen zum *Caffè Greco* und dessen Aura in einem Gemälde festgehalten. »Gewöhnlich warte ich darauf, daß mir die Ideen kommen, niemals suche ich sie«, schrieb er in einem Zeitungsaufsatz mit dem Titel *Die Kunst hat sich ins Café gesetzt.* »Eines Tages saß ich im *Caffè Greco,* gerade in dem Saal, den ich gemalt habe, und es ging mir auf, daß dies ein Thema war, das zu mir paßte. Auf der einen Seite saß de Chirico. Ich verfolgte den Gedanken, und nachdem er ein wenig gereift war, begann ich diese und jene Zeichnung zu machen … Das *Caffè Greco* ist ein Ort, an dem wir alle in irgendeiner Weise hängen. Ich erinnere mich an die Abende mit Palazzeschi und de Pisis nach dem Nachtessen. Damals, in den Jahren 1937–1938 traf man sich immer dort um diese Stunde. Auch Moravia war da… Ich habe mich bemüht zu vermeiden, ein Bild vom Typ der ›Freunde im Atelier‹ zu machen, wie es andere Maler taten. Vielmehr wollte ich, wenn auch nur mit einem einzigen Zeichen, den Geist des Geschehens geben, das sich in diesem Café abgespielt hat. Während die Personen von heute sind – Intellektuelle, schwedische Mädchen, der Japaner mit dem Fotoapparat, ein lesbisches Paar –, habe ich versucht, in einem bestimmten Fall ein geschichtliches Merkmal einzuführen durch die Gestalt des Colonels William Cody, genannt Buffalo Bill, der das Café besuchte, als er mit seinem Pferdezirkus in Rom war.«

Mit breitrandigem Hut sitzt der weißbärtige amerikanische Meisterschütze William F. Cody, der unter dem Namen Buffalo Bill weltbekannt wurde, als lebende Legende in Guttusos Bild. Cody hatte seine Karriere im Sicherungsdienst des sogenannten Pony-Express begonnen, um die Eilpostlinie im Westen Amerikas vor Angriffen der Indianer zu schützen. Später war er Büffeljäger und Kundschafter für die Kavallerie in den Kämpfen gegen die Sioux- und Cheyenne-Indianer. Im Jahre 1880 organisierte er die ersten Wildwest-Shows, die ihn durch ganz Amerika und Europa – und auch ins *Caffè Greco* – führten.

Die dominante Figur auf dem Gemälde ist allerdings, auf der linken Bildseite, der gelassen beobachtende Maler Giorgio de Chirico. Vorn im Bild fällt durch seine dunkle Brille der Dichter Guillaume Apollinaire besonders ins Auge. »In einer Ecke dieses Raumes befindet sich ein Sims, darauf eine Skulptur, und dort habe ich – auf meinem Bild – einen Pi-

8 Das »*Caffè Greco*«, Gemälde von Renato Guttuso, 1976

casso-Kopf hingemalt«, erklärte Guttuso zu seiner Darstellung, »während ich auf der gegenüberliegenden Seite eine hellenistische Skulptur placiert habe, die den anderen Geschmackspol verkörpert, nämlich den des neunzehnten Jahrhunderts mit der Welt der Klassik. Es hat mich amüsiert, die Tischchen im falschen Empire zu malen und die bunten Marmorplatten mit den Coca-Cola-Flaschen darauf.«

Hier, wo außer Guttusos Freunden auch Franz Liszt und Richard Wagner, Bertel Thorwaldsen und Gabriele d'Annunzio, Friedrich Nietzsche und Hans Christian Andersen, Thomas und Heinrich Mann ihren Kaffee getrunken hatten und wo Stendhal mit einem angeblichen Doppelgänger bekanntgemacht wurde (den er allerdings enttäuschend häßlich fand), ist einer der atmosphäregesättigten Orte Roms, von denen sich viele Reisende fast noch stärker angezogen fühlen als von den römischen Kunstschätzen. Warum? »Es hängt einfach in den Wänden«, schrieb der Rom-Kenner Reinhard Raffalt, »in dem verschossenen Plüsch, in den mittelmäßigen Ölbildern, die aus Gründen unbezahlter Rechnungen hier aufgehängt sind, an den Gipsfiguren und den martervollen Stühlen – man sieht sie förmlich noch, die genialischen Pfeifenraucher, voll Nachlässigkeit und Einbildungskraft, in summa: es ist der Hauch einer der Kunst zugeneigten Zeit, der uns anweht, wohltuend verstaubt in unserer polierten Epoche.«

»*Die glückliche Revolution*«

DER EINZUG DES KAFFEES IN FRANKREICH

Schon im Jahre 1643 machte ein levantinischer Kaffeesieder den Versuch, in Paris, in der Nähe der Rue de Saint-Jacques, ein kleines Café einzurichten. Aber zu dieser Zeit interessierte man sich in der französischen Hauptstadt noch nicht für den Türkentrank. Es brauchte noch einige Jahre, bevor sich die Franzosen an den fremden Geschmack des Getränks gewöhnten, »das im Sommer erfrischend und im Winter wärmend wirkt«, wie italienische Reisende bereits herausgefunden hatten.

Um das Jahr 1650 brachte ein wohlhabender Kaufmann aus Marseille, Jean de la Rocque, bei seiner Rückkehr von einer Gesandtschaftsreise nach Konstantinopel eine ausgiebige Kaffeeprobe mit in seine Heimatstadt. Gemeinsam mit Geschäftsfreunden genoß er den ungewohnten Trank, und als sein Vorrat zur Neige ging, bestellte er bei Levantehändlern eine größere Menge nach. De la Rocque erkannte, daß damit unter Umständen ein Geschäft zu machen sei, und im Jahre 1671 gründete er mit einigen Partnern das erste öffentliche Kaffeehaus in der Nähe der Marseiller Börse. Der Zulauf von Kaufleuten und Seefahrern war bald so groß, daß weitere Kaffeehäuser eingerichtet wurden, die alle in der näheren Umgebung der Börse lagen.

Etwa fünfzehn Jahre später fingen auch die Pariser an,

sich für Kaffee zu interessieren. Der gelehrte Orientreisende Jean de Thévenot brachte zunächst eine kleine Menge Kaffee mit nach Paris und lud seinen Freundeskreis zum Probieren ein. Dabei erklärte er seinen Landsleuten auch die Geheimnisse der Kaffeezubereitung, wie er sie in der Türkei gelernt hatte. Nach diesem Rezept werden die Kaffeebohnen in einer Pfanne über Feuer gebraten, und, wenn sie geröstet sind, staubfein zerstoßen. Dann bringt man in einem metallenen Flaschenkessel Wasser zum Sieden, schüttet einen gehäuften Löffel von dem gestoßenen Kaffee hinein und läßt die Flüssigkeit kurz aufkochen. Nach dem ersten Aufwallen wird der Kessel vom Feuer gezogen, dann wieder aufgesetzt, wieder weggezogen – und nach zwölfmaligem kurzem Aufkochen ist der Kaffee fertig.

Das exotische Getränk stieß auf vorsichtige Sympathie, die sich aber rasch vergrößerte, als Ludwig XIV. im Jahre 1669 den türkischen Gesandten Soliman Aga als Bevollmächtigten des Sultans Mohammed IV. an seinem Hof empfing. Das politische Gespräch, das eigentlich auf ein Bündnis gegen Habsburg hinauslaufen sollte, kam nicht zu dem beabsichtigten Ziel, aber der Kaffee, den Soliman Aga mitgebracht hatte, um seine Partner zu bewirten, fand bei der Hofgesellschaft großen Anklang.

Dieser Anstoß regte offenbar mehrere initiativefreudige Limonaden- und Likörverkäufer in Paris dazu an, sich mit der Kunst des Kaffeesiedens zu beschäftigen. Zunächst waren es armenische und persische, dann auch Pariser Kaffeesieder, die kleine Kaffeestuben eröffneten. Diese waren allerdings ziemlich primitiv eingerichtet und bekamen entsprechend wenig Zuspruch, so daß die meisten Besitzer bald Konkurs anmelden mußten.

Erst der Florentiner Kellner Procopio dei Coltelli darf als

eigentlicher Begründer des französischen Kaffeehaustyps gelten. Im Jahre 1689 eröffnete er gegenüber der alten Comédie Française das *Café Procope,* dessen Räume vorher ein »Bade-Etablissement mit galantem Einschlag« beherbergt hatte, wie ein Chronist vermerkte. Coltelli verwendete die verbliebenen Spiegel, Marmorplatten und das zierliche Mobiliar, um statt der bis dahin üblichen türkischen Ausstattung der Kaffeestuben eine dem europäischen Geschmack angemessene Einrichtung zu schaffen.

Coltelli, ein erfahrener und äußerst rühriger Geschäftsmann, war schon dreißig Jahre zuvor bekannt geworden: Er galt als der erste Hersteller von Speiseeis. Um 1660 hatte er in Italien durch Kühlung mit einer Salpeterlösung geeiste Limonade in den Handel gebracht und später auch Eiscreme produziert, die er durch Zusätze von Kaffee, Schokolade, Vanille oder Zimt geschmacklich verfeinerte. In seinem neugegründeten *Café Procope* profitierten nun die Pariser von seiner kulinarischen Kreativität.

Das elegante und behagliche *Café Procope* entwickelte sich schnell zum Mittelpunkt der Pariser Schöngeister und nahm unter den Literatencafés des 18. Jahrhunderts eine herausragende Stellung ein. Diesen Ruf behielt es bis zum Jahre 1770, als die Comédie Française aus der Rue de l'Ancienne Comédie im Faubourg St. Germain in das Palais Royal umzog. »Er hält sich für eine Persönlichkeit, weil er ins Theater und zu *Procope* geht«, sagte Voltaire einmal spöttisch über einen Kollegen. Voltaire selbst war allerdings auch häufig im *Procope* zu sehen, ebenso wie Rousseau, Diderot, Beaumarchais, Crébillon der Jüngere und Rétif de la Bretonne, der sich im Café die Vorbilder für seine lebensnah geschilderten Romanfiguren suchte. Im *Procope* wurde das gesamte öffentliche Leben Frankreichs diskutiert, es wurden

207

neue Theaterstücke und Opern kritisiert, Epigramme geschrieben und politische Nachrichten weitergegeben. Das
Café Procope hatte den Ruf, die »wahre Zeitung von Paris« zu
sein.

Als die Comédie Française dann verlegt wurde, verlor
das *Procope* allmählich einen großen Teil seines bisherigen
Stammpublikums. Revolutionshelden wie Danton und Ma-
rat zählten noch zu seinen Gästen, dann kamen Grisetten
und Schauspieler des Quartier Latin. Nachdem das Café
vierundzwanzigmal den Besitzer gewechselt hatte, schloß es
im Jahre 1872 endgültig seine Pforten.

Seit Coltelli sein Kaffeehaus eröffnet hatte, war die Nach-
frage nach solchen Lokalitäten sprunghaft gestiegen. Im
Jahre 1716 zählte man in Paris schon etwa dreihundert
Kaffeehäuser, sieben Jahre später waren achtzig dazuge-
kommen, und im Jahre 1788 gab es in Paris rund achtzehn-
hundert Cafés.

Kaffee war ein beliebtes Modegetränk geworden, das
nach und nach den Tee und die Schokolade verdrängte,
besonders seit der Mediziner Sylvestre Dufour, nach einer
chemischen Analyse des Getränks, den Kaffee als heilsam
empfohlen hatte: Er wirke Trunkenheit und Erbrechen entgegen, kräftige das Herz und heile Skorbut und Milzsucht.

Während die Versailler Hofgesellschaft dem Kaffee lebhaft zusprach, hatte die Herzogin Elisabeth Charlotte von
Orléans, die Schwägerin Ludwigs XIV., eine starke Abneigung gegen den Türkentrank. Von Paris aus berichtete die
Pfälzer Fürstentochter, bekannt unter dem Namen Liselotte
von der Pfalz, ihrer Tante, der Kurfürstin Sophie von Hannover, mit unverhohlenem Mißtrauen von den neuen Sitten
des französischen Hofes: »Viele Leute hier trinken Tee und
Kaffee und Chocolat, aber ich nehme nichts von diesem

9 »Verlaine betritt das *Café Procope*« in Paris.
Titelseite der Zeitschrift »Le Procope«

Zeug, bilde mir ein, es sei nicht gesund.« Und an anderer
Stelle schrieb sie: »Ich nehme mein Leben weder Tee, Kaffee oder Chocolatte, habe mich an diese fremde Nahrungen
nicht gewöhnen können. – Tee kommt mir vor wie Heu und
Mist, Kaffee wie Ruß und Feigbohnen und Chocolatte ist
mir zu süß, kann also keines leiden.« Als Liselotte erfuhr,
daß ihre Verwandten in Hannover und in der Pfalz sich inzwischen auch dem Kaffeegenuß hingaben, bemühte sie
sich, diese Gewohnheit in Mißkredit zu bringen: »Daß meine Tante Tee und Chocolatte gern trinkt, geht wohl hin,
wenn sie sich nur nicht an das häßliche Kaffee gewöhnt, das
alles Blut korrumpiert.« Und ihrer Halbschwester Luise von
der Pfalz ließ sie die Warnung zukommen: »Es ist mir leid,
liebe Louise, daß Ihr Euch an Kaffee gewöhnt habt, nichts ist
ungesunder in der Welt und alle Tage sehe ich Leute hier, die
es quittieren müssen, weil es ihnen große Krankheiten verursacht. Die Fürstin von Hanau, Herzog Christians von
Birkenfeldt Tochter, ist davon gestorben mit abscheulichen
Schmerzen. Man hat den Kaffee nach ihrem Tod in ihrem
Magen gefunden, der hundert kleine Geschwüre darin verursacht hat.«

Als Liselotte schließlich auf Anraten ihres Arztes Kaffee
als Medizin trinken sollte, fügte sie sich zwar, aber nur widerwillig, obwohl ihr das Getränk gut bekam. In ihrer unge-
schminkten Art schrieb sie: »Ich trinke alle Tage einen Be-
cher mit Kaffee, das jagt mir die Winde weg und verhindert
mich, dicker zu werden, drum continuiere ich es, aber ich
muß gestehen, daß mir der Geschmack gar nicht gefällt, daß
es wie stinkender Atem schmeckt.«

Manche kultivierten Franzosen, wie die berühmte Madame de Sévigné, meinten, daß das Kaffeetrinken nur eine
kurzfristige Modeerscheinung sei. Aber selbst Kaffeegegner

mußten einräumen, daß die wachsende Zahl der Kaffeehäuser das Kneipen- und Wirtshausleben mit den zum Teil recht ausschweifenden Zechgelagen eingedämmt hatte. In den Cafés dagegen betätigte man sich geistig, man las Zeitungen, diskutierte, spielte Schach oder schrieb, denn Kaffee regte im allgemeinen nicht auf, sondern an.

Ein entschiedener Befürworter des Kaffees war der Historiker Jules Michelet, der dem schwarzen Getränk einen wesentlichen Anteil an vielen geistigen Leistungen des 18. Jahrhunderts zuschrieb. »Man bedenke, daß jeder Apotheker Kaffee verkaufte und in seinem Kontor ausschenkte«, schrieb Michelet in seiner *Histoire de France.* »Man bedenke, daß sogar die Klöster sich darum bemühten, an diesem einträglichen Handel teilzunehmen, und die Pförtnerinnen in ihren Sprechzimmern gemeinsam mit den Laienschwestern den Vorübergehenden Kaffee anboten, selbst auf die Gefahr übler Nachrede hin. Nie plauderte man in Frankreich mehr und besser … Der Geist sprudelte aus sich selbst heraus, wo er nur eben konnte. Kein Zweifel, daß die Ehre dieses glänzenden Durchbruchs zum Teil der glücklichen Revolution der Zeit, der großen, neue Gewohnheiten schaffenden und die Temperamente ändernden Tatsache, kurz, dem Aufkommen des Kaffees gebührt … Das Wirtshaus wurde entthront, die unedle Schenke, in der sich unter Ludwig XIV. die jungen Männer und liederlichen Frauenzimmer zwischen den Tonnen wälzten. Des Nachts erschollen weniger weinselige Lieder, und weniger vornehme Herren schliefen im Rinnstein.«

In seiner Eloge auf die geistig stimulierende Wirkung des schwarzen Getränks unterschied Michelet drei französische Kaffee-Epochen: Zuerst trank man den arabischen Kaffee, dessen Duft die schönen Damen aus zierlichen Tassen einsogen, wobei sie sich in die Aura von Tausendundeiner Nacht hineinträumten. Dann begann die Herrschaft des volkstümlichen, billigen Kaffees aus der vulkanischen Erde der Insel Bourbon, der den neuen Geist zur Entfaltung brachte, die spontane Fröhlichkeit, den sprühenden Witz, für den Voltaires Sprachkunst ein glänzendes Beispiel war. Darauf wurde der Kaffee durch den Chevalier de Clieu, einen Offizier der königlichen Marine, auf das französische Übersee-Departement Martinique verpflanzt, wo er im tropischen Klima vorzüglich gedieh und reiche Ernten abwarf. Gabriel de Clieu war im Jahre 1720 Hauptmann der Infanterie auf der Antillen-Insel Martinique.

In einem Brief an den Redakteur von *L'Année littéraire* berichtete er, unter welchen Mühen er mit einer Kaffeepflanze aus Frankreich auf die französische Insel gelangte, um die kleine Staude dort einzusetzen und für ihre Vermehrung zu sorgen: »Es ist unnütz, die unendlich kleinen Sorgen zu schildern, die mich wegen dieser delikaten Pflanze während einer langen Überfahrt befielen, und die Mühe, die ich hatte, sie vor neidischen Menschenhänden zu retten, die mir nicht gönnten, daß ich meinem Vaterland nützlich sein konnte und die, da sie mir die Kaffeepflanze nicht entreißen konnten, einen Zweig davon abbrachen. Ich muß noch sagen, daß das Wasser auf dem Schiff, das mich trug, rar wurde, und jeder nur ein geringes Maß erhielt. Ich teilte das Wenige, das man mir gab, mit meiner geliebten Pflanze. Als ich in Martinique ausgeschifft wurde, setzte ich die kostbare Staude, die mir durch die Gefahren, die ich durchgemacht hatte, noch teurer geworden war, in ein passendes und gut vorbereitetes Terrain. Nach achtzehn oder zwanzig Monaten hatte ich eine reiche Ernte … Das neue Gewächs vervielfältigte sich überall …«

Die Kaffeepflanze, die der junge Offizier nach Martinique brachte, stammte aus den Gärten Königs Ludwigs XV., der ein leidenschaflicher Kaffeetrinker war. Für die Zubereitung und den Genuß des Kaffees hatte ihm der Hofjuwelier Duvaux eigens einen kleinen vergoldeten Herd, einen Weingeistbrenner und ein goldenes Kaffeegeschirr angefertigt. Der königliche Obergärtner mußte in einem Gewächshaus immer einige Kaffeesträucher aufziehen, deren Früchte der König selbst röstete.

Die Kaffeehäuser im vorrevolutionären Paris wurden vor allem von der bürgerlichen Gesellschaft besucht, während der Adel sich meist zum Kaffee in verschiedenen Salons einfand. Aber viele Mitglieder der adeligen Gesellschaft verschmähten auch den Besuch von Kaffeehäusern nicht. Vielbesuchte Künstlercafés waren damals das *Café Caveau,* das *Café Parnasse* und das *Café des Arts.* Das *Café des Aveugles* trug seinen Namen, weil dort ein Orchester von blinden Musikern spielte, und im *Café Méchanique* gaben die Besucher ihre Bestellung durch ein Sprechrohr auf, das in die Küche führte; das Bestellte konnte dann, wenn es in einer hohen Säule nach oben befördert worden war, einer Klappe entnommen werden, die an einer Seite des Tisches aufsprang. Trotz des Aufwands, den einige Cafés trieben, war der Preis für Kaffee, Likör oder Limonade sehr niedrig. Wenn ein Gast einmal nicht zahlte, ließ man ihn ruhig gehen. Wiederholte sich aber die Zahlungsunwilligkeit öfter, dann wurde der Gast einfach nicht mehr bedient.

Daß Kaffee geistig produktiv machte, dafür sah man unter anderem in Madame Charlotte Bourette-Curée ein überzeugendes Beispiel. Madame Charlotte war in erster Ehe mit einem gewissen Reynier verheiratet, der in der Rue Croix des Petits Champs ein Kaffeehaus betrieb. Nach seinem Tod übernahm seine Witwe die Leitung des Geschäfts, heiratete wieder und leitete das Café vierzig Jahre lang. Zu ihren Gästen am Montmartre gehörten viele Schriftsteller, aber Madame Charlotte war auch selbst literarisch tätig. Unter dem Titel *Muse Limonadière* veröffentlichte sie im Jahre 1755 zwei Bände mit Gedichten, unter denen sich auch eine Ode an Friedrich den Großen befand, der ihr umgehend ein goldenes Etui überreichen ließ. Von Voltaire erhielt sie eine kostbare Karaffe, und der Dichter Fontenelle vermachte ihr eine Gesamtausgabe seiner Werke. Nur der geistreiche Freiherr von Grimm, der Madame Charlottes Kunst nicht sonderlich schätzte, nannte sie eine »verswütige Cafetière«, deren bessere Verse vermutlich gar nicht von ihr selbst stammten.

Im *Café de la Régence,* am Platz des Palais Royal, trafen sich vor allem die Schachspieler, zu denen auch Voltaire, Rousseau, Richelieu, Grimm und der Herzog von Sachsen gehörten. Rousseau wagte es einmal, gegen den berühmten Schachmeister Philidor anzutreten, und bereitete sich voller Ehrgeiz monatelang auf das Spiel vor, indem er alle in Schachbüchern demonstrierten Partien auswendig zu lernen versuchte. Durch das mechanische Nachspielen hatte er aber jede eigene Initiative eingebüßt, so daß er nicht eine einzige Partie gewinnen konnte.

Von Robespierre wurde erzählt, daß er einmal im *Régence* mit einem jungen Mann mehrere Schachpartien spielte, die er sämtlich verlor. Als er nach dem Einsatz fragte, entpuppte sich sein Gegner als eine junge Frau, die auf diese Weise die Freilassung ihres Geliebten aus dem Gefängnis erreichte.

Zur Zeit der Französischen Revolution spielten die Kaffeehäuser am Palais Royal eine besondere Rolle. Da es außer einigen Amtsblättern in Paris noch keine Zeitungen gab und ein großer Teil der Bevölkerung ohnehin nicht lesen konnte, waren die Cafés ein unentbehrlicher Ort für aktuelle Nachrichten. Die bedeutendste Stellung nahm damals das *Café de Foy* ein, das sich über sieben Arkaden erstreckte und zunächst von Beamten, Kaufleuten, Militärs und Gelehrten besucht wurde, später aber ein Sammelpunkt der revolutionären Intellektuellen war, die vom Sturz des Königtums eine Regeneration des französischen Geistes erhofften.

Zu den auffälligsten Erscheinungen dieser Gruppe gehörte die sogenannte »Amazone der Revolution«, die schöne Théorigne de Méricourt, eine flämische Bauerntochter, die eigentlich Anna Josephe Terwagne hieß. Die temperamentvolle junge Frau hatte einige Jahre in England als »Gräfin von Camoinados« ein ungebundenes Leben geführt, bevor sie diesen Namen gegen den französischen tauschte. In den Kreisen der Revolutionäre fiel sie zuerst bei dem »Weiberzug« nach Versailles auf, an dem sich Straßenmädchen, Fischverkäuferinnen und als Frauen verkleidete Vagabunden beteiligten, die auf den Straßen und besonders vor dem Schloß allen erdenklichen Unfug trieben.

Nach diesem Ausflug begeisterte Théorigne als begabte Rednerin in den Gärten des Palais Royal, wo sie ihre gleichgesinnten Zuhörer zu Beifallsstürmen hinriß. Schließlich eröffnete sie, nach dem Vorbild der Madame de Rambouillet, einen literarischen Salon im Hotel de Grenoble in der Rue Bouloy. Dort und im *Café de Foy* scharten sich ständig Schriftsteller und angesehene Politiker um die attraktive Revolutionärin. Als Théorigne sich nach den blutigen Ausschreitungen der Jakobiner in das Lager der Girondisten begab, griff sie vor allem Robespierre scharf an. In einer flammenden Rede, die sie am 12. April 1792 im *Café Hottot* hielt, verurteilte sie Robespierre als Despoten und als Verräter der Revolution. Es kam zu Tumulten, und die energische Rednerin schlug mit einer Reitpeitsche auf ihre Gegner ein. Deren Rache hatte für die schöne Théorigne böse Folgen. Eines Morgens wurde sie von einigen Genossen Robespierres auf der Terrasse der Tuilerien ergriffen, dann band man ihr die Röcke über dem Kopf zusammen und prügelte sie auf das entblößte Hinterteil. Théorigne tobte in ohnmächtiger Wut, und als man schließlich von ihr abließ, war sie so außer sich, daß sie in ein Irrenhaus gebracht wurde.

Als die Nationalversammlung von Versailles in das erzbischöfliche Palais und später in die königliche Reitschule verlegt wurde, übernahmen die Kaffeehäuser in den Tuilerien die Funktion, die vorher die Cafés des Palais Royal gehabt hatten. Vor allem das *Café Hottot* profitierte von der veränderten Situation. Aber auch das Kaffeehaus des *Monsieur Saule,* eines geschäftstüchtigen Apothekers und politischen Agitators, erfreute sich großen Zuspruchs, da sein Inhaber in viele politische Intrigen verwickelt war und gegen klingende Münze immer zu geheimen Auskünften bereit war. Nach der Hinrichtung Ludwigs XVI. zogen sich viele Anhänger der Jakobiner in das Palais Royal zurück und machten das vornehm eingerichtete *Café Corazza,* in dem sich früher die in Paris ansässigen wohlhabenden Italiener getroffen hatten, zu ihrem Verschwörungszentrum. Bekannt wurde das *Café Corazza* auch dadurch, daß Napoleon vor seiner Ernennung zum General dort häufig öffentliche Reden hielt, in denen er sich um die Gunst der Pariser Bevölkerung bemühte.

Während der napoleonischen Zeit, als der Glanz des Literaten-Cafés *Procope* verblaßt war, kamen einige Boulevardcafés, unter ihnen das Kaffeehaus *Tortoni* und das *Café Brébant,* zu Berühmtheit als Treffpunkte von Künstlern. Im

Café Brébant an der Ecke des Faubourg Montmartre und des Boulevard Poissonières sammelten sich zu Beginn des 19. Jahrhunderts Schriftsteller wie Alexandre Dumas, Sardou, Renant und die Brüder Goncourt. Im *Tortoni* konnte man regelmäßig Victor Hugo oder Alphonse de Lamartine antreffen, während im *Café de la Nouvelle Athènes* Maler wie Degas, van Gogh, Toulouse-Lautrec oder Manet zusammenkamen; Gauguin, Rodin und später Paul Verlaine wurden Stammgäste des *Café Voltaire.*

Veloni und Tortoni, die Besitzer des Kaffeehauses *Tortoni,* waren aus Neapel nach Paris gekommen und hatten hier mit ihrem Kaffee wie mit ihrem Speiseeis großen Erfolg. Doch Tortoni konnte seine Anerkennung nicht lange genießen; er wurde ohne ersichtlichen Grund depressiv und begann unter Verfolgungswahn zu leiden: Er glaubte, eine über ganz Frankreich verbreitete Verschwörerbande habe ihn als Opfer ausersehen. Eines Nachts, als alle seine Gäste gegangen waren, sagte er zu seiner Geschäftsführerin Thérèse: »Es ist Zeit für mich, meine Rechnung mit dieser Welt abzuschließen.« Dann ging er in seine Wohnung und erhängte sich an einer Gardinenstange. Nach seinem Tod besuchte ein großer Teil seiner namhaften Gäste das Café nicht mehr, und nach wenigen Jahren war das *Tortoni* nur noch Geschichte.

Fast alle berühmten französischen Künstler waren irgendwann einmal Gäste in einem der zahlreichen Pariser Kaffeehäuser. Um so mehr fällt auf, daß ein Schriftstellername, der am häufigsten mit Kaffeegenuß in Beziehung gebracht wird, nie in Verbindung mit Cafés auftritt: Balzac. Ihn verbanden zwiespältige Gefühle mit dem schwarzen Getränk, die von zeitweiliger Sucht bis zu Ekel reichten. Während seiner letzten Lebensjahre zwang der Schriftsteller sich zu völliger Enthaltsamkeit von anregenden Genußmitteln. Während der Zeit seiner größten literarischen Produktivität hielt er sich dagegen häufig nur durch unmäßigen Kaffeegenuß wach und nahm nichts anderes zu sich. In einer Abhandlung über die exzessive Wirkung des Kaffees bei enormer Arbeitsbelastung, wie er sie von sich selber kannte, schrieb er:»Schließlich habe ich eine schreckliche und grausame Art entdeckt, die ich nur Männern von außerordentlicher Kraft anraten kann, solchen mit schwarzen und harten Haaren, mit einer Haut, die in Ocker und Zinnober glänzt, mit viereckigen Händen und mit Füßen in der Form von Säulen wie die auf dem Platz Ludwigs XV. Es handelt sich um den Gebrauch von Kaffee, der fein gemahlen, ausgezogen, kalt angesetzt und nüchtern, fast ohne Zusatz von Wasser, getrunken wird. Dieser Kaffee fällt in den Magen und wird, da er dort nichts vorfindet, zu einer Art Nahrungsmittel, das unbedingt seine Säfte will. Er mißhandelt die Innenteile wie ein Karrenführer, der seine Pferde schlägt. Die Nerven entflammen sich, lodern auf und lassen ihre Funken bis in das Gehirn fliegen. Nun läuft alles ab: Die Gedanken setzen sich in Marsch wie die Bataillone der Großen Armee und die Schlacht entbrennt. Die Erinnerungen kommen im Sturmschritt an, mit flatternden Fahnen. Die leichte Kavallerie der Vergleiche entwickelt sich in einem prächtigen Galopp. Die Artillerie der Logik eilt mit ihrem Lärm und ihren Kartuschen herbei. Die Reihen des Geistes rücken als Schützen heran. Die Figuren nehmen Gestalt an, das Papier bedeckt sich mit Tinte, denn die Wache beginnt und schließt mit Bächen von schwarzem Wasser, wie die Schlacht mit ihrem schwarzen Pulver. Ich habe diesen Trank einem meiner Freunde angeraten, der auf jeden Fall eine Arbeit beendigen wollte, die für den nächsten Tag versprochen war. Er hielt sich für vergiftet, legte sich wieder ins Bett und hütete es wie eine Braut am Hochzeitstage. Er war groß, blond, hatte wenig Haare und einen winzigen Magen von Papiermaché. Mir war ein Fehler in der Beobachtung unterlaufen.«

Für die Cafébesucher in Paris war die sarkastische Warnung des Romanciers allerdings unnötig. Denn in den Kaffeehäusern waren weder blonde noch schwarzhaarige Menschen durch das anregende Getränk gefährdet; man ging dort sehr viel zurückhaltender mit Kaffee um, als Balzac es bei seiner intensiven Arbeit zu Hause tat.

Ende des 19. Jahrhunderts hatten sich viele kleine Künstlercafés am Montmartre etabliert; zu Anfang des 20. Jahrhunderts wurde der Montparnasse zum Literaten- und Künstlerviertel. Das *Café du Dôme* zog hier vor allem die Maler an. Der Schriftsteller Walter Mehring, der 1939 in Frankreich interniert war, bezeichnete das 1920 gegründete Café, in dem unter anderem Picasso, Dalí und Soutine verkehrten, als »Künstlerbebenzentrum der Ultra-Moderne«.

Pariser Kaffeehäuser, die heute besonders gern von Touristen aufgesucht werden, sind die *Closerie des Lilas,* das *Café Aux Deux Magots* und das *Café de Flore.* Die *Closerie des Lilas* wurde vor allem durch Ernest Hemingway bekannt, aber auch Guillaume Apollinaire und Oscar Wilde saßen schon dort. Um den Ruf, das Zentrum der französischen Existentialisten gewesen zu sein, streiten sich das 1885 gegründete *Aux Deux Magots,* das sich auf seinen Rechnungszetteln als »Café littéraire« und »Treffpunkt der intellektuellen Elite« bezeichnete, und das *Café de Flore,* in dem Apollinaire 1912 zusammen mit seinen Freunden die literarische Zeitschrift *Les Soirées de Paris* gründete. Im Café *Aux Deux Magots* kehrten nicht nur Paul Verlaine, Arthur Rimbaud und Stéphane Mallarmé ein, sondern auch Elsa Triolet, André Gide, Jean

Giraudoux, Picasso, Fernand Léger, Prévert, Hemingway, André Breton, Sartre und Simone de Beauvoir. Im *Café de Flore,* das seit 1898 existiert, arbeitete Sartre schon vor dem Krieg. Auch Prévert und Léon-Paul Fargue waren dort ständige Gäste. Simone de Beauvoir schrieb später über dieses Café: »Die kleine Gesellschaft der Getreuen, die sich dort täglich traf, gehörte nicht ganz zur Bohème und nicht ganz zur Bourgeoisie. Die meisten hatten lose mit dem Film oder dem Theater zu tun. Sie lebten von unsicheren Einkünften, Notbehelfen und Hoffnungen... Sie verbrachten ihren Tag damit, in kleinen, blasierten, von Gähnen unterbrochenen Sätzen ihren Ekel zu verströmen. Des Klagens über die menschliche Sauerei war kein Ende.«

Hermann Kesten, der sich in den Kaffeehäusern der Welt besonders gut auskannte, verbrachte zwischen 1933 und 1940 mehr als die Hälfte des Jahres in Paris. Im *Aux Deux Magots* saß der exilierte Schriftsteller 1935 mit Dutzenden anderer Autoren zusammen, als in Paris der antifaschistische Schriftstellerkongreß »Zur Verteidigung der Kultur« stattfand. Aldous Huxley und André Gide, Heinrich Mann und Robert Musil, Alfred Döblin und Max Brod, Bert Brecht und Arnold Zweig trafen sich im Café, um über die Möglichkeit zu sprechen, wie Schriftsteller sich gegen den Faschismus wehren konnten, ohne dabei die Greuel der sowjetrussischen Diktatur zu vergessen. »Hier saß ich mit Alfred Döblin, der so fröhlich lachte«, schrieb Kesten in einem Rückblick auf die Vorkriegszeit, »ein alter Psychiater, der in der Menschheit einen seiner Patienten wiederzuerkennen glaubte, aber jetzt saß er selber im Wartesaal des Exils... Ich saß in der *Closerie des Lilas,* wo Strindberg die heißgeliebte Welt und die heißgeliebten Frauen verwünscht hatte... Ich saß im *Café du Dôme,* wo Expressionisten und Dadaisten ihren

10 Vor dem *Café de la Rotonde* in Paris. Foto 1950

11 Polnische Künstler im *Café de la Rotonde* (Eugene Zak mit
Frau, Roman Kramstzyk, Zborowski, Henry Hayden, Elkauken,
Frau Bordanowitsch und Jan Zamoyski). Foto 1925

Kaffee schuldig blieben... Ich saß im *Café de la Rotonde,* das 1958 in ein Kino verwandelt wurde. 1912 wurde es eröffnet, an der Ecke des Boulevard Vavin, wo jetzt Rodins Balzac sich in seinen steinernen Schlafrock hüllt. Dort hatten sich einst Trotzki, Lunatscharski und Lenin getroffen... Ich saß im *Café Coupole* am Montparnasse, wo Ilja Ehrenburg abwechselnd als Feind und als literarischer Agent der Sowjetunion saß, mit seiner eleganten Frau, und je nach seiner politischen Situation wechselnde Literaturfreunde unterhielt... Im *Café Aux Deux Magots* am Boulevard St. Germain traf ich die exilierten deutschen Dichter, und im *Café de Flore* französische und amerikanische Literaten, lange bevor Sartre, Simone de Beauvoir und Camus dort saßen... Es wimmelt in Paris von literarischen Cafés.«

Und es wimmelt davon noch immer in Paris. Auch wenn die Künstler in den Kaffeehäusern heute nicht mehr die Hauptpersonen sind.

12 Wer im *Café Aux Deux Magots* angenommen war,
konnte es zu Beginn dieses Jahrhunderts in Paris in der Literatur,
Philosophie, Politik oder Malerei zu etwas bringen.

»Er macht die Politiker weise«

KAFFEE UND KAFFEEHÄUSER IN ENGLAND

»Komm«, sagt mein Freund, »laß uns hier in dies Kaffeehaus gehen! Da du ja in dieser Stadt fremd bist, wird es dir ein bißchen Zerstreuung bieten.« Wir waren zur Tür des bedeutendsten Hauses an diesem Ende der Stadt gekommen. Wir stolperten durch einen Eingang ... An dessen Ende stiegen wir ein paar Treppen hoch, die uns in ein altmodisch ausgestattetes Zimmer führten, wo ein Gewimmel umherlaufender Kerle beschäftigt war wie eine Schar von Ratten in einem verfallenen Käsespeicher. Einige gingen, einige kamen, einige kritzelten, einige schwatzten, einige tranken, einige rauchten, andere stritten sich, und der ganze Raum stank nach Rauch wie die Kabine eines Bootsmanns. An der Kante eines langen Tisches, nahe bei einem Lehnstuhl, lag eine dicke Bibel aufgeschlagen. Daneben zwei oder drei Steinkrüge, eine Tabakspfeife und ein bißchen brennendes Feuerholz auf einem alten Kaminrost, mit einem Kaffeetopf davor. An einem kleinen Büchergestell, inmitten von Flaschen und Gefäßen und einer Reklame für ein seltenes Schönheitsmittel zum Waschen des Gesichts, hing eine Parlamentsverordnung gegen das Trinken, Schwören und alle Arten von Flüchen ... Raritäten wie Nektar und Ambrosia wurden angepriesen, goldgelbe Elixiere, Pillen, flüssiger Schnupftabak, Schönheitswässerchen, Zahnpulver, Hustenbonbons, alle so unfehlbar wie der Papst. Sie seien gut gegen alle Sorgen und heilten jede Unpäßlichkeit – hätte mein Freund mir nicht gesagt, es sei ein Kaffeehaus, dann hätte ich es tatsächlich für eine Quacksalberbude oder das Sprechzimmer eines bekannten Marktschreiers gehalten. Nachdem wir so die ganze Zeit gesessen und uns umgeschaut hatten, bekamen wir Lust auf eine Pfeife Tabak.«

So muß, nach der Beschreibung des Tavernenbesitzers und Humoristen Edward Ward, zu Beginn des 18. Jahrhunderts ein gewöhnliches Londoner Kaffeehaus ausgesehen haben. In seiner Geschichte *Der Spion von London* läßt Ward einen schlichten Bauern mit einem Großstädter durch die Themsestadt spazieren und dabei alles, was er sieht, hört und riecht, genauestens schildern.

Abbildungen der damaligen Zeit zufolge war die Ausstattung der meisten Kaffeehäuser in England äußerst bescheiden. Eine Glaslaterne vor dem Haus lud die Besucher ein, und wenn man das Kaffeehaus betrat, nahm man üblicherweise den Hut ab, um das Mädchen hinter dem Schanktisch zu begrüßen. Denn an der Theke standen, wie ein Zeitgenosse schrieb, gewöhnlich »ein oder zwei reizende Mädchen, die den Gast mit amourösen Blicken in ihr verrauchtes Territorium einladen«. Man legt einen Penny auf den Schanktisch und bekommt dann »eine gewisse Flüssigkeit, die so schwarz wie Ruß« ist und bewirkt, »daß man schwatzt und tratscht«.

Das schwarze Getränk galt in England allgemein als gesundheitsfördernd. Ärzte empfahlen den Kaffee zur »Heilung geringfügiger Leiden«. Er erleichtere Hirn und Herz, sei deshalb bei Melancholie zu empfehlen und wirke außerdem günstig auf die Verdauungsorgane. Der damals bekannteste Londoner Arzt, Dr. Radcliffe, saß täglich im Kaffeehaus *Garraways* mit Chirurgen und Apothekern an seinem Stammtisch und bekräftigte damit sein positives Urteil über den arabischen Trank.

Ein anderer Mediziner stellte fest, daß Kaffeegenuß zu einem maßvolleren Umgang mit Alkohol beitrage. Denn seit Öffnung der Kaffeehäuser sei der bis dahin enorme Alkoholkonsum nachweisbar zurückgegangen. In Flugblättern, die vermutlich von Kaffeehausbesitzern unter das Volk gebracht wurden, hieß es daraufhin, der Kaffee stehe »in dem guten Ruf, Trunkenbolde heilen zu können«.

Anders als in Italien, Frankreich und Deutschland, wo der Kaffee durch Hafenstädte – Venedig, Marseille, Hamburg – allmählich in einem Land verbreitet wurde, verlief die Entwicklung in England. Hier wurde der Kaffee zuerst in der Provinz heimisch: 1650 eröffnete in Oxford das erste Kaffeehaus des Landes.

Der Kaffeegenuß war allerdings einigen Engländern schon früher vergönnt gewesen. So hatte zum Beispiel Harvey, der Entdecker des Blutkreislaufs, seinen Londoner Ärztekollegen bei seinem Tod 56 Pfund Kaffee vermacht, mit der Auflage, daß das Kollegium sich jeden Monat bei dem braunen Getränk versammeln solle, um miteinander fachzusimpeln. Offenkundig versprach sich Harvey von der anregenden Wirkung des Kaffees positive Effekte für die Medizin und ihre Vertreter. Ein Zeitgenosse schrieb, Harvey habe bereits vor der Öffnung von Kaffeehäusern dem Kaffee gehuldigt, den er auf privatem Weg erhalten habe.

Wie der Oxforder Antiquar Anthony Wood in seinem Tagebuch vermerkte, hatte im Jahre 1650 der Jude Jacob, zumeist unter dem Namen »Cirquis Jobson« bekannt, ein Kaffeehaus in der Gemeinde Sankt Peter in East-Oxon eröffnet, das bei den ersten Gästen sofort auf Enthusiasmus stieß.

Zwei Jahre später, 1652, trat das fremdartige Getränk seinen Weg in die englische Hauptstadt an. Ein Chronist schrieb: »Das erste Kaffeehaus in London gab es in St. Michael's Alley in Cornhill gegenüber der Kirche. Es wurde von einem gewissen Bowman (Kutscher von Mr. Hodges, einem Levante-Kaufmann, der ihn dort einsetzte) im oder um das Jahr 1652 eingerichtet.«

Für das Kaffee-Interesse in London hatte wohl als erster der Kaufmann Daniel Edwards gesorgt. Er hatte von einer Reise nach Smyrna einen griechischen Diener namens Pasqua Rosee aus Ragusa mitgebracht, der ihm jeden Morgen seinen Kaffee bereiten mußte. Diese unerhörte Neuigkeit führte so viele Bekannte in Edwards Haus, daß der Kaufmann oft einen ganzen Vormittag darauf verwenden mußte, mit seinen Besuchern Kaffee zu trinken. Da ihm dies auf die Dauer aber zu zeitraubend war, richtete er für seinen Diener Pasqua einen öffentlichen Verkauf ein.

Das Kaffeehaus des Griechen hatte bald einen so großen Zulauf, daß sich die Bierhändler und Gastwirte in der Nachbarschaft mit einer Bittschrift an den Bürgermeister wandten, um den lästigen Konkurrenten loszuwerden, der ja »kein freier Mann« war. Hodges, der Ratsherr dieses Bezirks, setzte daraufhin seinen Kutscher Bowman, der englischer Staatsbürger war, als Mitteilhaber ein. Pasqua, der Grieche, wurde bald »wegen schlechten Benehmens« aus England ausgewiesen, und Bowman war nun alleiniger Inhaber des ersten Londoner Kaffeehauses.

Erst vier Jahre später bekam Bowman einen Rivalen in der Stadt – den Barbier und Chirurg James Farr, der in der Fleet Street das »Regenbogen-Kaffeehaus« eröffnete. Farr geriet allerdings bald in Schwierigkeiten mit seinen Nachbarn, die ihn vor Gericht brachten, weil der Röstgeruch sie störte. In den Gerichtsakten von 1656 ist vermerkt, daß »der Barbier James Farr, der ein Getränk herstellt und verkauft, das Kaffee heißt, mit der Herstellung dieses Getränks seine Nachbarn durch üble Gerüche belästigt und auch damit, daß er den größten Teil des Tages und der Nacht ein Feuer brennen läßt, wodurch sein Schornstein in Brand geraten ist und die Nachbarn in Furcht und Gefahr gebracht hat«. Doch die Richter waren möglicherweise selber Kaffeetrinker, jedenfalls durfte Farr sein Kaffeehaus trotz des Geruchs weiterführen, und ein Jahr später, 1657, eröffnete Thomas Garway, »Tabakhändler und Kaffee-Mann«, wie er sich selber nannte, das berühmt gewordene *Garraway's* in der Change Alley Nr. 3.

Nun gab es für die Verbreitung des exotischen Tranks kaum noch Hindernisse. Erst der große Londoner Brand im Jahre 1666, der den größten Teil der Altstadt in Asche legte und dabei auch zahlreiche Kaffeehäuser zerstörte, blockierte für kurze Zeit den Siegeszug des schwarzen Wassers. Aber bald sprossen überall neue Kaffeehäuser aus dem Boden, und viele Engländer, die der puritanischen Gemütlichkeit des »Home, sweet home« anscheinend überdrüssig waren, genossen nun das preiswerte Getränk außerhalb des Hauses in munterer Gesellschaft. In Covent Garden und den angrenzenden Straßen befanden sich damals die meisten Vergnügungstätten, vor allem Nachtlokale. In dieser Gegend siedelten sich auch zahlreiche Kaffeehäuser an. Allein in der Russel Street, zwischen Covent Garden und dem Drury Lane Theatre, öffneten drei der berühmtesten ihre Pforten: *Will's, Button's* und *Tom's.*

Gewöhnlich kamen die meisten Gäste abends gegen 18 Uhr. Der Genuß des »schwarzen und bitteren Getränks« war nicht der einzige Grund, ein Kaffeehaus zu besuchen. Eine mindestens ebensogroße Rolle spielten die Unterhaltung unter den Gästen, die geschäftliche und politische Information und der Stadtklatsch. Denn wer, so fragte der Schriftsteller und Journalist Daniel Defoe, würde wohl ins Kaffeehaus gehen, wenn es dort keine Neuigkeiten zu hören gäbe?

In den Kaffeehäusern versammelten sich Angehörige aller gesellschaftlichen Gruppen. Über die Zusammensetzung der Gäste in den einzelnen Lokalen und über ihre Vorlieben für bestimmte Häuser gab Ende des 17. Jahrhunderts die *National Review* die folgende plastische Schilderung: »Jeder Beruf und Handelsstand, jede Klasse und Partei hatte ein bevorzugtes Kaffeehaus. Die Juristen diskutierten über Rechtswissenschaft oder Gelehrsamkeit, kritisierten den neuesten Fall … bei *Nando's* oder im *Grecian,* in der Nähe des *Temple.* Hier prunkten morgens die jungen Stutzer der Rechtskollegien mit ihren Roben aus chinesischer Seide und ihren Spitzenhüten und stolzierten abends nach dem Theater mit ihrer spitzenbesetzten Amtskleidung und Brabanter Halskrausen einher. Die ›City‹-Leute trafen sich, um das Steigen und Fallen der Aktien zu erörtern und den Stand der Versicherungsprämien festzustellen, bei *Garraway's* oder im *Jonathan's.* Die Geistlichen tauschten bei *Truby's* oder im *Child's* in St. Paul's Churchyard den neuesten Universitätsklatsch aus oder stellten Betrachtungen über Dr. Sacheverells letzte Predigt an. Die Soldaten fanden sich mit ihren Beschwerden im *Old Man's* oder *Young Man's* in der Nähe von Charing Cross ein. Das *St. James's* und das *Smyrna* waren das Hauptquartier der Whig-Politiker, während die Tories den *Cocoa Tree* oder *Ozinda's* viel besuchten, die alle in der St. James's Street gelegen waren. Schotten hatten ihre Zusammenkünfte im *Forest's,* Franzosen bei *Giles's* oder *Old Slaughter's* in St. Martin's Lane. Die Spieler würfelten im *White's* oder in den Schokoladenhäusern um Covent Garden herum, die Künstler besuchten das *Gresham College,* und die führenden Schöngeister versammelten sich bei *Will's, Button's* oder *Tom's* in der Great Russel Street, wo nach dem Theater Pikett gespielt wurde und die beste Unterhaltung bis Mitternacht herrschte. London-Besucher aus Schottland verkehrten im *British Coffeehouse.* Angehörige des Heeres hielten Rat im *Old Man's,* die reicheren Bürger und Kaufleute unterhielten sich bei *Lloyd's* über die Aktienkurse. Bei *Robin's* und *Mrs. Rochefort's* berieten sich die ausländischen Gesandten und Bankleute. Kunstfreunde beehrten *Don Saltero's Coffeehouse* in Cheyne Walk, Chelsea, mit ihrer Gegenwart.«

Anfangs bestand die Kundschaft der Londoner Kaffeehäuser fast ausschließlich aus Männern. Mit dieser Situation mochten sich allerdings die verlassenen Ehefrauen auf die Dauer nicht abfinden. 1674 veröffentlichten deshalb viele von ihnen ein offenherziges Pamphlet, eine »Petition der Frauen gegen den Kaffee, mit der der Öffentlichkeit die großen Nachteile vor Augen geführt werden sollen, die dem weiblichen Geschlecht aus dem exzessiven Gebrauch dieser austrocknenden, schwächenden Flüssigkeit erwachsen«. Die Frauen beklagten, daß der Kaffee ihre Männer »so unfruchtbar mache wie die Wüste, aus der die unglückselige Bohne stammen soll«, und sie befürchteten, daß »die Abkömmlinge der früher so kraftvollen Ahnen künftig zu einer Nachkommenschaft von Affen und Pygmäen zusammenschrumpfen« könnten.

Doch dieser dringende Appell nutzte den Frauen nichts, die Männer blieben ihren neuen Gepflogenheiten treu. Fruchtbar war dann erst die Entscheidung einiger Lokalbesitzer, aus ihrer Kneipe mit Kaffeeausschank ein gepflegtes

Kaffeehaus zu machen, das schon rein äußerlich dem Geschmack der Damen entgegenkam. Tatsächlich begannen nun auch manche Frauen, diese ansehnlicheren Häuser zu besuchen. Aber der weitaus größte Teil der Kundschaft waren vorläufig noch immer die Männer.

Und schon gab es wieder neue Klagen über den demoralisierenden Einfluß der Cafés. Sie seien »große Feinde der Sorgfalt und des Fleißes«, hieß es in einer Flugschrift von Kaffeehausgegnern, »und sie sind der Verderb mancher ernsten und hoffnungsvollen Herrn und Kaufleute gewesen, die vor dem Besuch dieser Orte fleißige Studenten oder Ladeninhaber waren. Wenn sie Freunde treffen, sitzen sie da drei oder vier Stunden. Dann, wenn ein neuer Bekannter erscheint, und so einer nach dem anderen den ganzen Tag über, haben sie häufig fünf oder sechs Stunden zusammen in einem einzigen Kaffeehaus zugebracht.«

Ein anderer Mahner betrachtete das Problem von der volkswirtschaftlichen Seite und bemerkte: »Die Kaffeehäuser behindern vielfach den Absatz von Gerste, Malz und Weizen, die Erzeugnisse unseres Landes, und dadurch drücken sie die Preise dieser Getreidesorten, folglich den Pachtzins des Landes; und das zum Ruin der Pächter, die ihr Korn, wenn sie es haben, nicht verkaufen können. Das ist zum Schaden der Gutbesitzer, deren Pachtinhaber nicht imstande sind zu zahlen, weil sie keinen Absatz für die Erzeugnisse ihrer Höfe haben.«

Über die Sucht nach Tagesklatsch, die unersättliche Gier nach Neuigkeiten ereiferte sich ein dritter Kaffeehausfeind in einem Flugblatt. Es sei eine wahre Seuche und für manche Familien verhängnisvoll, daß selbst »die gewöhnlichsten Kleinkaufleute und Handwerker ganze Tage in Kaffeehäusern verbringen, um Neuigkeiten zu hören und über Politik zu schwatzen, während ihre Frauen und Kinder zu Hause nach Brot verlangen, und da ihr Geschäft vernachlässigt wird, werden sie selbst ins Gefängnis geworfen oder gezwungen, zum Soldatenhandwerk zu greifen«.

Ob es wirklich die Kaffeehäuser waren, die manche Familien in den Ruin führten, ist schwierig zu entscheiden; denn immerhin wurden gerade in solchen Cafés oft auch kaufmännische Verhandlungen geführt und erfolgreiche Abschlüsse erzielt. Als problematischer erwiesen sich die ständigen politischen Debatten in Kaffeehäusern, denn viele Lokale entwickelten sich, in Ermangelung von Tageszeitungen, zu regelrechten Nachrichtenbörsen und Diskussionszentren. Zwar hatte Alexander Pope im Jahre 1712, in seinem Gedicht *Der Lockenraub,* zum Lob des Kaffees beigetragen, indem er dem schwarzen Getränk zuschrieb, es mache »die Politiker weise, daß klar sie seh'n, was schwarz verhüllt die Nacht«. Aber regierungsfreundliche Beobachter sahen, wie ein zeitgenössischer Kritiker schrieb, in Kaffeehäusern »die Pflanzschulen des Aufruhrs und Stätten für die Verbreitung von Lügen« und den Nährboden für »geradezu verräterische Gespräche«. Vor allem die beiden von Whig-Anhängern besuchten Cafés, das *St. James's* und das *Smyrna Coffeehouse,* galten in dieser Hinsicht als brisante Lokalitäten.

Um möglichen politischen Unruhen, die von solchen Örtlichkeiten ausgehen könnten, vorzubeugen, entschied sich die englische Regierung zu einem radikalen Mittel: Sie ließ alle Kaffeehäuser schließen. In einer Proklamation vom 29. Dezember 1675 hieß es zur Begründung dieser amtlichen Maßnahme, »daß in solchen Häusern und durch das Zusammenströmen unzufriedener Elemente dort verschiedene falsche, böswillige und schändliche Nachrichten verbreitet und ausgestreut wurden, zur Schmähung der Regierung Seiner Majestät und zur Störung von Ruhe und Frieden im Reich.«

Mit der Schließung der Kaffeehäuser hatte die Regierung allerdings, anscheinend ohne es zu ahnen, in ein Wespennest gestochen. Offenbar war sie sich nicht über die Bedeutung klar, die die Kaffeehäuser inzwischen bekommen hatten: Sie waren Versammlungsorte geworden, in denen sich eine öffentliche Meinung bildete. Damit waren sie, wie die Regierung plötzlich erkennen mußte, ein unvorhergesehener Machtfaktor, der nicht mit einem offiziösen Federstrich einfach zu beseitigen war. Kaum war die Proklamation erschienen, als sich eine Welle des Protests gegen diesen als ungesetzlich empfundenen Akt erhob. Die Kaffeehausbesucher sahen sich ihres wichtigsten Diskussionsforums beraubt und waren nicht bereit, diese Entscheidung widerspruchslos hinzunehmen.

Überrascht von der starken Gegenwehr fühlte sich die Regierung gedrängt, ihre Entscheidung zu revidieren. Hierzu trug eine Bittschrift der Kaffeehausbesitzer bei, deren Existenz auf dem Spiel stand und die hoch und heilig versprachen, in Zukunft dafür zu sorgen, daß in ihren Häusern jegliche Schmährede gegen die Regierung unterbleibe. Durch dieses Gesuch ließ sich die Behörde umstimmen und gab wenige Wochen nach der ersten eine zweite Verordnung bekannt, in der den Inhabern die Öffnung ihrer Häuser gestattet werde, aber »mit der strengen Ermahnung, daß die Besitzer dort das Verlesen aller schmähenden Schriften, Bücher und Flugblätter unterdrücken und jedermann hindern sollten, ehrenrührige Nachrichten gegen die Regierung zu verbreiten«.

Nach dieser kurzen Unterbrechung, die für die Kaffeehäuser, entgegen der Regierungsabsicht, eine kräftige Werbe-

wirkung hatte, begannen sich die Cafés nun erst recht auszubreiten. 1683 berichtete ein französischer Reisender, daß
es allein in der englischen Hauptstadt ungefähr dreitausend
Kaffeehäuser gebe. Vier Jahre später nannte ein anderer
Franzose, der eine kleine Schrift über das Kaffeetrinken veröffentlichte, dieselbe Zahl, und ein englischer Autor schrieb
im Jahre 1708 in einem Bericht ebenfalls von »nahezu dreitausend« Londoner Cafés.

Viele Kaffeehäuser wurden einfach nach dem Vornamen
ihrer Besitzer benannt – man ging zu *Will's, Tom's* oder *Jonathan's*. Und der Café-Besuch wurde den meisten Londo-
nern so zur Gewohnheit, daß, wie die *National Review*
schrieb, »jemand, der einen bestimmten Herrn ausfindig
machen wollte, nicht nach seiner Adresse fragte, sondern danach, welches Kaffeehaus er besuche«.

Politische Debatten fanden natürlich weiterhin statt,
wenn auch meist mit gebotener Zurückhaltung. Zur allgemeinen Information hielt außerdem fast jedes Kaffeehaus für seine Gäste Zeitungen und Zeitschriften bereit.
Grundsätzlich untersagt waren Kartenspiele und Gespräche
über Religion. Man unterhielt sich, las, schrieb Briefe und
ließ sich auch Post an das Kaffeehaus schicken, in dem man
regelmäßig verkehrte. Ein preußischer Gesandter berichtete, er habe sogar einen Geistlichen im Kaffeehaus gesehen,
der dort hinter seiner großen Tasse an seiner Sonntagspre-
digt schrieb. Waren es lange Zeit nur Männer gewesen, die
die Kaffeehäuser besuchten, so kamen nun auch Frauen, die
Genuß am Kaffee und dem Gespräch an einem neutralen
Ort fanden, wo sie nichts mehr selber vorzubereiten hatten,
sondern sich bedienen lassen konnten.

Kaffeehäuser wurden für das politische wie das soziale
Leben Englands außerordentlich wichtig. Ein anonymer Be-

fürworter des Kaffeehauses schrieb 1675: »Wohin soll denn jemand, der von hartem Studium oder der anstrengenden Plackerei eines ermüdenden Tages ermattet ist, gehen, um sich zu erfrischen? Oder wo können junge Herren oder Kleinbürger eine oder zwei Stunden am Abend harmloser und nützlicher verbringen als im Kaffeehaus? In den Menschen zu lesen ist anerkanntermaßen erfolgreicher als in Büchern. Und wo gibt es denn wohl sonst eine bessere Bibliothek für dieses Studium als dort?«

Vor allem für Satiriker war der Gang ins Kaffeehaus immer ergiebig. Die Cafés waren voll von Typen, die in Zeitschriftenartikeln oder in Komödien zur Zielscheibe von mehr oder weniger liebevollem Spott gemacht werden konnten. Hier saß der affektierte »beau«, der »coxcomb« mit seinem Knaufstock, seiner gekräuselten Perücke, dem bestickten Rock und den fransenbesetzten Handschuhen, der aufgeblasene, geistreichelnde »Wit«, über den man sich lustig machte, oder der stocknüchterne Puritaner mit dem frömmelnd zum Himmel gerichteten Blick.

Für die literarische Entwicklung wurden die Kaffeehäuser sehr bedeutungsvoll. Das Bedürfnis nach einem Ort, an dem man regelmäßig und dennoch zwanglos mit gebildeten Gleichgesinnten über literarische Themen reden konnte, war schon zur Shakespearezeit zu beobachten. Damals, zu Beginn 17. Jahrhunderts, versammelten sich in Vorläufern der Cafés, zum Beispiel in der *Mermaid Tavern* in der Friday Street, außer Shakespeare und seinen Schauspielern auch Dichter wie Beaumont, Fletcher, Ben Jonson oder John Donne.

In den Kaffeehäusern bildeten sich nun literarische Zirkel. Bei *Will's* war John Dryden lange Zeit der unbestrittene Mittelpunkt; bei *Button's* verkehrten unter anderen

Richard Steele und Joseph Addison. John Dryden, der »erste Kaffeehausmensch«, wie Hermann Westerfrölke in seiner Kaffeehaus-Studie den Dichter und Dramatiker nennt, sammelte »wie ein segenspendender Baum alle aufstrebenden Talente in seinem Schatten«. Seine literarische Belehrung wirkte befruchtend auf eine ganze Generation. Und Dryden seinerseits konnte im Kaffeehaus für die eigene literarische Produktion aus dem vollen schöpfen, denn nirgendwo sonst ließen sich so viele unterschiedliche Charaktere ausgiebig studieren, nirgendwo waren so hitzige Streitgespräche oder so anregende Dialoge zu hören wie hier.

Das spontane Alltagsgespräch und die literarische Diskussion wurden im Kaffeehaus kultiviert; die »gepflegte Konversation« entstand. »Bis zur Restaurationszeit hatten weder Schriftsteller noch Leser sich mit der durchdachten Einfachheit wahrer Konversation vertraut gemacht«, schrieb Harold Routhe in der *Cambridge History.* »Sogar Flugschriftenverfasser wie Nashe, Dekker oder Rowlands, deren einziges Ziel es war, dem Geschmack des Publikums zu folgen, hatten sich trotz ihres nachlässigen Stils niemals vom Buchwissen losgerissen, und die literarischen Cliquen, die Aufsätze und Schilderungen im Manuskript herumgehen ließen, hatten in ihren Schriften nur solche Konversation wiedergegeben, die ein Vehikel für ihre Wortspiele und Einfälle abgab. Die Leute hatten ihre literarischen Interessen auf die Bücher beschränkt, und infolgedessen war ihr Stil entweder schwerfällig oder geziert … Im Kaffeehaus war es, wo … die Leute lernten, literarische Gedanken in einem Stil, der ebenso zwanglos wie feingebildet war, zur Entwicklung zu bringen. Konversation hat eine rätselhafte Macht über erwachende Gedanken. Der Mann, der seinen Geist durch Gedankenaustausch geschult hat, ist behender und geschmeidiger als der, dessen Verstand sich durch Lesen genährt hat, und er hat in einfachen, kurzen Sätzen zu sprechen gelernt, weil das Ohr nicht wie das Auge langen Satzgebilden folgen kann. So fingen die mittleren Stände an, ihre eigene Erziehung zu vollenden. Die Kaffeehäuser hatten ihnen eine Art Organisation gegeben, einen Weg zum Gedankenaustausch und zur Bildung einer öffentlichen Meinung ihrer Klasse. Sie waren unbewußt Brüderschaften zur Verbreitung eines neuen Humanismus geworden, und ein Schriftsteller konnte nur in diesen Sammelpunkten mit den Gedanken und Gefühlen seines Zeitalters in Berührung kommen.«

Nachdrücklicher, als es Harold Routhe mit dieser Beschreibung in der *Cambridge History* getan hat, läßt sich die Bedeutung der Kaffeehäuser für – nicht nur literarische – Information und Meinungsbildung kaum darstellen. Samuel Pepys, als Verfasser der berühmten »geheimen Tagebücher«, zwar kein Schriftsteller, aber ein sorgfältiger Beobachter des Lebens in London, war häufiger Gast in Kaffeehäusern und notierte solche Besuche akribisch. In einer Aufzeichnung vom 10. Januar 1659 heißt es über einen Abend im »Rota Club«, New Palace Yard, Westminster: »Ins Kaffeehaus, wo eine Menge Herren versammelt waren … bewundernswert geführte Diskussion bis neun Uhr abends.« Und nach einem Besuch bei *Will's*, wo er ehrerbietig John Dryden an seinem Kaminplatz begrüßt, vermerkt Pepys: »Es wird sich lohnen, hierher zu kommen, denn hier gibt es sehr geistreiche und lustige Unterhaltung.«

Will's Coffee-house war von allen Kaffeehäusern, die von Literaten aufgesucht wurden, das bevorzugte, vor allem deshalb, weil dort der einflußreiche John Dryden herrschte. Das Lokal, das wegen seiner intellektuellen Kundschaft oft auch

237

Wit's genannt wurde, befand sich an der nordwestlichen
Seite der Great Russel Street und Ecke Bow Street und um-
faßte zwei anstoßende Häuser beider Straßen. Es war
ursprünglich eine Kneipe gewesen, aber sein Eigentümer,
William Urwin, hatte es zu einem Kaffeehaus gemacht.
Einer der Gäste beschrieb die Einrichtung so:
»*Will's,* wie viele der alten Häuser, hatte eine Flucht von
Treppen. Es gab hier eine regelrechte Abstufung. Der Balkon oder ein Platz in der Nähe des Kamins war während der
Wintermonate der vielbegehrte Ehrenplatz. Wahrscheinlich
waren zwei Räume zu einem einzigen zusammengelegt worden, um die zahlreichen Besucher besser unterbringen zu
können. Die Tische wurden, je nach den Gesprächsthemen,
gesondert aufgestellt.« Ein anderer Gast war besonders angetan von der feinen Gesellschaft, die sich dort abends nach
dem Theaterbesuch einfand: »Bis spät in die Nacht hinein
gibt es die beste Unterhaltung, und man kann hier berühmte Persönlichkeiten sehen, wie sie leutselig dasitzen und mit
derselben Freiheit plaudern, als ob sie ihren vornehmen
Stand und ihren Rangunterschied zu Hause gelassen hätten.«
   Mit den »berühmten Persönlichkeiten« waren vor allem
»ernste, bemühte Politiker« gemeint, die »jeden Abend völlig abgearbeitet aus dem Parlamentsgebäude kommen« und
die als »Grave Club« bei *Will's* zusammensaßen. Eine andere Gruppe, die für den Ruf des Kaffeehauses noch wichtiger
war, bildete den »Witty Club«, den Club der Dichter und Intellektuellen, unter denen John Dryden als unangefochtene
Hauptfigur galt. Und von Drydens Namen profitierte auch
das Café. »Es war Dryden«, erklärte Alexander Pope einmal, »der *Will's* Kaffeehaus zum großen Sammelpunkt der
Schöngeister seiner Zeit machte.«

Dryden war etwa seit 1674 ein regelmäßiger Besucher von *Will's*. Er saß meistens im vorderen Teil des Raumes, zur Straße hin. Sein Lehnsessel, der im Winter neben den Kamin gerückt wurde, stand im Sommer auf dem Balkon. Dryden bezeichnete die beiden Plätze als seinen Winter- und seinen Sommersitz und sprach von dort aus, wie ein Gast später erzählte, »über seine Ansichten zu Menschen und zu Büchern, umgeben von einem Schwarm bewundernder Zuhörer, die behaupteten, mit ihm übereinzustimmen, einerlei, ob sie es wirklich taten oder nicht«.

Dryden führte ein sehr geregeltes Leben. Den Vormittag verbrachte er zu Hause in seiner Studierstube. Gegen zwei Uhr aß er zu Mittag und ging danach gewöhnlich zu *Will's,* wo er bis zum späten Abend mit seinen Bekannten literarische Themen erörterte. Auch einen großen Teil seiner Korrespondenz erledigte der Dramatiker bei *Will's* und bestellte oft Dichter, Verleger oder Schauspieler zu Gesprächen ins Kaffeehaus.

Seine vielgelobten Werke trugen ihm allerdings nicht nur Verehrung ein. Der Earl of Rochester zum Beispiel, der selbst literarische Ambitionen hatte, war über Drydens Bühnenerfolge so verärgert, daß er drei Raufbolde bezahlte, die Dryden auf dem Nachhauseweg von *Will's* im Dunkeln überfielen, zusammenschlugen und halbtot liegenließen. Eine Zeitung berichtete am 19. Dezember 1679 über den Vorfall: »Vergangene Nacht wurde Dryden, der berühmte Dichter, von drei ihm unbekannten Individuen angerempelt und so roh von ihnen behandelt, daß sein Leben in nicht geringer Gefahr schwebt.« Eine andere Zeitung glaubte auch das Motiv für den nächtlichen Überfall zu kennen: »... Der Grund ist, wie vermutet wird, der, daß er in einem Essay nachteilige Bemerkungen über gewisse Personen gemacht hat ...« Es war übrigens nicht das einzige Mal, daß Dryden für literarische Schelte körperlich büßen mußte. Der Dichter hatte einmal über den Herzog von Buckingham und seine literarische Kenntnis positiv gesprochen, ihn aber zugleich einen Schwindler und Clown genannt. Der Herzog suchte Dryden in seinem Stammcafé auf, warf ihm schlechte Manieren vor und verprügelte ihn eigenhändig. »Das ist für Ihr schlechtes Benehmen«, sagte er dazu, »und dies« – dabei drückte er dem Dichter eine Geldbörse mit 30 Guineen in die Hand – »für Ihren geistvollen Witz.«

Bei *Will's* aber blieb Dryden der unumschränkte geistige Führer. »Sich vor ihm zu verbeugen und seine Meinung über Racines neueste Tragödie oder Bossus Abhandlung über epische Poesie zu hören, wurde für ein Privileg gehalten«, schrieb ein Zeitgenosse über Drydens Zuhörer. »Ängstlich saßen sie da, schüchtern, in so bedeutender Gesellschaft den Mund aufzumachen. Wenn sie eine Meinungsäußerung wagten, taten sie es mit der größten Zurückhaltung und beglückwünschten sich gegenseitig, wenn sie günstig aufgenommen worden war.« Als größtes Lob des Dichterfürsten galt allerdings, wenn einer seiner Verehrer gewürdigt wurde, eine Prise aus Drydens Schnupftabaksdose zu nehmen. Wem das gestattet wurde, dem war die höchste Weihe zuteil geworden, und er durfte sich mit gutem Recht als wahrer »Wit« fühlen.

Drydens absolute Vormachtstellung in literarischen Belangen war für viele angehende, aber auch für arrivierte Schriftsteller ein Problem. Mit dem Dichterkreis bei *Will's* mußte sich jeder von ihnen auseinandersetzen, ob er wollte oder nicht. Und so tauchten in Drydens Kaffeehaus Schriftsteller und Dichter wie Swift und Pope, Addison und Steele, Wycherley, Congreve und viele andere auf, manche regelmäßig, manche gelegentlich und manche nur widerwillig. Neben Dryden war der junge Jonathan Swift wohl die stärkste Persönlichkeit unter den damaligen Schriftstellern. Der Ire Swift ging, wenn er in London war, eher zu *Button's*, ins *Smyrna* oder ins *St. James* als zu *Will's*, wo er von seinem ehemaligen Schulfreund William Congreve eingeführt worden war. Swift behagte die kritiklose Anbetung nicht, die Dryden von seinem Kreis entgegengebracht wurde.

Alexander Pope dagegen bemühte sich schon früh um die Bekanntschaft mit dem Literaturpapst im Kaffeehaus. Ob er ihn tatsächlich einmal kennengelernt hat, ist nicht ganz sicher. Zumindest gibt es eine Anekdote über ein Zusammentreffen des greisen Dichters und des blutjungen Anfängers bei *Will's*. Sir Charles Wogan soll Pope eines Tages mit in das Kaffeehaus genommen und ihn dem alten Dryden als Wunderknaben präsentiert haben. Dryden habe daraufhin dem jungen Pope, der damals etwa zwölf Jahre alt gewesen sein soll, für eine kleine literarische Arbeit einen Schilling geschenkt.

Dryden starb im Jahre 1700, und erst fünf Jahre später, mit siebzehn Jahren, wurde Pope ein Stammgast im *Will's*. Auch er war ein regelmäßiger Kaffeehausbesucher und ein hochgeachteter Dichter. »Wir sitzen hier immer noch, kritisieren und trinken Kaffee wie früher«, schrieb er im Oktober 1713 an einen Bekannten.

Aber auf die Dauer schien der Kaffee dem Dichter des *Lockenraubs* nicht gut zu bekommen – Pope bekam hartnäckige Kopfschmerzen, wenn er Kaffeeduft einatmete. So zog er sich eines Tages von der Stadt auf das Land zurück, wo es keine Kaffeehäuser gab, »from *Will's* to Windsor forrest«, wie er, in der früher üblichen Schreibweise, anderen Kaffeehausbesuchern mitteilte.

Obwohl viele Dichter auch nach Drydens Tod das *Will's* weiterhin regelmäßig besuchten, hatte sich die Atmosphäre dort doch entscheidend verändert. Auf Drydens Lehnstuhl gab es keinen Nachfolger mit ähnlich dominierender Ausstrahlung. In der Zeitschrift *Tatler* erinnerte sich Richard Steele wehmütig der vergangenen Zeiten und klagte über den Niedergang des Cafés: »Da konnte man früher in der Hand eines jeden, den man traf, Dichtungen, Epigramme und Satiren sehen; aber jetzt gibt es bloß noch Spielkarten. Und statt der Sophistereien über die Wendung des Ausdrucks, die Eleganz des Stils und dergleichen streiten sich die Gelehrten jetzt nur über die Redlichkeit beim Kartenspiel.«

Jonathan Swift hatte sich schon längst aus dem *Will's*-Kreis zurückgezogen. Obwohl er mit Dryden verwandt war, kritisierte er den verstorbenen Literaturpapst und seinen Kreis nachträglich noch heftig. In seinem *Essay über die Konversation* schrieb er: »Die schlechteste Unterhaltung, die ich je in meinem Leben mich erinnere gehört zu haben, war die in Will's Kaffeehaus, wo die ›Wits‹, wie man sie nennt, sich früher zu versammeln pflegten, das heißt fünf oder sechs Leute, die Stücke oder wenigstens Prologe geschrieben oder an vermischten Schriften Anteil hatten, kamen dorthin und unterhielten sich über ihre lumpigen Geisteserzeugnisse mit so wichtigtuerischer Gebärde, als seien sie die vornehmsten Kräfte der menschlichen Natur oder als hinge das Geschick ganzer Königreiche von ihnen ab.«

Der Grund für Swifts gereiztes Urteil über den einflußreichen Dryden und dessen vorbehaltlose Bewunderer lag vermutlich darin, daß Dryden seinen Verwandten einmal sehr beleidigt hatte: Bei der Lektüre von Swifts Oden hatte er ein vernichtendes Urteil gesprochen. »Vetter Swift«, hatte der Literaturgewaltige unumwunden gesagt, »aus dir wird nie ein Dichter werden.«

Bevor John Dryden im Jahre 1700 starb, hatten die *Will's*-Gäste schon einmal einen Todesfall beklagen müssen: William Urwin, der Inhaber, war 1695 gestorben. Der liebenswürdige Kaffeehausbesitzer, den seine Kundschaft gern »Willi, den Weisen« nannte, war zu vielen mittellosen Poeten vielleicht doch etwas zu großzügig gewesen und hatte zuviel Kredite gegeben. Wegen drückender Schuldenlasten mußte er schließlich die Leitung des Kaffeehauses aufgeben. Ohne großes Aufsehen zu erregen, verschwand er eines Tages aus dem Gesichtskreis seiner Schuldner und seiner Gläubiger. Mit Mühe und Not entging er der Einkerkerung im Schuldgefängnis und lebte bis zu seinem Tod unter der Obhut von Mönchen, den »White Friars« in der Fleet Street, im damaligen Schuldnerasyl.

Von den nach Drydens Tod übriggebliebenen *Will's*-Stammgästen zog sich Joseph Addison etwa im Jahre 1712 als erster zurück, allerdings nicht ohne sofort für Café-Ersatz zu sorgen. Schräg gegenüber von *Will's* war zu der Zeit ein neues Haus gebaut worden. Addison setzte dort Daniel Button, den Diener seiner späteren Frau, der Gräfin von Warwick, als Kaffeehauspächter ein und nannte das Lokal *Button's Coffeehouse.*

Das *Button's* zog wieder die meisten Londoner Literaten und Kunstfreunde an, unter ihnen Swift und Pope, den Gelehrten Martin Folkes, den Grafen Viviani und die Maler Sir Godfrey Kneller und William Hogarth. Im Schmuck ihrer großen Perücken saßen sie Abend für Abend dort und diskutierten über Kunst und Politik. »Bei einer Pfeife Tabak, eine kleine Wachskerze vor sich, steckten sie ihre Köpfe bis Mitternacht zusammen«, schilderte der *Spectator,* die von

Addison und Steele herausgegebene Zeitschrift, die nächtliche Kaffeehausszene. »Und wenn ein Fremder kam, um seine Pfeife an demselben Licht anzuzünden, wurde er eingeladen Platz zu nehmen. Denn das Anzünden einer Pfeife an derselben Kerze wird unter Raucherbrüdern als Eröffnung von Unterhaltung und Freundschaft angesehen.«

Aber *Button's* Kaffeehaus war nur ein Leben von sechs oder sieben Jahren beschieden, zum einen deshalb, weil Addison, der führende Kopf der Literatengruppe, früh starb; zum anderen, weil andere »Wits« aus London fortgingen. Steele zog sich nach Wales zurück, Swift war durch sein geistliches Amt an Irland gebunden, und Pope, der sich in Twickenham ein Landhaus bauen ließ, blieb meist dort. In einem Brief an einen Freund schrieb er in resignierendem Ton: *»Button's* ist nicht mehr *Button's.«* Daniel Button, der Inhaber des Kaffeehauses, verarmte und mußte von der St. Paul's-Gemeinde unterstützt werden, die wenig später auch sein Begräbnis bezahlte.

Über das Leben in den englischen Kaffeehäusern erfuhr die Öffentlichkeit nicht nur von einigen Stammgästen, sondern vor allem durch die sogenannten moralischen Wochenschriften, die von Addison und Steele herausgegeben wurden. Der *Tatler,* der *Spectator* und der *Guardian* informierten ihr Publikum sorgfältig über alles, was in den Kaffeehäusern vor sich ging. Die erste Nummer des *Tatler,* vom 12. April 1709, erklärte programmatisch, in welcher Rubrik einzelne Themen abgehandelt werden würden: Mode, Vergnügen und Unterhaltung sei unter *White's Chocolatehouse* zu finden; Literatur unter *Will's Coffeehouse;* Bildung und Gelehrsamkeit unter dem *Grecian,* und ausländische wie inländische Neuigkeiten werde man aus dem *Saint James's Coffeehouse* erhalten.

Mit dem *Tatler* wendete sich Steele ausdrücklich an »die würdigen Bürger, die mehr im Kaffeehaus als in ihren Geschäften leben«. Daß er damit die richtige Kundschaft ansprach, bewies der beispiellose Erfolg der Zeitschrift, von der jeden Tag etwa 4000 Stück gekauft wurden. Um so enttäuschter waren die Leser, als der *Tatler* (Plauderer) am 2. Januar 1711 plötzlich sein Erscheinen einstellte. »Sein Verschwinden schien wie ein allgemeines Unglück beklagt zu werden«, schrieb ein Chronist und stellte fest, daß vor allem die Kaffeehäuser von diesem Verlust betroffen sein würden, denn »allein das eifrige Arbeiten des Herrn Plauderers hatte ihnen mehr Gäste zugeführt als alle anderen Zeitungen zusammen«.

Doch am 1. März desselben Jahres erschien ein neues Blatt, der *Spectator*. Darin wurde zwar die Einteilung des Lesestoffs nach Kaffeehäusern fallengelassen, aber der Herausgeber verpflichtete sich, durch regelmäßigen Besuch aller bekannten Cafés dem Publikum alles Wissenswerte mitzuteilen.

»Manchmal«, so erklärte er, »sieht man mich, wie ich meinen Kopf in eine Runde von Politikern bei *Will's* stecke und voll gespannter Aufmerksamkeit den Geschichten zuhöre, die in jenen kleinen Sammelpunkten erzählt werden. Manchmal rauche ich eine Pfeife bei *Child's,* und während ich auf nichts als auf den Postboten zu achten scheine, höre ich die Unterhaltung an jedem Tisch im Raum. Sonntagabends erscheine ich im *St. James's* und geselle mich manchmal den kleinen politischen Ausschüssen zu … Mein Gesicht ist im *Grecian* genausogut bekannt wie im *Cocoa Tree,* und gelegentlich werde ich in der Versammlung von Effektenhändlern bei *Jonathan's* für einen Juden gehalten.«

Der *Spectator* fühlte sich für die Weiterbildung, das gute

245

Benehmen und die Geschmacksverfeinerung seiner Leserschaft zuständig. Er wollte aber nicht nur niveauvoll informieren und unterhalten, sondern sich auch von seinem Publikum über dessen Vorlieben oder Beschwerden unterrichten lassen. Eine entsprechende Kolumne enthielt beispielsweise die Klage von Kaffeehausbesuchern über einen jungen Herrn, der die Gäste ständig in ihrer Lektüre oder ihren Gesprächen störte, indem er immer wieder ein selbsterdachtes Lied sang. Der *Spectator* war sich mit sämtlichen Gästen darüber einig, daß es sich hierbei um einen Fall von grober Rücksichtslosigkeit handele und der junge Mann offenbar ein »unkorrigierbares Wesen ohne das leiseste Schamgefühl« habe. In einer anderen Nummer setzte sich die Zeitschrift kritisch mit den vielen Verbreitern von Klatschgeschichten in den großen Kaffeehäusern auseinander, »die tagtäglich Unheil in unserer Stadt anrichten«.

Dem *Spectator* folgte, nach knapp zweijähriger Lebensdauer, im März 1713 der *Guardian,* etwa in der gleichen Zeit, als viele Literaten zu *Button's* abwanderten. Der *Guardian* existierte nur bis zum Oktober desselben Jahres, war aber ein sehr beliebtes Sprachrohr der Kaffeehausbesucher. Einen besonders intensiven Zusammenhalt zwischen der Zeitschrift und den Lesern garantierte ein Löwenkopf, der an der Westseite von *Button's* angebracht war und dessen weitaufgerissenes Maul als Briefkasten fungierte. Ob sich die Gäste des Cafés über die langen Galadegen mancher Besucher erregten oder Anstoß nahmen an den fehlenden Halskragen mancher Damen, die ihre Reize allzu offen preisgaben – alle Klagen oder Wünsche wurden per Brief im Maul des Löwen versenkt und kamen anschließend im *Guardian* zur Sprache.

Eine merkwürdige Szene soll sich in dieser Zeit im *But-*

ton's zugetragen haben: Gäste des Kaffeehauses hatten an mehreren Tagen hintereinander einen fremden Pfarrer hereinkommen sehen. Er legte jedesmal seinen Hut auf einen Tisch und begann dann, ohne mit einem Menschen zu reden, eine halbe oder sogar eine ganze Stunde lang im Kaffeehaus auf und ab zu gehen. Anschließend nahm er seinen Hut wieder, zahlte am Schanktisch den üblichen Penny und verließ stumm das Haus.

Da dieser Vorgang sich mehrere Male wiederholte, waren die Gäste sich einig, daß es sich hier um jemanden handele, der nicht ganz bei Sinnen sei, und sie nannten den Fremden den »verrückten Pfarrer«. Eines Abends erschien der Pfarrer wieder im Kaffeehaus und begann wie gewohnt hin und her zu gehen. Dann aber wandte er sich plötzlich an einen Gast in hohen Reitstiefeln, der vom Land zu kommen schien, und fragte ihn: »Verzeihung, mein Herr, erinnern Sie sich, daß irgendwann in Ihrem Leben gutes Wetter war?« Die Kaffeehausgäste unterbrachen ihre Gespräche und hörten neugierig der kleinen Unterhaltung zu. Der Gast in den Reitstiefeln, der von der merkwürdigen Frage überrascht worden war, antwortete nach kurzer Überlegung freundlich: »Ja, mein Herr, Gott sei Dank, ich kann mich an sehr viel gutes Wetter in meinem Leben erinnern.« Darauf der Pfarrer: »Das kann ich von mir nicht behaupten. Ich erinnere mich an kein Wetter, das nicht entweder zu heiß oder zu kalt oder zu naß oder zu trocken war. Aber wie auch immer der Allmächtige es möglich macht – am Ende des Jahres ist alles sehr gut.« Mit diesen Worten beendete der fremde Besucher die knappe Unterhaltung, nahm seinen Hut und verließ das Kaffeehaus, ohne von den verblüfften Anwesenden weiter Notiz zu nehmen.

Der »verrückte Pfarrer« war Jonathan Swift, der sich zwar

247

gelegentlich im *Button's* aufhielt, dessen Lieblingskaffeehaus aber das *St. James's* war. Wenn die Anekdote auf Wahrheit beruht, hat sie sich vermutlich eher dort als im *Button's* abgespielt. Das *St. James's* wird in Swifts Tagebuch häufig zitiert. Er traf sich dort zu Gespräch und Abendessen mit Bekannten und ließ sich auch seine Briefe dorthin senden; sein Postfach war »ein Glasrahmen an der Bar«, und er bekam die Post entweder unter seinem Spitznamen »Presto« oder unter Addisons Namen. Selbst ein lebhafter Briefwechsel mit Erzbischof King in Dublin ging über das Kaffeehaus. »Hochwürden wollen bitte Eure Anweisungen für mich an das *St. James's Coffeehouse* richten«, bat er und erhielt Briefe mit der Aufschrift: »For the Revd. Dr. Swift at *St. James's Coffeehouse* in Pall Mall.«

Allmählich schien aber Swift wie auch vielen seiner schreibenden Kollegen der Kaffeehausbesuch zu anstrengend zu werden. Nicht der Kaffee, sondern die langen Nächte setzten Swifts Gesundheit zu. Und auch die Gesellschaft in seinem bevorzugten Kaffeehaus veränderte sich anscheinend, was Swift mißmutig notierte: »*St. James's Coffeehouse* ist ein sehr langweiliger Ort geworden.« Und in einem Brief vom 10. April 1711 an Erzbischof King schrieb er: »Ich habe damit aufgehört, Kaffeehäuser zu besuchen.«

Dabei blieb es offenbar, denn Jahre später betonte Swift in Briefen immer wieder, daß er »ein Fremder in Kaffeehäusern« sei und nie mehr dorthin gehe. Das hieß aber nicht etwa, daß Swift auch dem Kaffeegenuß abgeschworen hätte. Mit Esther Vanhomrigh, der von Swift liebevoll verehrten »Vanessa«, teilte er die Vorliebe für das schwarze Getränk und schrieb ihm alle erdenklichen guten Wirkungen zu. »Kaffee macht uns ernsthaft, nachdenklich und philosophisch«, schrieb er ihr in einem Brief und wünschte ihr, sie

möge »eine außerordentliche Gelehrte, eine bewunderns-
werte Kinderpflegerin, eine perfekte Hausfrau und eine
große Kaffeetrinkerin« werden. In einem anderen Brief
heißt es, die beste Lebensmaxime sei für ihn die, seinen Kaffee zu trinken, und wenn man keinen hätte, dann auch bequem ohne ihn auskommen zu können. »Denk daran«, erinnerte er Vanessa scherzhaft, »ein gutes Leben besteht zu
neun Zehnteln aus Reichtümern, das übrige Zehntel ist die
Gesundheit – das Kaffeetrinken kommt zwar erst viel später,
aber es ist das elfte.«

Gegen Ende des 18. Jahrhunderts schlossen viele Kaffeehäuser ihre Pforten, weil immer weniger Gäste kamen. Wie
es zu dem schleichenden Verfall der englischen Coffee-hou-
ses kam, blieb unklar, denn der Kaffee war nicht schlechter
als vorher. »Man kann kaum sagen, warum es so war«, rät-
selte ein Chronist, »außer, daß eben alle menschlichen Insti-
tutionen irgendwann einmal untergehen.«

Der Reiz der Neuheit war offenkundig dahin. Aber ein
neuer Reiz war inzwischen entdeckt worden: Etliche bekannte Kaffeehäuser wurden in Clubs umgewandelt. Verschiedene Berufsgruppen empfanden das Bedürfnis, mehr
unter sich sein zu können. Um sich enger zusammenzu-
schließen und Berufsfremde fernzuhalten, wurden bestimmte Räume ausschließlich von bestimmten Gruppen gemietet,
wofür die Mitglieder einen kleinen Beitrag zahlten. Nur wenige Kaffeehäuser, wie das *Bedford, Tom's* oder der *Turk
Head,* blieben ihrem bisher gewohnten Stil noch eine Zeitlang treu und pflegten weiterhin die Beziehung zu Literaten.
Aber nach und nach wichen auch die letzten literarischen
Kaffeehäuser den literarischen Clubs – die früher öffentlichen Diskussionen fanden nun hinter verschlossenen Türen
statt.

BILDNACHWEIS

© Archiv für Kunst und Geschichte, Berlin: 1, 3, 6, 7, 8, 9, 10, 11
© Ullstein Bilderdienst, Berlin: 5
© VG Bild-Kunst, Bonn 1997: 8
© Bilderdienst Süddeutscher Verlag, München: 2, 4, 12

LITERATURANGABEN

GABRIEL BARYLLI, *Butterbrot,* Roman; Nymphenburger, München 1989

GODFRIED BOMANS, *Römische Impressionen;* Langen-Müller, München 1956

RUDOLF BORCH, *Schopenhauer,* Sein Leben in Selbstzeugnissen, Briefen und Berichten; Propyläen, Berlin 1941

MAX BROD, *Der Prager Kreis;* Kohlhammer, Stuttgart 1966

HELMUTH BURGERT, *Das Wiener Kaffeehaus;* Heimat-Verlag Brixlegg/ Tirol

EUGEN C. BÜRGIN, *Kaffee;* Sigloch Edition, Künzelsau/Thalwil/ Salzburg 1978

JEAN CHALON, *George Sand,* Ein Leben in Leidenschaft; Nymphenburger, München 1993

HEINRICH CUNOW, *Politische Kaffeehäuser,* Pariser Silhouetten aus der großen Französischen Revolution; Dietz Verlag Nachfolger, Berlin 1925

GÉZA V. CZIFFRA, *Der Kuh im Kaffeehaus,* Die Goldenen Zwanziger in Anekdoten; Knaur, München 1983

CHARLES DICKENS, *Italienische Reise;* Societäts-Verlag, Frankfurt a. M. 1981

EICHINGER/SAWATZKI/ZEY, *Im Café,* Vom Wiener Charme zum Münchner Neon; Harenberg, Dortmund 1987

JOH. W. V. GOETHE, *Werke in sechs Bänden,* Bd. 6; Artemis & Winkler, München 1992

G. GRIMM/U. BREYMAYER/W. ERHART, *»Ein Gefühl von freierem Leben«,* Deutsche Dichter in Italien; Metzler, Stuttgart 1990

EVA GRÜNDEL/HEINZ TOMEK, *»Richtig reisen« Prag;* DuMont, Köln 1993

251

GUSTAV GUGITZ, *Das Wiener Kaffeehaus;* Deutscher Verlag für Jugend und Volk, Wien 1940

RENATO GUTTUSO, *Gemälde und Zeichnungen;* Kunsthalle Tübingen 1991, vgl. Gerd Hatje

HOLGER HASENKAMP/KATERINA VASTELLA (Hg.), *Das Wiener Café;* Jacobs Suchard Museum, Zürich 1989

ULLA HEISE, *Kaffee und Kaffeehaus,* Eine Kulturgeschichte; Olms Presse, Hildesheim/Zürich/New York 1987

FRANZ HUBMANN (Hg.), *Café Hawelka,* Ein Wiener Mythos; Brandstätter, Wien 1982

KARL-HEINZ JÄHN, *Das Prager Kaffeehaus,* Literarische Tischgesellschaften; Volk und Welt, Berlin 1988

WOLFGANG JÜNGER, *Herr Ober, ein' Kaffee!* Illustrierte Geschichte des Kaffeehauses Goldmann, München 1955

FRANZ KAFKA, *Briefe an Milena;* Fischer, Frankfurt a. M. 1983

HERMAN KESTEN, *Dichter im Café;* Ullstein, Frankfurt a. M. 1983

T. KLANICZAY/J. SZAUDER/M. SZABOLCSI, *Geschichte der ungarischen Literatur;* Corvina, Budapest 1963

RUDOLF KLEINPAUL, *Kennst du das Land?* (Bd. XII), Das Trinkgeld in Italien; C. G. Naumann, Leipzig 1898

MARLIES LEHMANN-BRUNE, *Lloyd's of London,* Kriege, Krisen, Katastrophen – ein Kaffeehaus macht Geschichte; Umschau Verlag, Frankfurt a. M. 1988

JOHN LUKACS, *Ungarn in Europa;* Siedler, 1990

DORIS MAURER/ARNOLD E. MAURER, *Literarischer Führer durch Italien;* Insel, Frankfurt a. M. 1988

ROLAND MISCHKE, *Budapest,* Stadtführer, Vista Point, Köln 1995

KARL PHILIPP MORITZ, *Werke* (hg. v. Horst Günther), 2. Bd.; Insel, Frankfurt a. M. 1981

GEORGE D. PAINTER, *Marcel Proust,* Eine Biographie; Suhrkamp, Frankfurt a. M. 1968

LUDWIG PLAKOLB (Hg.), *Kaffeehaus,* Literarische Spezialitäten und amouröse Gusto-Stückln aus Wien; Piper, München 1959

REINHARD RAFFALT, *Concerto Romano,* Leben mit Rom; Prestel, München 1960

DANILO REATO, *Il Caffè Florian;* Filippi, Venedig 1984

HENRI DE REGNIER, *In Venedig leben;* List, München 1988

URSULA RELLSTAB, *Das Wiener Café Odeon,* in: Neue Zürcher Zeitung, Mai 1972

CURT RIESS, *Café Odeon;* Europa Verlag, Zürich 1973

RÜDIGER SAFRANSKI, *Schopenhauer und die wilden Jahre der Philosophie,* Eine Biographie; Hanser, München 1987

GEORGE SAND, *Nimm deinen Mut in deine Hände,* Briefe; dtv, München 1990

N. O. SCARPI, *Der junge Herr von Anno dazumal,* Erzählungen, Essays, Feuilletons; Steinhausen, München 1981

JÜRGEN SCHEBERA, *Damals im Romanischen Café,* Künstler und ihre Lokale im Berlin der zwanziger Jahre; Edition Leipzig 1988/ Westermann, Braunschweig 1988

GÜNTHER SCHIEDLAUSKY, *Tee, Kaffee, Schokolade – ihr Eintritt in die europäische Gesellschaft;* Prestel, München 1961

JÜRGEN SERKE, *Böhmische Dörfer,* Wanderungen durch eine verlassene literarische Landschaft; Zsolnay, Wien/Hamburg 1987

HERTA SINGER, *Im Wiener Kaffeehaus;* Jugend und Volk, Wien 1959

MICHEL SOÉTARD, *Jean-Jacques Rousseau,* Eine Bildbiographie; Schweizer Verlagshaus, Zürich 1989

ANDRÁS SZÉKELY, *Illustrierte Kulturgeschichte Ungarns;* Corvina, Budapest 1979

KARL TEPLY, *Die Einführung des Kaffees in Wien,* Forschungen und Beiträge zur Wiener Stadtgeschichte; Kommissionsverlag Jugend und Volk, Wien 1980

G. M. TREVELYAN, *Illustrated English Social History,* Bd. 3; Penguin Books Ltd., Middlesex 1964

FRANZ PETER WAIBLINGER (Hg.), *Reise Textbuch Venedig;* dtv, München 1988

WOLFGANG WEISS, *Swift und die Satire des 18. Jahrhunderts;* C. H. Beck, München 1992

HERMANN WESTERFRÖLKE, *Englische Kaffeehäuser als Sammelpunkte der literarischen Welt im Zeitalter von Dryden und Addison;* Frommann, Jena 1924

RENATE WIGGERSHAUS (Hg.), *George Sand* in Selbstzeugnissen und Dokumenten; Rowohlt, Reinbek 1982

ALBERT ZACHER, *Römisches Volksleben der Gegenwart;* Julius Hoffmann, Stuttgart 1910

ALVISE ZORZI, *Canal Grande,* Biographie einer Wasserstraße; Claassen, Hildesheim 1993

NAMENREGISTER